U0085707

滄海美術
藝術特輯
6

中國郵驛

東大圖書公司

陶思炎／著

彩圖1
神道上的祥獸
明祖陵

彩圖2
清代大櫥上的木雕祥圖

彩圖3
魚龍變化
清代石雕

彩圖4
臥羊
漢代石雕

彩圖5
————
龜趺
明孝陵

彩圖6
————
笑和尚
瓷像

彩圖8
平安福壽
（門畫）

彩圖9
吉神灶君
（紙馬）

彩圖10
一團和氣
（桃花塢年畫）

彩圖13
推車進寶
（門畫）

彩圖14
馬上做官
（門畫）

彩圖15
磚雕福字
江蘇興化施耐庵故居

彩圖16
五福捧壽
石雕氣窗

彩圖17
壽星
斜撐木雕

彩圖18
封火牆上的吉
祥裝飾
贛南民居

彩圖19
財神
斜撐木雕

彩圖20
石柱礎上的魚跳龍門圖

彩圖23
團龍磚雕
南京朝天宮

彩圖24
大阿福壁塑
無錫吳文化公園

彩圖25
子孫桶
江蘇常熟

彩圖26
禮俗用喜蛋和米糰

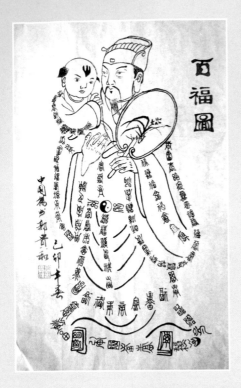

彩圖27

百福圖

彩圖28

八仙

安徽齊雲山

彩圖29
暗八仙
藍印花布

彩圖30
五福捧壽
藍印花布

彩圖31
字畫合一的壽字中堂

彩圖32
祠堂內的人形孝區
皖南黟縣

自　序

　　我們每天都在同自我心靈、世上他人和天下之物打交道，並時時用知識、情感、價值和功用的眼光看待一切身外之物，作出吉與凶、愛與憎、存與棄、繼與毀的判斷和抉擇。不論是天成的自然之物，還是手工的人類造物，一旦進入民間生活，就必然打上風俗的、宗教的、藝術的，甚至哲學的印記。

　　古人認為，物各有靈，物各有主，物人、物物、物事間存在著潛在的神祕聯繫，形成一個混融互通、交感同一的整體。基於這一認識，物有精神、物有品質、物有意志、物有力量，物能成為人的工具、武器、依靠和福星。於是，用以除凶避殃之物成為「鎮物」，主要顯示出工具和武器的性質；而用以納吉迎祥之物成為「祥物」，主要顯示出福善和嘉慶的特徵。

　　同鎮物一樣，祥物也是一個體系龐雜的文化系統，它在歲時、建築、器用、交通、禮儀、天地、神仙、物種、飲食、文字、圖畫等方面均有所見，涉及生產、生活的各個領域。祥物總是與民俗藝術聯繫在一起，表現為物質與精神、社會的統一，民俗與審美、創造的互動。透過祥物，我們能看到物理與事理、人情的奇妙結合。

　　「祥物」與「鎮物」猶如一對相反相成的「姊妹」，我早就有對她們雙雙加以探究的興趣，在《中國鎮物》一書問世以後，我開始了本書的寫作，並從功用和構成這兩大線索入手，以對中國的祥物文化加以較深入的研究。本書採用了與《中國鎮物》相類的體例與方法，延續著作者的個人風格，希望小作能對中國吉祥文化的研究有所拓展。

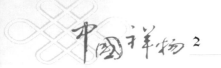

　　祥物與鎮物的聯繫與區別何在？祥物是最具魅力的民俗藝術嗎？祥物能否與時俱存、長傳不衰？這部小作是否對祥物文化的研究有所拓展？敬請讀者朋友們自己去評判。我一如既往，至誠地感謝朋友們的批評與指正，並將以更大的努力在未來的民俗藝術研究中不斷地探索、前進。

陶思炎

2003 年 2 月 8 日
於金陵望山樓

中國祥物　目　次

圖版目次

卡・馬克思：

植物、動物、石頭、空氣、光等等

或者作為自然科學的對象

或者作為藝術的對象

都是人的意識的一部分

都是人的精神的無機自然界

朱熹：

蓋人之心靈莫不有知

而天下之物莫不有理

導論

一、 何謂祥物

祥物，又稱「吉物」、「吉祥物」，係由原始崇拜物、巫具、宗教法具等而衍生出的福善、嘉瑞的象徵物品，它藉取自然物、人工物及其他文化形態，遵循物物、物事、物人相感的原始邏輯，在禮俗應用中表達著明確而強烈的祈福禳凶的功利追求。

吉、祥二字的字義與聯繫，可在中國典籍中見到不少解說。

《周易‧繫辭上》曰：「吉，無不利。」

《文選‧東京賦》「祚靈主以元吉」薛注云：「吉，福也。」❶

《說文解字》曰：「吉，善也。從士口。」❷

《山海經‧大荒西經》「江山之南樓為吉」注曰：「吉者，言無凶夭。」❸

《釋名‧釋言語》曰：「吉，實也，有善實也。」

《周書‧武順》曰：「禮義順祥曰吉。」❹

可見，吉字包含有福、善、實、順、無凶夭等寓意。

至於「祥」字，《說文解字》曰：「祥，福也。從示，羊聲。」

《爾雅‧釋詁》曰：「祥，善也。」

「祥者，福之先者也。」❺

《後漢書‧竇武傳》注云：「祥，吉凶之先見者。」❻

《文選‧東京賦》「卜徵考祥」薛注云：「祥，吉也。」❼

由上述數例可知，祥字亦有福、善、吉、見吉凶之意，祥、吉本相近、相通。因此，吉、祥二字常被相提並論。

《周易‧繫辭下》曰：「吉事有祥，象事知器，占事知來。」

《莊子‧人間世》曰：「虛室生白，吉祥止止。」

《中庸》曰：「國家將興，必有禎祥，吉祥也。」

《戰國策‧秦三》載：「蔡澤復曰：『天下繼其統，守其業，……豈非道之符，而聖人所謂吉祥善事與?』」

《三國志‧魏志‧王肅傳》曰：「時有二魚長尺，集於武庫之屋，有司以為吉祥。」

由於祥為「羊聲」，故「吉祥」古又稱作「吉羊」，漢《元嘉刀銘》有「宜侯王，大吉羊」之句。《說文解字》曰：「羊，祥也。」漢代器物多以羊為祥物，婚嫁以羊為禮，陵墓前神道多立有石羊之類（圖 0-1），墓室內亦見有羊紋畫像磚石（圖 0-2），均取「吉祥」之意。

至於吉、祥二字的細微差別，唐成玄英在《莊子》「吉祥止止」疏中指出：

圖 0-1　漢墓前的石羊

圖 0-2　漢畫像磚石上的羊紋

吉者，福善之事；祥者，嘉慶之徵。[1]

根據這一解釋，我們可以看到，在古人的觀念中，吉指事象，祥為意象；或吉指善實，祥為嘉徵。它們雖有事實與徵兆的實、虛之別，但基於共同的價值觀和功利觀，它們又是一個相關相聯、並存互補的整體。

自然界與人世間的吉凶紛陳，是人類創造祥物並以之趨吉避凶的客觀基礎。《周易·繫辭下》曰：「道有變動，故曰爻；爻有等，故曰物；物相親，故曰文；文不當，故吉凶生焉。」在古人的觀念中，「物」之存在與駁雜決定著吉凶變化，因此，為控制這一變化，獲取「福善」與「嘉慶」，祥物得到了普遍的應用。

祥物不論是取自自然物或人工物，一旦在俗民社會中被賦予了文化識解的信息，並形成了傳統，就超越了單純物態的性質，帶上了理念、情感、品質，成為主體的思想與人性的延伸。《老子》第 51 章曰：

道生之，德畜之，物形之，勢成之。

物與道、德相貫相連，是在同一個文化鏈結上的不同形態。所以，作為物承文化的

祥物，在福善追求與吉凶抉擇中亦有道德的、理性的成分，並非只是虛妄信仰的寄託，且由此而顯現其樂生入世的積極基調。

祥物、吉物的名稱在漢代已有所載。《後漢書·明帝紀》曰：

祥物顯應，乃並集朝堂。

王充《論衡·初廩》則曰：

文王當興，赤雀適來，魚躍鳥飛，武王偶見。非天使雀至魚來也，吉物動飛而聖遇也。

可見，祥物、吉物早有定稱，它在中國文化史上是與「鎮物」相反相成的又一類歷史悠久、體系龐雜、內蘊豐厚的物態文化群。

祥物的應用領域十分廣闊，它既見之於物質生產、生活的層面，又見之於社會組織與社會生活的層面，還見之於精神文化和信仰風俗之中，同時，在語言、文字、圖畫、符號等文化創造與文化應用中亦時有見之。人們把祥物作為生活的幫手，作為討吉祈利的心理寄託和理想追求的憑

❶　清阮元：《經籍纂詁》，卷 93「吉」。
❷　清段玉裁：《說文解字注》，二篇上「口部」。
❸　同❶。
❹　同❶。
❺　同❶，卷 22「祥」。
❻　同❺。
❼　同❺。

依，並根據不同的時空條件和生活領域對之加以創造與利用。就主要領域而論，祥物在當時風俗、建築文化、飲食行旅、生育壽誕、婚嫁禮俗、喪祭儀典、農作商賣、社會交際、遊樂活動、民間信仰等方面多有應用。

祥物的構成體系，包括日月星辰、山水雲氣、神佛仙道、動物植物、神獸靈物、日用器具、武器工具、樂器珍玩、經籍圖畫、文字符籙等，即一切被賦予祥瑞嘉慶意義的自然物、人工物及其文化符號。

祥物既是藝術情趣濃郁的民俗物品，又是心願寄託的俗信物品。不過，在長期的傳習中，它已退去巫術與宗教的色調，失去虔誠與敬畏的情感，變滯重為輕鬆，易惶恐為歡樂，成為人們充滿希望、鼓舞情致、提高勇氣、美化生活的工具。由於祥物多用類比的、象徵的、聯想的方式而承傳，故而含蓄委婉、曲奇多趣。可以說，祥物以其藝術特質與生活風韻，已成為中國民間文化中最精采、最有價值的類型之一。

二、生成規律

祥物是建築在文化理解之上的精神追求，它需要的是一種心理的滿足和主觀的慰藉，而不是實在的因果關係和事物間客觀的聯繫。祥物的生成，往往是其某一特質被人為誇張，其名稱的音聲所引起的聯想，其形狀、用途、性質等受到了增飾和類比，其利害關係得到了主觀的認定與強化。祥

物的生成是民俗篩選的結果，它成為一定社群的生活伴物。人們從日常生活與勞作中，積累了對身邊事物的認知與感受，並進而產生了美學評判，使能喚起生活激情、美感享受、創造欲望和追求理想的事物融入民俗傳統，形成「祥物」的系列。

祥物就形態說，雖紛繁複雜，然其生成卻有一定的規律，就方式而言，主要有諧音、象徵、指事、聯想、綜合諸法。

諧音法

即從某物、某圖的名稱與他物、他事的名稱在發音上諧同或相近入手，賦予展示物以新的意義。它以轉借、認同為基本邏輯，以語言為識解媒介，以語言、詞彙引發新的文化符號，從而使尋常之物成為富有情感與意旨的吉祥物品。

在中國祥物體系的架構中，諧音法起著重要的作用，創造出眾多的物象與圖飾。例如，以「鹿」諧「祿」，湧現出大量的「福祿壽」一類的構圖（圖 0-3），藝術地傳導著祥瑞的氣息。又如，以「魚」諧「餘」，

圖 0-3　福祿壽（民間剪紙）

在祥物中留下了許多吉慶有餘、連年有餘、富貴有餘（圖0-4）之類的祥物、祥圖。再如，以蝙蝠之「蝠」諧「福」、以玉磬之「磬」諧「慶」、以「魚」諧「餘」，構成了「福慶有餘」的祥圖（圖0-5）。此外，以「戟」、「橘」、「雞」諧「吉」，以綬帶鳥的「綬」諧「壽」，以佛手之「佛」諧「福」，以「竹」諧「祝」，以「蔥」諧「聰」等，亦常用之。

以「蔥」諧「聰」在宋代育兒禮俗中已見應用。蘇東坡記云：

閩人生子，三日浴兒時，家人及賓客皆載蔥錢，曰蔥能使兒聰明，錢使兒富大。❽

在民間剪紙中，諧音法是吉祥圖案的主要構圖手法，常常是諸物會聚，以諧音的迭加而顯現出完整的吉祥寓意。例如，南京藝人張吉根剪紙作品中，有一石榴構圖，內有蜘蛛（蟢子）、盒子等，該圖以石榴之「石」諧「室」，以蟢子之「蟢」諧「喜」，以盒子之「盒」諧「合」，其語意連讀為「室中喜合」，可見是一婚用祥物（圖0-6）。

至於，民間用豆腐表「陡富」，以荷花、盒子表「和合」，以秋千表「千秋」、「萬歲」，以金質知了、玉雕葉片表「金枝玉葉」，以喜鵲、梅花表「喜上眉梢」等，也都有諧音的應用。

圖 0-4　富貴有餘

圖 0-5　福慶有餘（木雕）

圖 0-6　室中喜合（民間剪紙）

象徵法

即從物物感應、物物相通的前邏輯思

❽ 清陳夢雷：《古今圖書集成》，「人事部」。

維出發，在兩個或兩個以上的物象間建立互聯通代的文化聯繫，賦予實在物體或圖像以虛擬的複合的意義。象徵是人類文化創造的基本手段，是從原始文化階段積累起來的知識、觀念、美感的凝聚，《易傳》有「立象以盡意」之說，而西方學者在原始思維的研究中強調知覺的神祕複合，並得出「沒有哪個現象只是現象，沒有哪個符號只是符號」的結論。❾

祥物作為一種物象，一種符號，蘊含著趨吉避凶的神祕意義。所謂神祕，即祥物的識解要超越構成物本身的物理性質和其他自然邏輯，引向一種情感與觀念的非實驗性的認定。祥物的象徵意義往往在組合、應用中顯現出來，成為點畫某一風俗主題的手段和展露生活風韻的媒介。

在中國古代，婚禮納采之物均取祥物以寄託追求。據唐段成式《酉陽雜俎》載：「婚禮納采有：合歡、嘉禾、阿膠、九子蒲、朱葦、雙石、綿絮、長命縷、乾漆九事，皆有詞。」以上九種祥物各有明確的象徵意義：合歡，寓夫妻歡合、闔家歡樂；嘉禾，寓祥瑞、富足；阿膠，如漆，寓夫婦恩愛不離；九子蒲，作枕蕊，以兆多子多福；朱葦，瑞草，寓吉祥靈瑞；雙石，寓夫婦情如石堅，地久天長；綿絮，寓夫婦恩愛纏綿；長命縷，表無災無禍，不死長生；乾漆，意指如膠似漆，夫婦相守不離。

在民間風俗中，祥物的象徵隨處可見。例如，松鶴表「長壽」、「延年」；獅子，表「威震一方」；麒麟表「送滋」、「送子」；牡丹意指「富貴」；蓮花、蓮子，意表「多子」；花瓶，表「平安」；石榴，表「多子」；桃子，表「長壽」等。

在民居門窗裝飾及家具圖案上，常見有花瓶中插放牡丹花的構圖，作為兩祥物的疊加，其寄寓的象徵可識讀為「富貴平安」（圖 0-7）。在傳統的吉祥圖畫中，有以官帽、腰帶為表現中心的圖幅，以取「冠帶傳流」、代代做官的象徵而展現著祥瑞意義（圖 0-8）。此外，將荔枝、桂圓、核桃這類圓形果實同圖而繪，每種三枚，寄寓著「連中三元」、登科得第的象徵意義（圖 0-9）。

民間剪紙，作為窗花、繡品、禮盒等

圖 0-7　富貴平安（木雕）

圖 0-8　冠帶傳流

圖 0-10　福壽雙全（民間剪紙）

圖 0-9　連中三元

圖 0-11　福祿多子（民間剪紙）

圖樣，大多取材祥物，構成豐富多趣、明快精妙的吉祥圖案。例如，以桃表「壽」，並以一隻蝙蝠、兩枚方孔銅錢與之搭配，成為「福壽雙全」的象徵（圖 0-10），而以象徵「多子」的石榴與一隻蝙蝠、一頭梅花鹿同圖，則傳達出「福祿多子」（圖 0-11）、「福祿興旺」的嘉慶意義。

指事法

　　即以人們熟知的某些圖形與符號，在應用中有針對性的表達某一特定的意義。

它往往以某種事理為依據，推衍到日常生活之中，並給予形象的、藝術的表現。

　　1973 年在河南鞏縣石窟發現的北魏石刻鳥紋中，有一「鳳鳥展翅圖」，其前方有一個五鳥共體的刻紋，它以五頭一身的奇特構圖寄託著神祕的祥瑞意義（圖 0-12）。古人視鳥為「陽物」的象徵。《經籍纂詁》卷 47 引《楚辭·自悲》「鳥獸驚失群兮」注云：「鳥者，陽也。」在中國宇宙神話中，太陽的精魂是三足烏，烏本鳥類，

❾　〔法〕列維·布留爾：《原始思維》，丁由譯，北京商務印書館，1987 年，頁 180。

圖 0-12　北魏五頭鳥石刻

即以鳥為陽。在民俗語彙中，「鳥」是男性
生殖器的別稱，即「陽物」之意。因此，
鞏縣石窟的五頭共身鳥是一強化陽氣的祥
物，昭示著時人對生殖、繁衍的追求。

　　「一團和氣」的祥圖也是遵循指事法
的創造，它以笑容可掬、臉胖體圓的造形，
表現出寬厚開朗、平易隨和的氣氛。一團
和氣的題材在木版年畫及吉祥花錢（圖0-
13）中多有所用。其中，蘇州桃花塢的套
色木版畫，又稱之為「和氣吉祥」（圖0-
14），在舊時南京專用作門畫，貼於單扉之
門，❿以討家庭和睦的吉利。

　　「鯉魚跳龍門」作為指事性吉祥圖案
常見於剪紙、掛箋、年畫（圖0-15）、花錢
（圖0-16）、建築裝飾、家具刻紋、刺繡製
品等方面。

圖 0-13　一團和氣（花錢）

圖 0-14　和氣吉祥（桃花塢年畫）

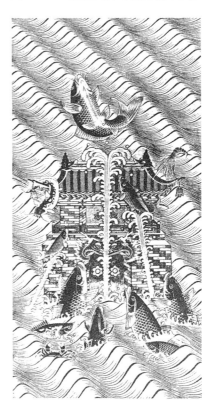

圖 0-15　鯉魚跳龍門（楊柳青年畫）

　　「跳龍門」又稱作「登龍門」，指化卑
為尊，顯貴通達。《後漢書・李膺傳》曰：
「膺獨持風裁，以聲名自高，士有被容接
者，名為登龍門。」《三秦記》曰：「江海魚

圖 0-16　鯉魚跳龍門（花錢）

集龍門下，登者化龍。」此外，晉代長安歌謠中有「東海大魚化為龍，男皆為王女為公」之說，**⓫** 而唐宋時則以科舉會試中登科而稱「登龍門」。李白《與韓荊州書》曰：「一登龍門，則聲譽十倍。」唐封演《封氏聞見記》卷 3「貢舉」曰：「故當代以進士登科為登龍門，解褐多拜清緊，十數年間，擬迹廟堂。」

　　「跳龍門」之魚何選鯉魚？陶弘景《本草》曰：

> 鯉魚最為魚之主，形既可愛，又能神變，乃至飛越山湖⋯⋯**⓬**

鯉魚在人、神或人、仙中的交通神能和空間飛躍之性，成為牠「跳龍門」的信仰基礎。這一事由或事理被應用到吉祥圖畫中，擬指騰達突變，直到現今「鯉魚跳龍門」仍是工藝美術圖案中的常見題材（圖 0-17）。

聯想法

　　即從人們易於感知的物象、圖像及其他文化符號入手，經識別、會意而產生聯想，從而賦予構圖以吉祥的主題。聯想法

圖 0-17　鯉魚跳龍門（美術圖案）

往往形、聲、義並用，既有較為固定的識解，又有想像的空間，成為頗富藝術情趣的創造方式。

　　「葡萄松鼠」的構圖常見於居室裝飾，特別是門窗裙板、大床欄板、帳掛繡品等處，並以累累的果實和可愛的松鼠給人以歡悅的感受。作為祥物，「葡萄松鼠」的意義要靠聯想來識讀：串串葡萄以層累的子實使人聯想到成群的兒女，松鼠之「松」與「送」諧音，而人們見到鼠紋則聯想到十二地支及屬相以鼠領頭，便有「子鼠」的起數。於是，「子」、「鼠」相聯成了「子」、

⓾　潘宗鼎：《金陵歲時記・門神》載：「單扉則貼一圓形和合，名曰『一團和氣』，亦有摹財神、仙官形像者，意取吉祥而已。」
⓫　見《晉書》，卷 112。
⓬　唐徐堅等：《初學記》，卷 30。

圖 0-18　一路連科（瓷畫）

圖 0-19　如意草（石雕）

圖 0-20　鳳首草身紋（欄板石雕）

「鼠」對應，松鼠便成了「送子」。這樣，「葡萄松鼠」以「送子多子」而展現其祥物的意義。

在瓷畫、繡品中常有荷池、白鷺的構圖。此外，一般繪作一隻白鷺立於池中或蘆葦之上，旁有蓮葉、荷花，有的花中還綻出籽實密布的蓮蓬，這一「花鳥圖」的吉祥取義為：一隻白鷺被視作「一路」，蓮葉、蓮花讓人聯想到蓮蓬的存在，而蓮子的顆顆相連又引發「連科」的嚮往，因此，它的主題是「一路連科」（圖 0-18）。

在明、清石雕、磚刻中常見有「如意草」的圖飾，它以交結、彎曲、變形的構圖，表現出動躍的、飛升的視覺效果，並由此產生吉祥的聯想（圖 0-19）。它由植物而向由動物的形體化變，在石欄板雕飾中出現了鳳首草身雲氣一類的刻畫（圖 0-20），十分突出地展現了聯想法在祥物祥圖創造中的奇妙應用。

綜合法

即多個吉祥因素的疊加與組合，它使單一的祥物、祥圖獲得搭配、重組，並以新的系列擴充著原有的祥物體系。

由綜合法而形成的祥物組合有「歲寒三友」——松、竹、梅，「四君子」——梅、

圖 0-21　漁樵耕讀（床板淺雕）

圖 0-22　福祿壽喜（花錢）

蘭、竹、菊，張揚儒學之道的「漁、樵、耕、讀」（圖 0-21），標榜儒者風範的「琴、棋、書、畫」，寄託生活追求的「福、祿、壽、喜」（圖 0-22）等。

在木雕祥圖中有刻作戟、磬、魚簍、插有蓮花的雙魚瓶、放置如意的瓷器等圖

圖 0-23　綜合祥圖（木雕）

像，其綜合的寓意可歸納為：「吉慶有餘」、「平安連科」、「得利如意」（圖 0-23）。

中國的風箏作為文化與藝術的載體，也往往是祥物、祥圖的薈萃與选用，例如在一些紙鳶圖案中見有「五福捧壽」、「福在眼前」、吉羽紋、雲雷紋、「富貴不斷頭」等圖飾，表明了它的綜合特徵（圖 0-24）。

圖 0-24　風箏祥圖

三、歷史演化

祥物在日常應用中形成了一個豐厚、龐雜的傳承體系，並隨著生活的需要而不斷演進。當代祥物不僅是祥瑞追求的心理寄託和民間信仰的自然遺存，而且也是文化變遷與文化選擇的結果。現存的任何祥物都經歷過或經歷著歷史的演化，並在來源、材料、形態、特徵、價值判斷等方面，留下了演進的蹤跡。

就來源而論，圖騰物、巫具、法具和辟凶鎮物是祥物得以構成的主要基礎。

「圖騰」（totem）一詞係來自印第安

語的音譯，意思是「他的親屬」。圖騰物被原始人類視作與本氏族、部族有血緣的聯繫或有其他特殊關係，被當作自己的祖先、恩主、保護神，及本族的名稱或徽誌。圖騰物一般由動物、植物或其他自然物充任，其中以動物為多。它不是指某個物種的個體，而是指其整個的群體，並伴隨有禁忌（taboo）和其他的崇拜活動。圖騰物兼備著神、人兩格，作為一種文化象徵和信仰觀念，它在氏族社會喚起了同命共生的一體感。圖騰物的信仰與崇拜不僅把原始初民與自然世界混融一體，從而獲得心理的慰藉與護祐，而且它藉助神人合體的圖騰繪畫、狂放的圖騰舞蹈、神祕的祝禱儀式、帶有象徵徽號的文身圖案、記述氏族傳說的圖騰柱等，把氏族成員凝聚成一個相互認同、互為依靠的整體。

圖騰物在原始信仰中是人類生的由來和死的歸宿。前蘇聯學者柯斯文指出：

圖騰主義也導致其他一些概念，如認為生育是由於圖騰入居婦女體內，死亡是人返回於自己的氏族圖騰。❸

圖騰物在圖騰時代被視為與人類活動息息相關的符號，成為凝聚族類、增強力量、樹立信心、充滿希望的最初的吉祥物。

在當代祥物體系中仍見有圖騰物的遺存，不過，因社會已遠離了圖騰時代，它們已失去了虔信與敬懼的成分，僅作為一種吉慶嘉瑞的符號而滿足著人們的某種生活需求。

虎圖騰與虎崇拜在東亞地區曾普遍存在。中國商代的青銅器「虎食人卣」，以虎口人頭的相連，透露出虎腹生人的祖先觀（圖 0-25）。在彝族文化中至今見有虎圖騰的遺痕，虎吞口、虎瓦器（「瓦貓」）、虎面具、虎石、虎圖騰舞（圖 0-26）等，均展現了驅凶獲祐、豐收興旺的吉祥意義。在日本的岩手縣大槌町和大船渡市、靜岡縣南伊豆町（圖 0-27）、鹿兒島市米町、香川縣白鳥町、宮城縣唐桑町等地也均有虎舞，其中亦含圖騰的因素。❹ 在韓國的民畫中，虎是常見的圖像，其中「山神圖」以白髮老者手執如意與虎同在而傳達出祥瑞

圖 0-25　虎食人卣（商代青銅器）

圖 0-26　彝族虎圖騰

圖 0-27　日本虎舞（靜岡縣南伊豆町）

圖 0-28　山神（韓國民畫）

圖 0-29　蛙蟾紋（原始彩陶）

圖 0-30　北美印第安人的蛙人木雕

的氣氛（圖 0-28）。

　　蛙、蟾也曾是氏族社會的圖騰崇拜物，特別是原始文化中的「蛙人圖」和「合體圖」具有生殖、繁衍的象徵意義。在中國馬家窰型、馬廠型等新石器時代彩陶上見有多種蛙蟾紋，其中，蛙頭部畫出多個圓點的構圖突出表現了祝殖的盼求（圖 0-29）。在北美印第安人的木雕件上也有蛙、人和鳥、人的疊合圖（圖 0-30），同樣帶有圖騰文化的成分。在陝北延安地區的剪紙藝術中，仍有蛙、人疊合的傳統題材（圖 0-31），留下了圖騰物向祥物演化的又一例

證。此外，魚人合體、鳥人合體、蛇人合體的藝術造形，例如臺灣高雄的朱漆浮雕

⑬　〔前蘇聯〕柯斯文：《原始文化史綱》，北京三聯書店，1957 年，頁 17。
⑭　參見〔日〕神田賴子：《日本的虎舞和虎文化》，載《自然與文化》特集第 50《東亞的虎文化》（日文版）。

圖 0-31　蛙人（陝北剪紙）

圖 0-32　蛇卵生人木雕（臺灣高雄）

木版上的蛇卵生人圖等（圖 0-32），都殘留著圖騰的印記，並成為吉圖祥物。

巫術工具、宗教法具和神話用具等，也都能隨歷史演化而進入當今的祥物系列。巫具、法具之類往往與通神的儀式相聯繫，是巫師、僧侶、道公們顯靈作法的憑依和點畫神祕氣氛的手段。

水、火是自然之物，也是巫術與宗教常用的法物。水是地球上最重要的資源，其蘊藏極為浩瀚，人們概括地球表面構造時，素有「七水二山一分田」的說法。水

在古人的觀念中，不僅有潤物之性，且「浮天載地」，具有通連天地的宇宙載體之性。《玄中記》曰：

> 天下之多者，水也。浮天載地，高下無不至，萬物無不潤。⓯

《黃帝書》則曰：「天在地外，水在天外，水浮天而載地者也。」此外，《渾天儀》注曰：

> 天如雞子，地如雞中黃，孤居於天內，天大而地小，天表裡有水，天地各乘氣而立，載水而行……

直到清代，仍有「地浮於水，天在水外」之論。⓰

宇宙之水既能把天、地結為一體，由此人們出於神話思維與巫術觀念便將水看作通天地、合陰陽、接神鬼的萬能法物。於是，出現了所謂的神水、仙水、聖水、符水之類，巫師施法也多以吐水、灑水點畫通神氣氛。

火能發出光熱，焚毀萬物，是陽氣的象徵和驅陰辟祟的武器，同時也是用以通神的手段。古傳炎帝以火德王，且火又由聖人造作，⓱ 故為神聖之物。巫道焚紙施法及神佛前點香燃燭，均取火的萬能神力。

水火不僅有通神之性，而且還是人類生存的基礎。《孟子・盡心上》曰：「民非水火不生活。」此外，《尚書・洪範》「大傳」曰：「水火者，百姓之所飲食也。」水火因

與人的生命活動息息相關而帶上了嘉慶的
因素，遂由巫術與宗教的法物而演成了習
用的祥物。三月三的河水、七月七的露水
和「陰陽水」（即井水與河水的合液），以
及香火、燭火、煙火、焰火、野火、炭火
等，也都被民間賦予了吉祥的寓意。

其他巫具、法具，諸如斧頭、鎚子、
規矩（圖 0-33）、牛角、珠子、燈盞、符紙
等也經歷了向祥物的演化過程，衍生出福
槌、發槌、犀角（圖 0-34）、火珠、星燈、
吉祥紙錢（圖 0-35）等祥物形式。

鎮物是祥物的重要來源，也是祥物的
早期形態。原始人類由於生產水平與知識
水準極為低下，不可避免地產生對外界事
物的恐懼和困惑，於是藉助文化的創造，
用鎮物等工具對觀念中的鬼祟、物魅、妖
邪、陰氣、敵害、禍患、災異之類加以鎮
辟，以求得心理的撫慰，從而增強面對嚴
酷世界的勇氣和信心。正因為鎮物的存在

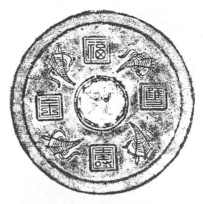

圖 0-34　犀角福壽雙全鏡

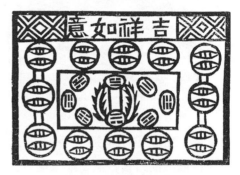

圖 0-35　吉祥紙錢

價值是從精神與文化方面幫助人類生存、
勞作與創造，因此必不可免地隨著人類知
識的積累、生存能力的增強、創造手段的
豐富、文化需求的提高而產生由避凶向納
吉的目標轉換，於是鎮物中的一些類型在
應用中被賦予了新的意義，其形態為之而
發生了變化。

從鎮物演化而來的祥物種類不勝枚
舉，如錢幣由「厭勝」變為「招財」的象
徵，桃木板製成的桃符演成了紅紙吉語的

圖 0-33　漢畫像石上的伏羲女媧圖（山
　　　　　東嘉祥武梁祠）

⓯　酈道元：《水經注敘》。

⓰　周亮工：《書影》，卷7。

⓱　《韓非子‧五蠹》曰：「有聖人作，鑽燧
　　取火，以化腥臊，而民說之。」

圖 0-36　售春聯的小攤

春聯（圖 0-36），武門神經「文門神」的過渡形成各種祈福門畫，諸如推車進寶、五子奪魁、冠帶傳流、加官進爵、麒麟送子、平安福壽、馬上做官等等。

鎮物的應用是從反面目標入手，對一切干擾、妨礙人的生存、生產、生活的不利因素加以象徵的制伏與排拒，從而贏得安全感與自信心。而祥物的應用則是直奔正面的目標，藉助祥物的文化象徵和物物、物人、物神、物事的聯感邏輯，以獲取吉利、嘉慶、祥瑞，從而創造輕鬆、舒坦的生活氣氛。排除不利的因素，以對抗的方式換來安全的生存空間，本也為了幸福、吉祥，因此，從根本上說，鎮物是祥物的一種特殊的存在形式。從鎮物到祥物的轉化，是人類心理上對抗與親和、避害與祈利、緊張與舒緩等相互對立又相互聯繫的因素的階段性顯現。當今鎮物中的一部分

已完全轉化成祥物，如年畫、餃子等；另一部分同時具有鎮物、祥物的雙重性質，如雞符、石獅、虎帽、虎枕等；還有一部分則與祥物平行傳承，仍保持鎮物的主要性質，如照妖鏡、斬鬼符、避瘟丹之類。從祥物的構成看，有相當多的種類與鎮物同源，或直接由鎮物化出。

總之，圖騰、巫具（法具）、鎮物，可以說是祥物的三個主要來源。

就材料而論，祥物經歷了由自然物到人工物的演化。禽獸蟲魚等動物，花、葉、果實等植物的一部或整體，山、石、洞、水、火、土等自然之物，都曾被早期人類視作與自己的生存、生活息息相關，並信能帶來吉慶和福祉。

以自然物為祥物是自然崇拜觀的延伸，留有原始思維的印痕。人與自然的共融互通是自然物被選作祥物的認識基礎。一切安全的、有用的、友善的和富於美感的自然物較易進入早期的祥物系列。例如，魚、鳥、鹿、羊、馬、牛、雞、犬、象、豕、龜、猴、貓、蝴蝶、蜜蜂、蜘蛛、松鼠等，其本體物作為吉祥的象徵，具有向人工物演進的勢能，後世魚鳥、鹿鶴同春、三羊開泰、車馬、天馬、八駿、春牛、萬象更新、太平有象（圖 0-37）、室上大吉、封侯有喜、壽居耄耋、龜壽千秋、龜鶴齊齡（圖 0-38）、葡萄松鼠等，或版印，或彩畫，或雕塑，或刻鑿，均表現出由自然物到人工物的和諧過渡和自然傳承。

除了土、木、竹、石、骨、瓦、紙、金屬等材料加工製作的有形祥物外，還有

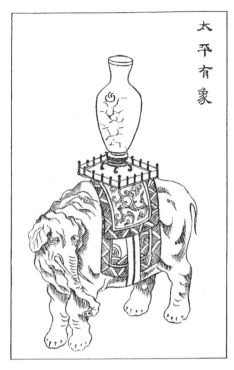

圖 0-37　太平有象

圖 0-38　龜鶴齊齡

以文字、符號、色彩、圖案等所構成的特殊人工祥物，它們同樣也與自然物間有著各種潛在的文化聯繫，往往是自然祥物的抽象與比附。可以說，伴隨著材料的演化，祥物的形態經歷了由實物到圖像，再由圖像到藝術符號的漸進過程。

就特徵而論，祥物的歷史演化以由實到虛、由顯到隱、由單到複較為突出。

所謂由實到虛，即祥物從實的或原生的物體向象徵的、替代的文化造物過渡，甚至從有形化為無形，並以文字、符號、聲響、言辭表達原先的祥瑞意義。例如，以羊為祥，曾以活羊、整羊、羊頭為祭祀、裝飾中的祥物，而山西農村定婚之禮用麵羊，民藝物品中版畫、刺繡、絨花、燈盞中多見羊圖或羊形，自漢以來還見有「吉

羊」、「大吉羊」一類的吉語，它們在民俗生活中體現了祥物的虛實並用。

所謂由顯到隱，即祥物由顯著的有形之物向潛隱的圖案和象徵轉化，雖在形象上趨向了抽象，但它們所寄寓的嘉慶意義卻沒有隨之淡化，而是更具藝術的魅力。例如，「二龍戲珠」演變為「草龍捧壽」（圖0-39），再演化為「龍花拐子」（圖0-40），龍形漸次消失，圖案的抽象性越來越強。此外，八仙圖從八仙的肖像演成八仙的法具，「明八仙」成了「暗八仙」，也經歷了由顯到隱的化變。

所謂由單到複，即祥物的構成與應用由單一轉向了綜合，由單體變為多體，由一種祥物的意義表達轉變為多種祥物意義的並用。例如，在明代中期製作的剔紅鉛

圖0-39　草龍捧壽（木雕）

圖0-40　龍花拐子

圖0-41　明代剔紅鉛胎漆盒

胎漆盒上，有一幅山水人物祥圖（圖0-41），繪有壽星、臥鹿、靈芝、葫蘆、壽石、祥雲、松、竹、菊、回紋等，它以十種祥物的迭用強化「延年益壽」的祥瑞主題。此外，以佛手、桃子、石榴與九個如意同圖，表「三多九如」（圖0-42），即福多、壽多、子多，久久如意。

圖0-42　三多九如

　　就價值判斷而論，中國祥物的歷史演化經歷了由凶到吉和由吉到凶的雙向發展。

　　所謂由凶到吉，是指原本醜惡有害的事物或與疾病、死亡相關的東西，在民俗生活中被賦予了某種功能追求和文化理解，轉易為某種祥瑞的象徵。諸如，大糞，被看作如願神之所在和財富的象徵；蛇入家宅，被視作宅神或倉神；棺材，被稱作「壽材」、「喜材」，或被用來討「升官發財」之吉；身上的紅痣，不視作病徵，反當作「福」相；白無常、五猖神等索命鬼和凶神，被說成能「增進百倍糧」，或獲意外家財的吉神等。

　　所謂由吉到凶，是指在古代當作吉物的一些事物，由於文化變遷或功能轉化而退出祥物的系列，甚至成為不祥的符號。例如，烏鴉本為吉鳥，又稱作孝鳥，是知歸、反哺識養的祥物，又是太陽的象徵，但由於喜鵲價值的提升，及烏鴉叫聲的不雅，漸與淒涼、不幸相聯繫，在近古以來成了人們驅逐、喝斥的對像。再如烏龜，本是長壽的象徵，在近古亦成了人們嘲罵與調笑的對象，並成了對家有不貞妻子的男人的貶斥。

　　凶吉的對應與互化，不是一時一刻所完成的，它是長期的歷史演化的結果，也是價值觀隨社會生活和文化選擇漸進的反映。

四、功能作用

　　功能作為潛隱的心理機制的反映和人的自然屬性與社會屬性的體現，總是以各種直接與間接的作用滿足著人們的生活需要，並因此使一切文化造物和民俗事物獲得存在與傳習的基礎。祥物同其他文化造物一樣，也因功能而存在，並由其社會與文化作用而顯示出自身的價值。

　　中國祥物的功能作用十分複雜，古往今來、大江南北、各色人等，均有自己的祥物系列和廣泛應用。作為祥物，它受自然力、生產力、道德力、信仰力的制約，各有其運動規律，然就功能而言，總有其共通的地方。一般來說，祥物的功能作用主要有認識功能、組織功能、改造功能、教化功能、滿足功能等類。

　　祥物的認識功能在於，以祥物為媒介，使主體緣物識事，增進對自然與人和文化與人等關係的理解，從而激發生活的情致和創造。

　　例如，日月作為最顯見的天體，每日東升西落，分別成為陽、陰二元素的象徵。太陽以其光熱帶來的陽氣升騰的文化識解，並進而擴大到社會生活的其他領域，成為生命追求、光明追求、豐產追求、騰達追求等象徵符號，成為無人不需的吉物。於是，「旭日東升」、「丹鳳朝陽」、「指日高陞」（圖 0–43）、「青鳥載日」等成為歷代習見的祥物祥圖。至於月之圓缺所引發的生育信仰，使「太陰」成為婦女的保護神，

圖 0-43　指日高陞

而月之團圞所產生的闔家團圓意象，又在家族生活中成了美好歡樂的象徵，於是月宮圖像、月光馬兒、月光餅（月餅）、兔兒爺、月桂樹，以及嫦娥奔月、玉兔搗藥、廣寒蟾兔、吳剛伐桂等，均融入了祥物系列之中。

　　祥物的組織功能在於，祥物以其實際的應用在族類中喚起了凝聚力和認同感，促進了家族與社會的聚合，並以血緣的、地緣的、業緣的、神緣的等因素在文化上強化了這一「組織」，使享用同一祥物的人群組成了一個關係密切的整體。

　　例如，圖騰物在信奉圖騰的氏族或部族中是特定的族徽和符號，在圖騰的信仰中，人群分別聚合起來，成為相互依靠、相互認同的群體。中華民族歷來自認是「龍

的傳人」，對龍的信仰本帶圖騰的遺痕，在上古神話和器用中多有龍的存在和圖像（圖0-44），可以說，龍是中華民族經久不衰的文化象徵，也是民族凝聚力的形象顯現。龍作為祥物，不僅用於宮廷，也廣泛見諸民間，至今為人們所習用。此外，祖墓、碑石、先像、祠堂、宗譜（圖0-45）等，在家庭、宗族中亦視作祥物，同樣具有強勁的組織功能。

祥物的改造功能在於，借助祥物以圖對現狀加以改變，或對各種凶險有害的因素加以排除，顯露出強烈的祈福心理。這一功能在除害變利、避凶化吉、免禍得福、送窮祈富、袪病保健、弭災得稔等方面展現出來，因此，這類祥物又具有鎮物的性質。其除害、避凶、免禍、送窮、袪病、弭災之用，本出自鎮物的功能，而變利、化吉、得福、祈富、保健、得稔，又是祥物的功利追求。

例如，春聯、紅錢、門畫、年畫、祈雨文、掃晴文等，都可歸屬於具有改造功能的祥物之列。年畫中的「搖錢樹」（圖0-46）以元寶、銅錢為主題圖，以日進斗金、富貴滿堂、大有堂等為題詞，表現了發家致富的強烈願望。

祥物的教化功能在於，以某些祥物、祥圖為媒介，傳遞倫理的、道德的觀念，並通過其禮俗中的應用，使所倡導的觀念漸漸演為一定社會的生活規範。人們因物施教，睹物知禮，從這些特定的祥物中默默感受倫理的與哲理的薰陶。

例如，孔廟、孔子像、儒學經籍、家訓、祠堂、帶有堂號的匾額和燈籠、孝子圖、同偕到老圖、「三禮猴」等，都具有教化的功能。所謂三禮猴，即三隻猴子，一隻捂耳、一隻遮眼、一隻擋嘴，表非禮不聽、非禮不見、非禮不言，其教化的功能顯而易見。此外，「二十四孝圖」，除見於詩書，也見於石雕欄板及門窗木刻，實已

圖0-44　龍紋（西周青銅器）

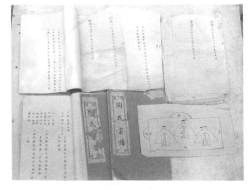

圖0-45　陶氏宗譜

圖0-46　搖錢樹（山東濰縣年畫）

成為常用的吉祥圖案，其中，「賣身葬父」（圖0-47）的董永、「臥冰求鯉」的王祥、「刻木為親」的丁蘭、「鹿乳奉親」（圖0-48）的周剡子等，均為世人所熟知，它們在應用中無不傳達著孝道，對社會起著教化的作用。

祥物的滿足功能在於，它能帶來愉悅，激發審美情感，並為俗民社會增添生活的情趣。滿足功能的發揮使祥物更具積極的意義，同時它表明，作為民間文化中最寶貴的領域，祥物始終是與悲觀絕緣的，祥物是入世的、樂生的。

在民俗版畫和民間剪紙中，就有不少祥圖主要在發揮滿足的功用。年畫中的老鼠嫁女圖、十二生肖圖，剪紙中的「鼠上燈臺」（小老鼠，上燈臺）（圖0-49）、「貓蝶老鼠」（耄耋有子）（圖0-50）等，均以

圖 0-47　二十四孝圖・賣身葬父

圖 0-48　二十四孝圖・鹿乳奉親

圖 0-49　小老鼠，上燈臺

（民間剪紙）

圖 0-50　耄耋有子（南京張吉根剪紙）

動物寓言式的構圖喚起人們滿足的情感。其中，十二生肖圖有的刻繪成小兒各騎一獸，手執兵器的打鬥架式，更具有賞玩的意味（圖0-51）；而以象形文字繪製的十二生肖吉祥火柴貼花，也頗能讓人鑒賞把玩一番（圖0-52）。

祥物的功能並非人們刻意的追求，而是心理需要的一種自然表達，它始終貼合著民間的生活，既質樸多趣，又神祕睿智。

五、基本特徵

祥物作為嘉慶祥瑞的民俗物品，為民間生活增添了斑斕的色彩和歡悅的氣氛。祥物在生成、應用與傳習的過程中，呈現出自己的本質與規律，除了客觀具有的信仰因素，其基本上保持著一般俗物的特徵。這些特徵可概括為：社群性、傳演性、功利性和象徵性等。

社群性

所謂社群性，即祥物為一定俗民社會所共有，它不是個人的尤物，也不是某小家庭、小團體的創造，它在一定地區、一定族群中作為風俗的符號，被普遍認同，並易於識解。社群性是祥物產生的前提，並由社群性而決定了祥物的地方性和民族性。

在中國北方有臘月裡到冰河上採「臘八人」的風俗，並以「臘八人」為預兆來年人畜興旺、五穀豐登的祥物。一般在臘月初七的下午或臘月初八的上午，人們帶著斧頭、繩子等工具，來到冰凍的河面上，選擇晶瑩剔透、2～5寸厚的冰層，如果冰層面有類似糧食形狀的斑點則更好。選好冰層後，人們在冰上畫出一個人的形狀，用斧子沿著人形輪廓線往下鑿，鑿下後再

圖0-51 十二生肖圖（陝西神木年畫）

圖0-52 十二生肖火柴貼花（長沙火柴貼花）

在其面部鑿出五官，「臘八人」就做成了。人們把「臘八人」背回家，放在大門旁，並在房舍、草垛、柴堆、糞堆及田園地邊擺放一些揀來的冰塊，也統稱「臘八人」。他們相信，「臘八人」會帶來六畜興旺、人壽年豐的好運。 ⑱

「臘八人」作為中國北方的歲時性祥物具有突出的地方性特徵，顯示出社群性的驅動。

在湘西苗族婚俗中，新娘要在新郎家散客後的第一天上午，由一位兒女齊全、品行良好的婦女帶到村頭寨口的井邊去挑水，叫做挑「金水」。當地人認為，挑水是表示新娘從外邊為夫家挑來金錢財寶，從此會使夫家發財興旺。挑水時，不能讓水潑出去，這樣就招不了財，甚至還會敗家，因此新娘一般只在每個桶裡裝兩三瓢水，而且小心翼翼地不潑一滴，以討吉兆。 ⑲

「挑金水」風俗中的「金水」，實際上是一種具有民族特色的婚用祥物，其民族性與地方性仍然建築在社群性的基礎之上。

傳演性

所謂傳演性，即祥物是一傳承性文化現象，它所隱含的文化意義具有越時長效的功能，並伴隨著人們的慣習性行為而合成某種文化模式。祥物在傳承過程中會因時空的轉化、主體需要的更新發生形態與意義的演變，正是這種自然傳演的特徵構成了祥物存在的基礎，並由傳演性決定了祥物的慣習性。

蓮花作為聖潔的象徵，在埃及、印度、中國等國度都曾是具有宗教內涵的文化象徵，也是一種傳統的吉祥圖飾。由於佛教傳入中土，自漢以來，在寺廟、佛像、法具、石窟、寶塔、經幢等方面，到處見有蓮花的紋飾，蓮花似乎成了佛教專用的飾物。諸如安放佛像的須彌座、石窟、寺廟內的天花藻井等，都以蓮花為主要圖飾。除了寫實的蓮花圖，佛寺中亦出現多種圖案化的蓮紋（圖 0–53），以烘托宗教的氣氛。不過，蓮花在中國也是俗用的祥物，唐代的覆盆式柱礎有蓮花形，南朝屋檐瓦當紋亦多蓮花，表百年好合的「和合二仙」

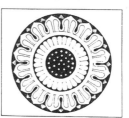
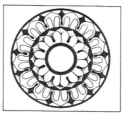

圖 0-53　雲岡石窟中的蓮花圖案

⑱　參見葉明鑒：《中國護身符》，花城出版社，1993 年版，頁 69。

⑲　同⑱，頁 117～118。

圖 0-54　魚穿蓮花（民間剪紙）

手中執荷，民間年畫、民間剪紙中的「魚穿蓮花」（圖 0-54）、「蓮生貴子」等題材也見有蓮花。

蓮花作為中國的祥物，經歷了由聖而俗的轉化，它逐步褪去了聖潔的色調，而增添了喜慶的氣氛。傳演性的特徵使蓮花越過了寺廟的院牆，獲得了更大的傳習空間，從而找到了自己得以存在的深厚基礎。

功利性

所謂功利性，即祥物不是可有可無的贅物，也不是一種無謂的裝飾，作為心理與情感的寄託，它是主體內在需要的無聲表達，也是其生活追求的有形展示。功利性即目標性，祥物因其寄寓的目標而存在，也因這一目標的消亡而絕滅。因此，祥物的功利性是祥物消長的主要動因，決定了祥物盛衰轉化的節拍與力度。

在江浙地區，舊時店堂鋪面多用一扇扇狹長的木板門，嵌在上下門檻槽中，早卸晚裝。為避免背錯弄亂，記住門板的排列順序，人們習慣於在門板上貼上用紅紙裁成的小長方條兒，上面寫著帶數字的吉祥語詞。這小紅紙條兒就叫作順序條兒，成為一種特殊的商用祥物。順序條兒上有如下語詞：一品當朝、二龍戲珠、三元及第、四季如意、五福臨門、六畜興旺、七子團圓、八仙過海、九世同堂、十全十美等。[20] 可見，順序條兒不僅有排序的作用，更為意取吉祥，故而長傳民間，至今為人習用。

「猴」因與「侯」諧音，被植入升官的追求與祝頌中，故老猴背小猴的構圖寄寓了「輩輩封侯」的祥瑞意義（圖 0-55）。在南京郊縣發現的一塊明代石雕上，有猴子、喜鵲、蜜蜂、蓮蓬、鹿等同圖的雕鑿，

圖 0-55　輩輩封侯

圖 0-56　喜報連科, 封侯得祿（明代石雕）

它以動態的、組合的方式, 表達了「喜報連科, 封侯得祿」的主題（圖 0-56）。這些祥物祥圖都具有仕途騰達的目標性, 由於現代人們的價值取向的變易, 升官不再是最普遍的追求, 因此以猴點題的「升官圖」已逐步從現實生活中隱去。這一變化顯示了祥物功利性的特徵: 因功利之求而存用, 也因功利之失而消歇。

象徵性

所謂象徵性, 即祥物與所表達的吉慶意義之間並沒有直接的、實驗的聯繫, 它僅僅作為一種符號, 喚起人們的心理感受與文化聯想, 從而得到撫慰與鼓勵。祥物的象徵性是祥物表現的基本方式, 由於它出於人的創造, 依存於一定的生活情境, 靠享用者的審美與感受去識解, 因此, 它表現為藝術與生活的統一。實際上, 象徵性就是藝術性, 祥物因這一特徵而在本質上帶有藝術與美學的性質。

浙西農村在插秧第一天必備一些象徵豐收的吉祥食物, 例如: 筍子, 以示稻秧像竹筍一樣快長; 雞蛋, 以示有「彩頭」;

粽子和年糕, 以示「粒粒種, 年年高」。有的戶主還繞秧田走一圈, 並拔秧一把帶回家, 拗在自家牆上, 謂之「秧苗認得家門, 豐收由此入門。」[20] 上述食品和秧苗都是象徵豐收的農用祥物。

景頗族青年談婚論嫁的祥物是芭蕉葉、樹根、大蒜、火柴、辣椒等物, 他們用芭蕉葉包裹上述信物, 紮上線繩, 送給相愛的女子。各物均有其特定的象徵意義: 樹根意為「想念」; 大蒜表示要姑娘考慮兩人的事; 辣椒表示熾烈的愛; 火柴表達男方態度的堅決; 葉子代表有好多話要說。[22] 這是近乎遊戲的婚用象徵性祥物。

大蝦在中國祥圖中是順達的象徵, 並有「彎彎順」之稱（圖 0-57）。在日本的新年圖畫中, 大蝦也作為祥物與魚、竹枝同圖, 意表「長壽」。蝦因弓身彎背, 象徵著彎腰駝背的高壽者, 成為新歲祝願的祥物（圖 0-58）。不論是中國的「順達」, 還是日本的「長壽」, 蝦的象徵意義總是通過聯想而確認的, 又由於它們與特定的節日和風俗相聯繫, 因此蝦的象徵帶上了文化與藝術的成分。

象徵性是祥物的最基本的特徵之一, 並由此展現出人類的創造智慧、生活情趣和對藝術的執著而樸素的追求。

[20]　參見葉大兵等編:《中國風俗辭典》, 上海辭書出版社, 1990 年, 頁 534。
[21]　同[20], 頁 506。
[22]　參見全國民俗學少數民族民間文學講習班:《少數民族民俗資料》中冊, 頁 301。

圖 0-57　彎彎順

圖 0-58　日本年畫（宮城縣）

一

歲時祥物

歲時祥物是周而復始、循環往復、常備常用的祥物支系，它以期日性、時間性為應用的前提，與民間的生產、生活息息相關，成為一時一地民情風俗的獨特標誌和藝術概括。歲時祥物遍及全年，森羅萬象，林林總總，難以盡述。且選取新年祥物、四時祥物數類，以略展中國歲時祥物的概貌。

第一節 新年祥物

新年祥物以辭舊迎新、招祥納福、賀歲祈年為追求，凝聚著人們對未來幸福的期待與祝願。新年祥物與新年鎮物有一定的交叉關係，納吉與除凶本相關相聯，迎取祥瑞和辟除凶殃都為了助生長樂，因此，某些新年祥物兼備著雙重身分。新年祥物的啟用從歲除開始，從其功用看，它至少包含有辭歲祥物、祈福祥物、賀歲祥物三個基本支系。

一、 辭歲祥物

辭歲祥物多在除夕見用，它點畫著辭舊更新的特殊時令，渲染著迎新的喜慶氣氛。辭歲祥物以各類寓意明確的節物，包括飾物、器物、食物等，寄託著人們的理想與情懷，讓這些人工的尋常物品帶上了神祕而歡快的色調，從而使「過年」這一民間的盛大節日變得五彩斑斕，令人神往。

春 聯

春聯本為古桃符板遺制，它經歷了由鎮物而祥物的自然轉化。自西蜀孟昶在桃符上題寫了「新年納餘慶，嘉節號長春」的聯句之後，春聯多為吉語祥詞，用以烘托新年的喜慶氣氛。由於後世春聯選用紅紙書就，又有「萬年紅」的美稱。

有說，春聯之制自明初始。陳雲瞻《簪雲樓雜話》云：

> 明太祖始帝都金陵，除夕前，忽傳旨公卿士庶家，門上須加春聯一幅。

傳說，「帝微行出觀，以為笑樂。偶見一家獨無，詢知為閹豕苗者，未倩人耳。帝為大書曰：『雙手劈開生死路，一刀割斷是非根。』」❶ 傳說還講，明太祖朱元璋為駙馬梅殷春寫過「人家塵俗不到處，閣下恩榮第一家」聯，並為中山王徐達寫有「破虜平蠻，功貫古今人第一；出將入相，才兼文武世無雙」等春聯。❷

傳說雖非信史，但可能透露出這樣一個文化信息：正是朝廷的倡導，春聯在明初的都城首先普及開來，並逐漸傳遍遠鄉近村。不過，春聯與南朝時寫「宜春」貼門楣的風俗也有關聯。清蔣士銓《春聯》詩云：

> 制仿宜春貼，排門吉語多。
> 豐年資頌禱，民氣驗康和。

這種同宜春的聯繫還留跡於古今的「報春條」和「橫額聯」中，如千金百順、宜春迪吉、一財二喜、家聲世澤、長發其祥、四海同春、五穀豐登、人壽年豐、風調雨順、國泰民安、光前裕後、嘉節長春、瑞氣臨門、旭日東升、喜慶有餘、福壽滿堂、紅梅迎春等。這些橫額聯與刻紙「紅錢」結合的形式，至今在一些鄉村的年貨攤上仍能見到（圖1-1）。

當然，春聯主要是成對貼用的，有時它與報春條一併貼掛，以增加納吉迎祥的力度。例如，在蘇北一戶農家的門上，除貼有「華屋常懸仁壽鏡，高堂盛開吉慶花」的春聯外，還加貼了「開門大吉」的報春小條，另配上五枚紅錢，真可謂門室生輝了（圖1-2）。

春聯作為辭歲迎年的祥物，一般在除夕的午後貼出，人家的大門、後門、房門、廚房門、書房門、倉庫門，甚至豬圈、牛棚、雞窩、廁所等處亦見貼用。例如，就傳統春聯而言，大門上見有這樣的聯句：

大門外風清月朗

高堂上百子千孫

圖1-1　售橫額聯的地攤（江蘇靖江）

圖1-2　春聯與報春條並貼的農戶
（江蘇建湖）

向陽門第春常在

積善人家慶有餘

物華天寶

人傑地靈

天恩春浩蕩

文治日光華

後門上則貼用：

前程遠大

後步寬宏

❶　潘宗鼎：《金陵歲時記》。

❷　同❶。

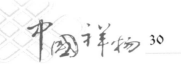
光前已振家聲久
裕後還留世澤長

房門上的春聯則有老人、小夫妻、孩童的區分。老人用：

福如東海長流水
壽比南山不老松

小夫妻用：

喜見紅梅多結子
笑看綠竹又生枝

魚水千年合
芝蘭百世榮

孩童用：

呼兒早起勤勞動
教子遲眠苦讀書

百年燕翼惟修德
萬里鵬程在讀書

此外，書房多貼用：

燈火夜深書有味
墨花晨湛字生光

養成大拙方為巧
學到如愚始為奇

廚房用：

一人巧作千人食
五味調和百味香

粒米皆從辛苦得
寸薪豈是等閒來

倉庫用：

田中無虛種
倉內有餘糧

圈門用：

槽頭多興旺
六畜永平安

豬胖牛壯
肥多糧多

從上述春聯實例可見，吉祥語詞是春聯的基調，也是春聯得以傳習的根本。作為歲時祥物的春聯，不僅成為民間辭歲迎年的信號與象徵，更以詩的語言傾吐著人們盼望春天、迎取祥瑞的心聲。正因為如此，春聯仍流傳於廣大城鄉，成為最富魅力的節物之一。

年 畫

貼年畫是中國的年俗傳統，富有濃郁的藝術氣息。年畫一般用木版套色印製，

大紅大綠，鮮豔奪目，由民家在歲除前從畫店購回，貼掛於居室、廳堂之內，以使滿室生輝，春光融融。

年畫係從神像畫之類演化而來。宋孟元老《東京夢華錄》中有「近歲節，市井皆印賣門神、鍾馗、桃板、板符及財門鈍驢、回頭鹿馬、天行貼子」之載，其中似無世俗的題材。不過，南宋已有「歲朝圖」，金代則有「四美圖」（圖1-3），後世所謂的「年畫」已見端倪。至明、清時期，年畫已盛行全國，出現了天津楊柳青、蘇州桃花塢、山東濰縣、河北武強、陝西鳳翔、四川綿竹、廣東佛山、河南朱仙鎮等著名的年畫產地。

年畫的題材豐富多彩，除保留一部分神仙畫外，還有戲曲故事、小說場景、仕女圖、嬰戲圖、寓言故事、生產圖景、吉祥圖案等，既貼近民間生活，尤其是農家生活，又有著吉祥的寓意。

民家貼用年畫，主要是為了辭歲迎年，因此也就有直接表現過新年的題材（圖1-4）。此外，推車進寶（圖1-5）、三星高照（圖1-6）、蓮生貴子（圖1-7）、孝順圖、莊稼忙等，也廣為傳用。

就功能而言，年畫有辭歲迎年、教化兒童、欣賞娛樂、裝點居室、勸農重時等多種作用。有詩曰：

依舊胡蘆樣，春從畫裡歸。
手無寒具礙，心與臥遊違。
賺得兒童喜，能生蓬蓽輝。

圖1-3　四美圖

圖1-4　過新年（山東濰縣年畫）

圖1-5　推車進寶（河北武強年畫）

耕桑圖最好，仿佛一家肥。❸

該詩道出了農家對年畫的需求。

作為祥物的年畫，其吉祥意義往往十分突出。例如，按數字定名，就有「一團和氣，二人同心，三星高照，四時吉慶，五穀豐登，六合同春，七子奪梅，八龍之駿，九錫天賜，十成年景」；「一本萬利，福壽雙全，喜報三元，四時安樂，平升五福，六路大順，魁斗七星，君子八愛，天保九如，十全富貴」和「一品聯封，和合二聖，三羊開泰，四季平安，五子奪魁，

六國封相，七子八婿，八仙上壽，九子十成，十美觀魚」等。❹

即使某些表現生活場景的年畫，也具有吉祥的內涵，諸如「男十忙」、「女十忙」、「歲朝圖」、「訪賢圖」等。其中，「歲朝圖」以表現家族飲宴、主賓相賀為主。乾隆皇帝曾為南宋的「歲朝圖」題詩一首（圖1-8），其詩曰：

歲朝宜吉語，喜看歲朝圖。

六百年餘畫，三朝景正符。

門庭粹賓客，几案列樽壺。

圖 1-6　三星高照（福建漳州年畫）

圖 1-7　蓮生貴子（山東濰縣年畫）

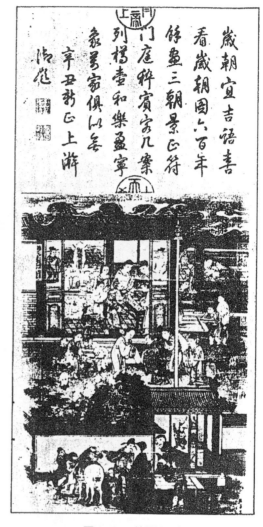

圖 1-8　乾隆題詩

迎年、招祥納瑞的節物，既是人們節日情結的寄託，又是專注生活的審美理想的表達，因此，它在人們心目中就是一種因時而現的吉物。

和樂盈寧象，萬家俱似無。

從乾隆的題詩看，見「歲朝圖」同聞「吉語」一樣，都是令人欣喜的祥瑞之事。

其實，年畫不論題材如何，作為辭歲

❸　清李光庭：《鄉言解頤》，卷 4「物部上」。
❹　參見王樹村：《中國民間畫訣》，上海人民美術出版社，1982 年版，頁 92。

「鼠嫁娘圖」

「鼠嫁娘」又稱「老鼠嫁女」，是年畫中構思奇特，寓意幽深，畫面生動，情趣盎然的一類。它以動物寓言式的風格，成為歲除民俗的又一象徵。

在民間，多有除夕或新年「嫁鼠娘」的風俗。

民國十一年《杭州府志》引《江鄉節物詩題注》曰：「杭俗以『除夕』為鼠娶婦，

圖 1-9　鼠嫁娘（安徽臨泉年畫）

圖 1-10　老鼠娶親拜花堂（河北武強年畫）

必置飯床下以飼之，而插花其上，曰鼠飯。」❺

民國潘宗鼎《金陵歲時記》載：「俗於除夕取花果食物，置臥房門楣上，謂之『嫁鼠』。」

清道光二十三年《武進陽湖合志》載：（元旦）「至晚不燃燈即臥，云老鼠嫁女。小兒女乃以米糰插花置鼠穴旁，云送嫁。」

「鼠嫁娘圖」在除夕的貼掛正是「嫁鼠」風俗的藝術表達。其構圖有兩種基本樣式，一是刻繪老鼠吹吹打打的花轎迎親隊列（圖1-9），或鼠娘與鼠郎拜花堂的儀禮場景（圖1-10）；二是老鼠迎親的隊伍前，有隻大貓正虎視眈眈，準備捕食（圖1-11），或一隻大花貓已衝入鼠群，連咬帶抓，一下子撲倒幾隻的突襲情狀（圖1-12）。

這種以諷刺、誇張、調笑為手法的寓言式題材，除烘托辭歲迎年的歡快氣氛，還有其深層的、象徵的文化意義，即迎年與滅鼠。這兩重意義奇妙地糾結在一起，從不同的方面展示了「鼠嫁娘」的祥物性質。

中國在漢前已形成以十二生肖與地支相配，用以計年歲的傳統，其配置關係為：子鼠、丑牛、寅虎、卯兔、辰龍、巳蛇、午馬、未羊、申猴、酉雞、戌狗、亥豬。

圖1-12　鼠嫁娘（四川綿竹年畫）

鼠因與「子」相配，所以鼠又有「子神」的別稱。古人以單數為陽，雙數為陰，故對十二地支也作了陰陽的劃分。一、三、五、七、九、十一為「陽」，即子、寅、辰、午、申、戌為「陽」；二、四、六、八、十、十二為「陰」，即丑、卯、巳、未、酉、亥為「陰」。由於地支在下，古人便取地上動物的足爪，以陰陽論分之。鼠、虎、龍、猴、狗皆五指，而馬為單蹄，其數皆為「陽」；牛、羊、豬皆四爪，雞四趾，兔兩唇，蛇兩舌，均為雙數，故為「陰」。其中，鼠最為奇特，它具有陰陽相連之象。明郎瑛在

圖1-11　鼠嫁娘（湖南郡陽年畫）

❺　丁世良等：《中國地方誌民俗資料彙編·華東卷》（中），書目文獻出版社，1995年版，頁591。

《七修類稿》中解釋「子」、「鼠」相配之故曰：

> 子雖屬陽，上四刻乃昨夜為陰，下四刻今日之陽。鼠前足四爪象陰，後足五爪象陽，故也。

由於子時是從昨日到今日，從陰時到陽時，而鼠前後爪有偶奇之分，因此老鼠成了時辰的物化象徵，並定為計時之首。又由於子時正值深夜，故郎瑛又說：「子為陰極，幽潛隱晦，以鼠配之，鼠藏跡也。」他認為，鼠的習性也正好與子時的「隱晦」相通。

除夕本是「陰極」之夜，而新舊之年又「更歲交子」，因此，「鼠嫁娘圖」便是舊年與新年交接的象徵，迎新「鼠」，就是迎新「子」，也就是迎新年。所以「鼠嫁娘」的貼用，乃具有除陰得陽的祥瑞意義。

不過，老鼠畢竟是糟蹋糧食的害蟲，因此鼠嫁娘圖的貼掛又有送鼠出門、滅絕鼠患的功利追求。舊時，蘇州人在叫賣桃花塢老鼠娶親年畫時有這樣的唱段：

> 年三十夜裡鬧嘈嘈，
> 老鼠做親真熱鬧。
> 格（這）隻老鼠真靈巧，
> 扛旗打傘搖勒搖。
> 格（這）隻老鼠真苦惱，
> 馬桶夜壺挑仔一大套；
> 繡花被頭兩三條，
> 紅漆條箱金線描；
> 這邊還有瓷花瓶，

雞毛撢帚插仔牢。
格（這）隻老鼠真正嬌，
坐勒轎子裡廂咪咪笑；
頭上蓋起紅頭巾，
身上穿起花棉襖。
吹吹打打去成親，
親戚朋友跟仔勿勿少。
旁邊還有花黃貓，
一塌刮子吃精光。❻

上述歌謠的最末一句，無疑具有點題的意義。除滅鼠害，自然是為了豐足，即使從這一層意思說，鼠嫁娘圖也是地道的歲除祥物。

門 畫

門畫，係貼掛於大門和房門之上的民俗版畫，作為門神和年畫的中介，它具有鎮辟與祈福的雙重功用。

門畫在民間被視作吉物，於歲除時換用，其品種有大門與房門的區別，在身分考慮上亦有年老者與年少者的不同。據潘宗鼎《金陵歲時記》載：

> 金陵人家，大門之有門神者，不多概見，唯後門貼鍾馗。內室各門亦不一，其制年老者用「推車進寶」、「四季平安」，少年則「麒麟送子」、「五子奪盔」、「冠帶流傳」等圖。單扉則貼一圓形和合，名曰「一團和氣」，亦有摹財神、仙官形像者，意取吉祥而已。

圖 1-13　雙喜臨門（北京門畫）

圖 1-15　招財大吉（陝西神木門畫）

圖 1-14　如意狀元（四川綿竹年畫）

圖 1-16　三星在戶（朱仙鎮門畫）

潘宗鼎所記述的是清末民初南京人家常用的幾種門畫，及其因人而用、因門而用的習俗。

　　從各地的情況看，貼在大門上用作辭歲祈福的「文門神」，為數不少。諸如：「加冠進爵」、「雙喜臨門」（圖 1-13）、「招財進寶」、「如意狀元」（圖 1-14）等等。此外，還有一類從雞符化出的門畫，它以雄雞圖與搖錢樹併合，以表除夜大吉、招財進寶之意（圖 1-15）。

　　就房門的門畫內容來看，老年人的房門上除貼「推車進寶」、「四季平安」外，

還有「三星在戶」（圖 1-16）、「堆金積玉」、「平安富貴」等題材。未婚少年門上除貼「五子奪盔（魁）」（圖 1-17）、「冠帶流傳」外，還見有「五子登科」（圖 1-18）、「馬上做官」（圖 1-19）等畫幅。至於「麒麟送子」（圖 1-20），一般貼於小夫妻的房門上，以祈天賜麟兒。

　　門畫同春聯往往一併在除夕黃昏前貼出，貼上門畫的門板，又稱「財門」，成為

❻　轉引自張道一、廉曉春：《美在民間》，北京工藝美術出版社，1987 年，頁 358。

圖1-17　五子奪魁（山東濰坊門畫）

圖1-18　五子登科（朱仙鎮門畫）

圖1-19　馬上做官（山東濰坊門畫）

圖1-20　麒麟送子（桃花塢門畫）

板門爺，板門娘，

我要和你一樣長，

你長高了沒得用，

我長高了做新郎！

由於門畫、春聯等辭歲祥物的貼出，尋常的板門便帶上了神祕的氣息，於是人們通過巫術的手段去接觸和感應，以求心遂願成。可見，門畫給俗民們增添了生活的情趣和熱望。

窗　花

窗花一般在除夕和其他重要節慶貼於窗紙或玻璃之上，用以裝飾居室和門戶，

人們又一件神祕的祥物。在江蘇鹽城地區，有除夕夜讓矮個頭的男孩兒爬板門乞長高的風俗。男孩兒一邊爬著貼上春聯、門畫的板門，一邊口中念道：

為人，或鏤金薄為人，以貼屏風。

南朝時以人形剪紙為用，而後世窗花則包羅著神仙、人物、花草、動物、器具、財貨、文字等多種題材。

從常見的窗花圖案看，有「八仙過海」、「嫦娥奔月」、「老鼠嫁女」、「魚跳龍門」、「松竹梅蘭」、「瓜瓞綿綿」（圖1-21）、「福祿壽」、「聚寶盆」（圖1-22）、「招財進寶」（圖1-23）、「連年有餘」、「和氣招財」、「肥豬進寶」（圖1-24）等。此外，還有祥物迭加的窗花形式，例如將「金玉滿堂」、「二龍戲珠」、「招財納福」等集於一紙（圖1-25）。

窗花多作為辭歲迎年的節物在除夕貼用，但剪窗花的民俗活動卻一年到頭，時時可見。在江蘇邳州流傳著《剪窗花》的歌謠，婦女們往往一邊剪著窗花，一邊唱道：

正月裡，剪綵燈，彩燈高掛堂屋中，
病魔鬼怪全照跑，全家老小都安寧。

二月裡，剪條龍，放在門前小河中，
風調雨順太平世，保你五穀能豐登。

三月裡，剪桃花，送給小姑頭上插，
和睦相處過日子，婆婆面前說好話。

四月裡，剪條狗，放在你家大門口，
看家像把大銅鎖，小偷小摸繞道走。

圖1-21　瓜瓞綿綿（剪紙）

圖1-22　聚寶盆（剪紙）

點畫節日的景象。窗花同牆圍花、頂棚花、灶頭花、燈籠花、掛箋、枕頭花、衣袖花、肚兜花等一樣，同為剪紙的家族。

窗花，這種以剪紙圖案貼戶牖的新年風俗與南朝翦綵貼屏風的「人日」風俗，當有關係。梁代宗懍《荊楚歲時記》載：

正月七日為人日，以七種菜為羹，翦綵

圖1-23　招財進寶（剪紙）

圖1-24　肥豬進寶（剪紙）

五月裡，剪葦葉，包碗粽子孝公婆，
吃俺粽子能長壽，二老活到一百多。

六月裡，剪荷花，壓在奴的枕頭下，
蓮蓬殼裡籽粒多，觀音送子到俺家。

七月裡，剪喜鵲，剪的喜鵲多又多，
牛郎織女能見面，夫妻恩愛過生活。

八月裡，剪桂花，花插院中香萬家，
嬸子大娘點頭笑，一齊來把俺家誇。

圖1-25　祥物迭加的窗花

九月裡，剪隻雞，雞能生蛋蛋生雞，
賣雞買布送哥嫂，哥嫂誇奴好弟媳。

十月裡，是鬼節，剪條老牛把水喝，
喝盡奈河髒汙水，陰間老祖都快活。

十一月，剪雪花，剪了雪花撒萬家，
瑞雪先報豐收信，明年定收好莊稼。

十二月，剪窗花，剪對喜鵲叫喳喳，
剪對鯉魚跳龍門，剪對仙鶴送爹媽。
剪掛鞭炮小叔放，剪朵梅花小姑插。
金銀元寶剪一筐，每人剪句吉利話，
剪對紅燈照屋亮，辭舊迎新樂哈哈。❼

歌謠把剪窗花與歲時風俗相聯繫，可見剪
窗花是當地婦女生活的一項重要內容。不
過，她們的剪窗花包含剪紙的全部領域。

我們從十二月剪紙的題材看，「喜上眉梢」、「魚跳龍門」、「仙鶴增壽」、「爆竹迎年」、「金銀元寶」、「吉祥頌語」、「紅燈高掛」等均帶有辭歲賀春的成分，揭示了窗花的祥物身分。

紅錢

紅錢，又稱「喜錢」、「掛箋」、「門箋」、「門彩」、「門吊子」、「掛落」、「掛錢」等，它於除夕貼掛在門楣、窗櫺或廳室檁條之上，作為新歲節物，具有辭歲迎年、辟陰得陽的雙重功效。

紅錢既是鎮物 ❽，又是祥物。它因用紅紙剪刻而成，且以錢紋作為主要背飾，而有「紅錢」之稱。紅錢由背飾、題額、主題圖三部分構成，其背飾因錢紋的點綴

圖 1-27　闔家歡樂（紅錢）

而保留著鎮辟的作用，而題額、主題圖則因吉祥語詞和吉祥圖案的並用而顯露著祥物的身分。

紅錢常見的題額有「滿園春色」、「五福臨門」、「大地皆春」（圖 1-26）、「四季如春」、「萬福來朝」、「新春如意」、「喜鵲登梅」、「萬年青」、「人壽年豐」、「開門進財」、「闔家歡樂」（圖 1-27）、「年年有餘」、「迎春接福」、「萬事如意」、「魚跳龍門」、「龍鳳呈祥」等。

紅錢的主題圖由神仙、動物、花草、

圖 1-26　大地皆春（紅錢）

❼　引自《中國歌謠集成・江蘇卷》，中國ISBN 中心，1998 年，頁 403 ～ 404。

❽　詳見陶思炎：《中國鎮物》，臺北東大圖書公司，1998 年版，頁 63 ～ 65。

圖 1-28　年年有餘（紅錢）

圖 1-29　招財進寶（紅錢）

器物、文字、圖案等所構成。有的主題圖與題額相映成趣，有的則相連成義。例如，題額僅一字，為「有」字，主題圖為金魚一尾，下綴錢紋，在除夕貼掛，以表「年年有餘」（圖 1-28）。此外，以文字迭加、偏旁互用的吉語也見之於紅錢，取代主題圖上常見的實物類祥物，出現「黃金萬金」、「招財進寶」之類的納吉紅錢（圖 1-29）。

紅錢除用於門戶、梁檁，也見於灶龕、神龕，有招神邀祖、納吉迎祥的意旨。日本在新年時亦有在梁檁、神龕前貼掛剪紙的風俗，其形態有類紅錢，但大多用白紙剪成，亦有襯墊紅紙者。其圖案多以寶船（圖 1-30）、仙鶴、旭日等構成，並有「迎春」之類的點題文字作為題額（圖 1-31）。

紅錢同年畫、窗花等一樣，是頗富藝

圖 1-30　寶船（日本剪紙）

圖 1-31　迎春（日本剪紙）

術情趣的辭歲節物，在現代的民間應用中主要展示著祥物的性質。

歡喜團

除夜，各地有燒炭墼、燒松盆、點元寶火、放撐門炭等辭歲風俗。上述各物均與熾火、暖熱相聯繫，故被民間視作新年祥物。

經錘擊曝乾的巨炭墼，又被吳人稱作「歡喜團」。清吳穀人《新年雜詠序》云：

> 歡喜團，杵炭屑而範之，上下合成，圓而有扁勢，炭墼之巨族也。除夕取以埋爐，置寢室中，謂之歡喜過年。

清袁景瀾《吳郡歲華紀麗》卷 1 曰：「搗烏薪屑，用鐵範錘擊曝乾，為巨炭墼。……

今吳人名之曰歡喜團。歲朝取以實圍爐中熾火，焰則騰騰上，令滿室生春，煦然有興旺暖熱意。自元旦屆元宵止焉。」

可見，令滿室生春的「歡喜團」是除夕和歲朝的用物，其功用除了取暖，顯然更為了「歡喜過年」。

吳穀人寫有《歡喜團》一詩描述其帶來的「歡喜」情狀：

> 開爐重得彩，餘喜復餘歡。
> 火色明通夕，春光聚一團。
> 幾人先附熱，舉室不知寒。
> 笑指青紅意，還將兒女看。

除了「歡喜團」能在除夜帶來歡喜，撐門炭、松盆、元寶火等，也與之相類相關。

撐門炭，即除夕人家放於門旁的長炭，又名「炭將軍」。在杭州，人們則以甘蔗樹於門側，替代長炭，謂「取漸入佳境之意」。[9]而松盆，亦有相暖熱、迎新祥之意。

如果說吳地以「歡喜團」辭歲的話，那麼，蘇北農村則以焚柴、燒「元寶火」作為來年發財致富的象徵。「元寶火」不僅留有除夕祭天、接神、驅邪、求福的涵義，還寄託著脫貧致富、招財發家的熱望。所以說，「歡喜團」及其相關的燃火之物都作為祥物豐富著各地的歲除風俗，並能喚起人們對新春幸福的期盼。

❾　見清袁景瀾：《吳郡歲華紀麗》，卷 12。

年夜飯

除夕的年夜飯，又叫「守歲酒」、「分歲筵」、「闔家歡」，俗稱「團圓飯」、「全家福」，是中國人家最豐盛的一頓晚餐。一切在外經商、做工、求學的人都會趕回家鄉，在年夜飯上與家人團聚，把酒談笑，辭歲迎年。

吃年夜飯前，各家已貼好春聯、門神、紅錢等門飾，有井的人家則祭祀井泉童子，並用木蓋封井，在一串閉門炮仗放過之後，便關上大門。開飯前，先以酒菜祭祀先祖的靈牌或遺像，祭畢則全家坐定，開始了一年一度的年夜飯。

年夜飯是團圓飯，也是吉祥飯，故喜氣洋洋，席間充溢著歡歌笑語。在江蘇無錫地區，家中前輩在除夜開飯飲酒前要唱「團圓飯」的歌謠，其歌曰：

> 一幅和合掛堂前，兩邊花燈紅豔豔，
> 有肉（福）有魚（餘）有米（喜）酒，
> 喜果、瓜子、甘蔗、荸薺滿臺面。
> 團團圓圓吃團圓飯，歡歡喜喜過歡喜年，
> 吃了團圓常團圓，過了喜年接喜年！ ❿

為了點畫年夜飯的吉祥意義，有些地方做除夕的飯菜要用芝麻秸作炊薪，因芝麻開花節節高，用以象徵來年步步登高，吉祥如意。⓫

在南京人家的年夜飯上有一道點題的菜——「十景菜」。「十景菜」選取素菜十種或十種以上，炒熟後混合在一起，以作為「團圓」的象徵。關於「十景菜」的選料，《金陵歲時記》載曰：

> 金陵人家，以醬薑瓜、葫蘿蔔、金針菜、木耳、冬笋、白芹、醬油乾、百頁、麵筋十色，細切成絲，以油炒之，謂之「十景」。又有所謂「安樂菜」者，乾馬齒莧也；「如意菜」者，黃豆芽也，取義吉祥爾。

可見，「十景菜」不僅是爽口美味的一道菜，更具有祥物的意義。

歲除之夜人家往往要燒滿滿一大鍋米飯，鍋巴被小心翼翼地烤黃並整體取下，供放於前堂，俗呼「元寶鍋巴」，以討錢多糧多的吉利。

年夜飯及其菜餚、酒果在除夕這特定的時節，不同於尋常的食物，都轉易為祥物的系列。

鐘 鼓

撞鐘擊鼓也是辭歲迎年的一種方式，鐘、鼓作為響器，是發聲的祥物，具有幽深的文化內涵。

不過，擊鼓辭歲是民間的傳統，而撞鐘迎年則揉和著佛教文化的因素。

中古時期有晨昏鳴鼓以報時警眾之制，古詩中見有「長夜默坐數更鼓」之句。除夕擊鼓本有數時計刻、除陰接陽的寓意。舊時鎮江一帶的鄉民在除夜聚集場頭，通宵擊鼓，並以擊破鼓面為來年豐穰之兆。其實，歲除擊鼓建築在鼓如春雷的信仰之

上，潛含著借取雷霆掃除陰氣的盼求。古人「天以震雷鼓群動」、「腰鼓百面如春雷」的詩文 ⑫，正揭示了這一辟歲祥物的存在基礎。

鼓作為樂器，亦用於軍事、娛樂等方面，漢畫像中的擊鼓圖，有以烏鵲、巨樹相配，大鼓空懸樹幹者，它以宇宙樹的模擬，表明鼓作天震之聲（圖1-32）。

撞鐘迎年似乎是宗教風俗，主要由佛寺主持。佛教初傳中土即與喪葬悼亡風俗相結合，於是有臨終撞鐘增正念、驅煩惱、發善心、震地獄、解苦厄之類的說法。

《俱舍論》曰：「為臨終令生善念中死，打鐘鳴磬，引生善心故。」

《佛祖統記》曰：「又戒維那曰：人命將終，聞鐘磬聲，增其正念，惟長惟久，氣盡為期。」

《唐高僧傳・智興傳》曰：「亡者通夢其妻曰：不幸病死，生於地獄，賴蒙禪定寺僧智興鳴鐘，響震地獄。同受苦者，一時解脫。」

歲末也是歲終，它同「人命將終」能建立起相關的聯想：除夕為舊歲終亡、陰氣盛極之夜，如人之將死。因此，撞鐘除用於人的臨終，也用於「歲的臨終」。

其實，在佛教傳入之前，早有撞鐘奏樂活動。《詩經・周南・關雎》中有「窈窕淑女，鐘鼓樂之」之句，漢畫像石中亦常見撞鐘的刻畫（圖1-33）。

鐘的文化意義何在？《白虎通・五行》中有一句揭祕之語：

鐘者，動也。言陽氣於黃泉之下動，養萬物也。

催動陽氣，助生萬物，是鐘文化的底蘊，也是被佛教移植的動因。

唐代詩人李白在《化成寺大鐘銘》一

圖1-33　撞鐘圖（山東沂南漢畫像石）

⑩　引自朱海容：《古吳春秋》（下），新疆青少年出版社，1994年版，頁60～61。

⑪　參見蔣中健：《民間禮俗》，北京文藝出版社，1993年版，頁21。

⑫　見宋祝穆：《古今事文類聚》，卷23「樂器部」，上海古籍出版社，1992年版。

圖1-32　擊鼓圖（山東沂南漢畫像石）

文中曾將鼓、鐘相提並論，他說：

> 噫！天以震雷，鼓群動；佛以鳴鐘，警
> 大夢。而能發揮沉潛，開覺茫蠢，則鐘
> 之取象。其義博哉！夫揚音大千，所以
> 清真心，警俗慮，協響廣樂；所以達元
> 氣，彰大聲，銘勛皇宮；所以旌豐功、
> 昭茂德，莫不配美金鼎鐘……⑬

李白所歷數的鐘的功用，莫不在其「揚音」之大而引發的動感和除「沉潛」、開「茫蠢」的浩蕩陽氣。

中國傳統銅鐘的紐環均鑄為蒲牢之形，以求其鐘「大鳴吼」。薛綜注《周禮》「發鯨魚，鏗華鐘」曰：

> 海中有魚，名鯨。海島又有大獸，名蒲
> 牢。蒲牢畏鯨魚，擊蒲牢輒大鳴吼。凡
> 鐘，欲令聲大，故作蒲牢於上，以所擊
> 之者為鯨魚。⑭

中土佛寺的佛鐘也有蒲牢之作（圖1–34），蒲牢為傳說中的龍九子之一，可見它從形到義都植根於中國文化的沃土。至於佛寺除夜撞鐘108下，是取「9」與「12」之積，即把「老陽」之數與十二地支相配，以表來年月月充滿陽氣，全年大吉大利。這樣，即使在行為上，或在數字的祕密觀念上，它也都與中國文化難捨難分。

鐘、鼓作為辭歲祥物流傳至今，近二十年來，中國大陸各地為滿足日本遊客而舉辦除夕撞鐘活動，從蘇州寒山寺開始，

圖 1–34　佛鐘上的蒲牢

逐步波及到常州天寧寺、鎮江金山寺、南京棲霞寺、揚州大明寺等地，使這一辭歲祥物顯得格外突出。

守歲物

守歲、送歲是除夕的一項風俗活動，人們借取一些象徵的物品表達納吉迎祥的願望。諸如守歲繩、守歲燭、壓歲果、「送歲」紙馬、餃子、「洪福齊天」等，均在守歲的主題下寄託著吉祥的意義。

江南農民舊時守歲有搓稻草繩的習俗，稱之為「守歲繩」，並流傳著「守歲繩，來年順」的謠諺。這當與稻禾崇拜相關，並留有結繩迎神的信仰蹤跡。

除夕之夜，家家紅燭高燒，直接晨光，謂之「守歲燭」。古人有「生花報喜」之說，把燭花視作祥瑞之象。有詩云：「燭花頻送喜，兒女笑哄堂」、「紗籠椽燭焰如幢，火齊呈花喜一雙」，均把守歲燭視作吉物。

在吳地，長者於除夜在小兒枕畔悄悄放下橘子、荔枝等果實，稱作「壓歲果」，讓小兒元旦睡醒後食之，作為新年的吉兆。吳曼雲《壓歲果盤》詩云：

閩荔乾紅鄧橘黃，
深宵酒醒試偷嘗。
聽郎枕畔矇朧語，
新歲還君大吉祥。❶❺

這「壓歲果」顯然也是辭歲的祥物。

除夜祭神有陳紙馬、燒紙錢的風俗，在雲南彌渡縣則把「送歲」紙馬與黃錢、香火以及打掃出的草渣之類一齊在大門外燒掉，以示除穢親神，迎取吉祥。「送歲」紙馬上印有新舊兩位歲神，上有「送歲」二字表明其功用，兩旁則印有「新官上任招財帛，舊官請出福祿來」的聯句，昭示出他們的吉神身分（圖1–35）。

餃子作為守歲食品，既有鎮物的性質❶❻，又有祥物的意義。餃子所隱含的從混沌到有形、從無緒到有緒的辯證而樂觀的時空觀，形似元寶、音同「交子」的招財進寶寓意，以及餃中藏彩卜吉的守歲遊戲，都使之成為辭歲的祥物。

至於南京人家的守歲食品「洪福齊天」，更以其名稱而成為不爭的祥物。所謂洪福齊天，係四種食品的吉祥稱呼，據《金陵歲時記》載：

守歲時，取紅棗、福建蓮子、荸薺、天生野菱，煮食之，謂之「洪福齊天」。

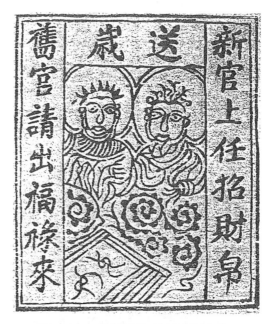

圖1-35　送歲紙馬（雲南彌渡縣）

即：紅棗按諧音取「洪」字，福建蓮子取「福」字，荸薺取「齊」字，天生野菱取「天」字，合稱之，則成「洪福齊天」。

可見，守歲物中除有辟陰的鎮物，亦不乏多彩多趣的祥物系列。

二、祈福祥物

祈福祥物是在歲除和新年期間被廣泛習用的又一類祥物，它們除帶有明確的歲時印記，還具有突出的祈福求利的傾向。此類祥物，或文字，或圖畫，或食物，或用物，也都能在特定的民俗氛圍中產生物

❶❸　同❶❷。
❶❹　同❶❷。
❶❺　同❾。
❶❻　同❽，頁106～133。

情交融、平中見奇的應用效果。祈福是新年風俗的一大主題，而這一主題往往寄寓在物化的象徵中。

「福」字

過年貼「福」字，是大江南北習見的新年風俗。「福」字一般寫在斗方紅紙上，貼於門戶、照壁、家具、糧櫃（圖1-36）等地方，以表達新年祈福的願望。每逢春節將臨，鄉村的年貨集市上，「福」字斗方常同紙馬、春聯一併出售（圖1-37），被農民們視作祈福的祥物。

新年用的「福」字，除斗方外，還有剪紙類「福」字，字形中套有藝術圖案，構成「福」、「鹿」（祿）、「壽星」（壽）相

圖1-38　配有祿壽的福字（剪紙）

聯的構圖（圖1-38）。此外，「福」字還見於紅錢之中，成為人們新年祈盼的主題（圖1-39）。

「福」字是新年節物，也是四時常備的家用祥物，在舊式宅院的外牆上、照壁上、堂屋裡、天花板上都可見到磚雕的或金粉書就的「福」字（圖1-40）。

「福」字同春聯一樣，既是生活願望

圖1-36　貼福字的農家糧櫃

圖1-37　售福字、紙馬、春聯的小攤

圖1-39　福字紅錢

圖 1-40　磚雕福字

圖 1-41　懸於祠堂內的祖先像（皖南黟縣）

的率直表達，也烘托著新年祥瑞喜慶的氣氛。一些地方喜歡把「福」字倒貼，讓孩童說「福倒（到）了」，以討得口彩。「福」字作為迎年的祥物，不僅見於門戶、牆壁、糧櫃，在豬圈、樹幹、雞窩、小船、大型農具上亦可見到，成為最習見的新年節物之一。

喜　神

　　元旦各地有走喜神方、迎喜神的風俗，吳地以祖先為喜神，稱展先像為「拜喜神」。據清袁景瀾《吳郡歲華紀麗》卷 1 載：

　　吳俗歲朝，比戶懸祖先畫像，具香燈、茶果、粉丸、糍糕，兼以糖餞，家長肅衣冠，率妻拏以次拜。上元夜始祭而卷藏之，謂之拜喜神。其像有合三五世為一幅者，名曰「代圖」，亦曰「神姿」。

　　祖先在中國人的心目中就是神靈，它比一切宗教的尊神更貼近民間生活，被視

作賜福佑護的恩主。歲朝懸先像，除了感念祖德，慎終追遠之外，也盼求祖先為後世帶來吉慶和福祐。

　　祖先像一般掛於堂壁，亦有的供於祠堂（圖 1-41），不論是家祭或族祭，祖先都被視作「喜神」，相信能降喜賜福。

年　糕

　　年糕，又稱作「年年糕」，是意取「年年高升」的新年祥物。新年做年糕、食年糕的風俗不晚於宋代，當初叫作「黏黏糕」，按諧音理解，便成了「年年高」的吉祥名稱。

　　至明清時期，年糕的形制、名稱、用途越來越多。據清顧鐵卿《清嘉錄》卷 12 載：

　　黍粉和糖為糕，曰「年糕」。有黃白之別。大徑尺而形方，俗稱「方頭糕」。為元寶式者，曰「糕元寶」。黃白磊砢，俱以備年夜祀神，歲朝供先，及饋貽親朋之需。其賞賚僕婢者，則形狹而長，俗稱「條頭糕」。稍闊者，曰「條半糕」。富家或

催糕工至家磨粉自蒸，若就簡之家，皆買諸市。春前一二十日，糕肆門市如雲。

「黍粉」即黃米粉，此外，更多的是用糯米粉做年糕，正如《吳郡歲華紀麗》卷12所云：「搏糯米粉和以蔗霜為糕。」

年糕歷來被視作年中吉物，李福《年糕》詩云：

> 珍重題糕字，風光又一年。
> 為儲春糗餌，預聽磨盤旋。
> 篩細堆檐雪，蒸浮臬灶烟。
> 吉祥同粽熟，摩按勝粢堅。
> 甘許糖調蔗，香應稻識蓮。
> ……

可見，年糕不僅是甜香上品，而且是吉祥之物。

到近代，年糕品種因地而異，各有特色。例如，江浙有水磨年糕、油年糕、桂花年糕，北京有小棗年糕，河南有棗饊糕，山東有棗糕，福建有芋艿年糕，上海有定勝糕、八仙對糕，揚州有蜂糖糕，臺灣有紅龜糕等，不一而足。

民間做年糕一般在臘月中旬就要開始了，舂好了的米粉按糯米和粳米7：3的比例拌和起來，除了用於蒸年糕，也用作做年糰。在太湖地區，每到新年當主婦端出年糕、年糰時，會唱著這樣的歌謠：

> 蒸糕師傅手段巧，做成金錠金元寶。
> 吃了年糕賺鈔票，腳踏樓梯步步高。

糰子做得滴溜圓，粳糯相拌合成糰。
青白甜鹹多色餡，和和合合結團圓。 ⑰

在那裡，做年糕時要由祖母或母親做一條三寸左右盤身翹頭瞪眼（眼珠用兩粒小黑豆做成）的神蟲，俗謂「米蛇」，蒸後放在糧倉米囤內，信能使糧食不蛀，米糧不完。在鎮江地區丹徒縣，至今農家仍把年糕做成壽桃形和神蟲樣（圖1-42），以兆人壽年豐。

圖1-42　做成壽桃和神蟲的年糕（江蘇丹徒縣上黨鎮）

福建疍民每逢春節有沿門乞討年糕，以占一年漁汛好壞的風俗。清石方洛《且甌歌》云：

> 登門直入非鹵莽，乞循年例糕分餉。
> 分得多時興懷暢，今年定卜水租旺；
> 分得少些心快快，今年只怕魚空網。

在疍民的年俗中，顯然年糕也是重要的漁豐年足的祥物。

地　畫

除夕農家有用石灰畫地的風俗，一般

在自家的門外或院內空地上畫出倉廩、元寶等圖形，並寫上「年」、「福」、「壽」、「五穀豐登」、「萬年餘糧」等吉祥語詞，有的還在地畫旁配上「腳踏樓梯步步高，五穀興旺歲歲熟」一類的聯句，以祈新歲豐稔。

地畫是農家祈福的祥物，具有鮮明的農耕文化的色調。在古人的記錄中，祈年地畫又稱作「畫米囤」。袁景瀾《吳郡歲華紀麗》卷12載：

> 農家除夕，閉門守歲時，就以石灰畫圈於地，圈中大書吉語，以祈豐稔；又畫米囤、元寶於場，以祈年穀；畫弓、矢、戈、矛之形，以禳災辟祟，總謂之「畫米囤」。

可見，地畫除了禳鎮的功用，主要在於祈福。

地畫用柴心細帚蘸石灰畫成，清許青浮有《畫米囤》之詩，敘述了畫地的過程與祈盼：

> 爆竹聲中分歲罷，呼兒淨掃空庭下。
> 柴心細帚石灰濃，長繩倒拽周遭畫。
> 畫得團團米囤圓，滿庭小圈復大圈。
> 圈中致祝無窮事，第一先畫有年字。
> 盡教禾黍多穰穰，千斯倉與萬斯箱。
> 明年米囤大且長，塞破屋子堆上場。

糧食豐收，「塞破屋子」，是地畫祈盼的目標。

在大江南北均有祈年地畫，其中，在蘇北的地畫上有倉廩、魚、元寶、梯子、推耙、叉子、掃帚等農具，中央書有「福」字（圖1-43），展示了這一地畫作為祈福祥物的特徵。

圖1-43　祈年地畫

萬年糧

萬年糧，又叫「宿歲飯」、「年飯」，在江淮地區則稱作「隔年陳」。它既指除夕所淘之米或所煮之飯，又包括年前製作的各種糕點、麵食，諸如年糕、饅頭、包子、餃子、湯圓、炒米等，也包括除夕年飯後完整烤成的大鍋巴，南京俗稱「元寶鍋巴」，江淮人稱之為「糧食囤子」。「萬年飯」意取歲歲餘糧，美滿豐足。

這一風俗在南朝時期已十分興盛，據梁代宗懍《荊楚歲時記》載：

> 歲暮家家具肴蔌詣宿歲之位，以迎新年。相聚酣飲，留宿歲飯至新年十二日則弃

❼ 同**❿**，頁63～64。

之街衢，以為去故納新也。

至清代蘇南地區淘米籮中還置紅橘、烏菱、荸薺等物，以突出其祥物的身分。據袁景瀾載：

> 除夕人家淘白米，盛竹籮中，置紅橘、烏菱、荸薺諸果及糕元寶，並插松柏枝於上，陳列內室，至新年蒸食之，取有餘糧之意，名「萬年糧」。又儲宿歲之飯，留待新年食之，名為「年飯」。或施諸街衢丐者，以為去故取新也。 ⑱

萬年糧不僅取「有餘糧」之意，同時可兆「去故取新」的迎春之瑞。

由於萬年糧、隔年陳的風俗源遠流長，亦留下不少記述這一風俗的詩詞。清閔玉井的《年飯》詩云：

> 風俗隔年陳，中堂位置新。
> 但教炊似玉，不使甑生塵。
> 蒼翠標松正，青紅釘果勻。
> 家家欣鼓腹，留此待開春。

從該詩可見，「年飯」不僅是「鼓腹」豐樂之徵，而且也是迎春祈福的祥物。

灰　堆

灰堆，即糞堆，自南朝以來，大江南北均有「打灰堆」的新年風俗。打灰堆，又稱「令如願」，俗呼「捶糞」。人們在正旦將銅錢串綁紮在竹竿或木棍之上，到田中捶打灰堆，邊打邊呼「如願」或其他咒祝之辭，以討吉祈福。這一風俗的記載最初見於梁代的《荊楚歲時記》：

> （正月一日）以錢貫繫杖腳，迴以投糞掃上，云令如願。

此俗的由來與一則神異傳說相關。據宋高承《事物紀原·捶糞》載：

> 《錄異傳》曰：「區明遇彭澤青洪君，君有婢，名如願。君使隨明。明意有所願，如願輒使得之。成富人後不復愛如願。正月歲朝雞初鳴，呼之不即起，欲捶之，願走糞上，乃故歲掃除所聚者，由此逃去。明謂在積壤中，以杖捶糞使出，知不可得，因曰：『汝我富，不復捶汝也。』」今人元日雞鳴時，輒往積壤間捶之，云使人富。

打灰堆是為了祈富，故杖腳以錢貫繫。不過，也有繫偶人者，用以引出如願。據《古今事文類聚》載：

> 有商人過清湖，見清湖君。君問所須。有人教云，但乞如願。君許之。果得一婢，如願即其名也。商有所求，悉能致之。後因正旦如願晚起，商人撻之，走入糞壤中不見。今人正旦以細繩繫偶人投糞掃中，云令如願。 ⑲

顯然，有關婢女如願的傳說是打灰堆這一

風俗的基礎。

隋代北人於正月十五日夜打糞堆，旁有人「以答假痛」，他們用應和的巫術方式以盼呼得「如願」。至宋代，又有除夜打灰堆祈如願的。宋詩人范成大寫有《打灰堆詞》，記錄了吳地鄉民的祈拜與祝辭：

　　除夜將闌曉星爛，糞掃堆頭打如願。
　　杖敲灰起飛撲籬，不嫌灰涴新節衣。
　　老嫗當前再三祝：只要我家長富足，
　　輕舟作商重船歸，大牸引犢雞哺兒，
　　野繭可繅麥兩岐，短袿換著長衫衣。
　　當年婢子挽不住，有耳猶能聞我語，
　　但如我願不汝呼，一任汝歸彭蠡湖！

農婦之求不過牛雞滿圈，絲麥雙成，食足衣豐，這是用幻想的方式表達現實的追求，以歲時性的行為滿足興農富家的祈盼。

灰堆作為這一風俗的核心，是如願的憑依，也是祈富的對象，故曾被農家視作祥物去親近、去訴求。

新　水

正月裡頭一次挑回家的水，稱作「新水」。壯族婦女們在正月初一會穿上新衣新鞋，競相到河邊挑水，她們邊走邊拖象徵牛、馬、豬、羊、狗、貓的石頭，並模仿其叫聲，以祈六畜興旺。汲回的新水，加上紅糖、竹葉、蔥花、生薑煮沸後，全家人都得喝，俗信喝了會使人聰明伶俐。❷⓿

在漢族地區，有些地方把正月裡的新水稱作「財水」。一般在接財神之後，人們紛紛到河、塘、井裡去搶著汲水，謂之「搶財神水」。亦有請水店在黎明時分送水到家。送水人挑著水擔，手抱一束柴禾，進院便大呼：「進財進水！」主人家連聲應和：「接財水，接財水！」據說，這樣就能使財源如水流進家門。主家在正月初五後才付財水錢，一般除付水錢外，還另加酒錢，以表達討得吉利後的歡悅。❷①

新水不論是令六畜興旺，還是令人聰明伶俐，或進財發家，總是一種因時令而神祕的祥物，給百姓們帶來希望和吉兆。

鏡

鏡作為祈福祥物，主要在新年裡用以響卜，又稱「鏡聽」。所謂鏡聽，即以銅鏡為卜具，占者抱鏡出門，聽市人之言，以卜新歲吉凶。

鏡聽起於何時已難推斷，至少在唐代已相當流行。唐詩人王建的《鏡聽詞》，記述了當時民間憑鏡卜問的情狀：

　　重重摩挲嫁時鏡，夫婿遠行憑鏡聽。
　　回身不遣別人知，人意叮嚀鏡神聖。
　　懷中收拾雙錦帶，恐畏街頭見驚怪。
　　嗟嗟嗞嗞下堂階，獨自灶前來跪拜。
　　出門願不問悲哀，郎在任郎回未回。

❶⓼　同❾。
❶⓽　同❶②，卷6「天時部·元旦」。
❷⓿　參見鄭傳寅等編：《中國民俗辭典》，湖北辭書出版社，1987年版，頁264。
❷①　同❶①，「歲時禮俗·春節」。

月明地上人過盡，好語多同皆道來。
卷帷上床喜不定，與郎裁衣失翻正。
可中三日得相見，重繡鏡囊磨鏡面。

這是少婦思念遠行的郎君，苦盼他早日歸
來，用鏡聽的卜法，希望討得其夫早歸的
吉兆。

宋陳元靚在《歲時廣記》卷7中解釋
了響卜拜灶之因，並記錄了卜具、卜法、
咒語及忌避。《歲時廣記》假託《鬼谷子》
載曰：

鬼谷子響卜法：灶者，五祀之首也，凶
吉之柄，悉歸所主。凡有疑慮，俟夜稍
靜，掃灑釁室，滌釜注水令滿，以木杓
一個頓灶上，燃燈二盞，一置灶腹，一
置灶上，安鏡一面於灶門邊，炷香鏡前，
叩齒咒曰：「維年月日，某官敢爇信香昭
告於司命灶君之神：竊聞福既有基，咎
豈無徵？事先之兆，唯神是司。以今某
伏為某事，中心營營，罔知攸措，敢於
神，靜夜移薪息爨，滌釜注泉，求趨響
卜之途，恭俟指迷之柄，情之所屬，神
實鑒之。某不勝聽命之至。」禱畢，以手
撥鍋水，令左右旋，執杓視之曰：「四縱
五橫，天地分明，神杓所指，禍福攸分。」
祝畢，以杓置水之上，任自旋自定。隨
杓柄所指之處，抱鏡出門徐去，不得回
顧。密聽旁人言語，才聞第一句，即是
響卜。急歸，置鏡床上，細推其意，自
合所禱，便見吉凶。事應後方得言之，
香燈亦未得撤去。其或杓柄指處，無路

可行，則是所占有阻，別日再占。凡穢
褻不誠之語，則不可占，恐速禍也。元
旦宜占一歲之休咎。

上述引文記述了唐宋間民間鏡聽風俗的全
過程，這種響卜既與灶神信仰有關，又帶
有濃郁的巫風氣息。

響卜之俗一直傳習至清末，或在除夜，
或在元旦，或在元夕之後。《無錫金匱縣志》
卷30載：

除夕，所事皆畢後，沃水於釜，以木瓢
旋之，視瓢柄所指，潛走其方，聽人語，
謂之「響卜」。

響卜的卜斷一般有兩種方法，一是聽語釋
義，二是聽音辨調。元伊世珍《琅嬛記》
上引《賈子說林》述及又一種鏡聽之俗及
聽語釋義的卜斷實例：

鏡聽咒曰：「並光類儷，終逢協吉。」先
覓一古鏡，錦囊盛之，獨向灶神，勿令
人見。雙手捧鏡，誦咒七遍，出聽人言，
以定吉凶。又閉目信足，走七步開眼照
鏡，隨其所照，以合人言，無不驗也。
昔有女子，卜一行人，聞人言曰：「樹邊
兩人，照見篸珥，數之得五。」因悟曰：
「樹邊兩人，非『來』字乎？五數，五
日必來也。」至期果至。此法唯宜於婦女。

此法以穿鑿附會的方式引申出貼合心願的
吉祥意義。至於「誦咒七遍」、「閉目信足」、

「走七步」、「勿令人見」的定規，主要是為這一活動塗上神祕的色彩。

唐韓鄂在農書《四時纂要》「春令」卷1中記寫了聽音定調以測年成的「響卜」風俗：

> 聽都邑人民之聲：聲宮則歲美，商則有兵，徵則旱，羽則水，角則歲凶。

這種卜斷的依據是：發「宮」音時，舌居中，屬土，故「歲美」；發「商」音時，口張開，屬金，金可打製兵器，故為兵災之象；發「徵」音，舌拄齒，屬火，故旱；發「羽」音，唇撮聚，屬水，故兆水；發「角」音時，舌縮卻，屬木，木星為歲星，而凶星太歲與之反向而行，因屬木使人聯想到太歲星，故被視作凶年之兆。

可見，鏡聽在卜斷上是以主觀的附會編造人事間的虛假聯繫。由於《抱朴子》中有「用明鏡九寸自照，有所思存，七日則見神仙，知千里外事也」之說[22]，故先人俗信能憑鏡知遠，預知未來，祈獲吉兆。鏡既是鎮物，又是祥物，在鏡聽、響卜之俗中，主要是作為祥物而被使用。

紙　馬

在中國民間，除夕、元旦也是集中祀神祈福的日子，並形成「年夜祀神，歲朝供先」的傳統。

除夕祀神要設天地桌或紙馬架，陳供各路神祇的紙馬，一併祭祀。所供紙馬林林總總，包括「天地之神」、「天地三界十方萬靈」、「三十六神」（圖1-44）、「三官大帝」、「井泉童子」、「禁忌六神」（圖1-45）、「招財和合利市」、「牛王馬王」、「紫微大帝」（圖1-46）、「增福財神」、「本命星君」（圖1-47）、「土地正神」等，以祈諸神賜福，新年人壽年豐、財源廣進、和合美滿。

作為木版印出的神像畫，紙馬是祭祀的對象，也是祈福的憑依，本具有祥物的性質。[23]

日本在新年也有陳供紙馬的風俗，不過其名稱不作「紙馬」，而稱為「神像」。日本的新年神像由神社印售，其神包括「大年神」（圖1-48）、「歲大神」（圖1-49）、「大

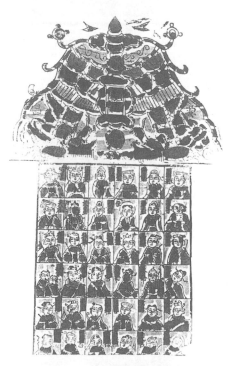

圖1-44　三十六神（民間紙馬）

[22] 轉引自唐歐陽詢：《藝文類聚》，卷7。
[23] 詳見陶思炎：《中國紙馬》，臺北東大圖書公司，1996年。

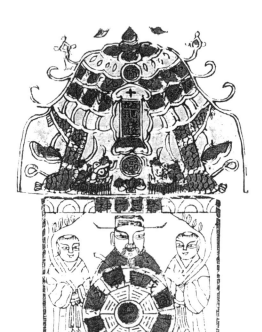

圖1-45　禁忌六神（民間紙馬）

圖1-47　本命星君（民間紙馬）

圖1-46　紫微大帝（民間紙馬）

圖1-48　大年神（日本紙馬）

圖 1-49　歲大神（日本紙馬）

圖 1-51　事代主神（日本紙馬）

圖 1-50　大國主神（日本紙馬）

圖 1-52　穀神（日本紙馬）

國主神」(圖1-50)、「事代主神」(圖1-51)、「山神」、「八幡神」、「灶神」、「穀神」(圖1-52)等。日本人家把從神社請回的神像貼在家中的神龕前或屋梁上,以祈五穀豐稔、家內安全、牛馬興旺、新年開運,同樣是被當作新年的祈福祥物。

三、賀歲祥物

賀歲祥物是新年祥物的又一個支系,它與辭歲祥物、祈福祥物相類,都在新年期間見用,但更具歡騰、喜慶、祝福的意味。賀歲祥物也大多為尋常之物,燈盞、茶果、食品、貼子等,都被傾注慶賀祈拜的情感,使之從普通用物而演成寓意明確的祥物。

龍燈、馬燈

龍燈、馬燈作為鬧春賀歲的祥物,因生動的造形、優美的舞步、歡騰的氣氛而深受歡迎,長盛不衰。

龍燈、馬燈與漢代祭祀東方蒼龍的「農祥星」(又名「天田星」)及「魚龍曼衍」之戲當有聯繫,但在長期的傳承中逐步歲時化、舞蹈化,信仰觀念與娛樂追求融和到一起,使年俗更見豐富。以土偶龍、木偶龍祈雨的儀式漢前已有,但正月裡舞龍的記載,則最早見於《隋書·音樂志》中的「長七八丈」、「以繩繫兩柱」、讓兩女對舞的「黃龍變」。

龍燈一般用竹篾做架,糊以彩紙,或圍以布帛而成,龍身分為多節,每節縛有

圖1-53　舞龍燈(民間剪紙)

長杆,供舞者握持(圖1-53)。龍燈不僅是成人的玩物,而且也有婦女或兒童的參與,組成女子舞龍隊和兒童舞龍隊。龍燈舞據說有一百零八陣,各地自有不同的陣式與套路,包括翻、滾、騰、轉、游、盤、穿、纏、跳、躍、戲、擺等基本動作,除了圖案造形,亦有文字陣法,甚至能盤出「龍」字的圖樣(圖1-54)。

「新年入,龍燈出。」自古龍燈就是賀歲鬧春的重要標誌。有一首描述揚州燈節的《江南好》曰:「揚州好,燈節慶元宵。絳蠟滿堂家宴集,金龍逐隊市聲囂,花鼓又高蹺。」詞中的「金龍」,正是指龍燈。龍燈有的「蜿蜒玲瓏八十節,節節有燈分五色」,十分壯觀。

在江南,新年還有「馬燈夜會」活動。馬燈也是用竹篾紮成,圍以布帘,套上馬頭。每匹「馬」由一人或二人表演,他們往往披袍戴冠、面塗粉彩,扮作戲曲人物或傳奇故事。馬燈按角色分成「紅馬」、「黃馬」、「白馬」等,伴有響亮的鑼鼓,新年

圖 1-54　「龍」字造形的龍燈舞

時在場頭、村中奔跑表演（圖 1-55）。清袁景瀾的《馬燈》詩云：

……

幡開鬖怒火城圍，一珠紅滾不離首。
驪黃騮駱陣馬多，後者赤汗前青驃。
筱驂遺制明吐腹，足以人代勞奔波。
雜裝花爨真遊戲，塗抹丹鉛搬古事。
衣香鬢影絕堪憐，妝成鬧掃添春意。

……

當今在無錫、句容、溧陽、高淳等地仍有「跳馬燈」的年俗，保留著黑驃「將軍」開道的傳統，並扮作古裝，搬演古事。至於馬燈的功用，正如《馬燈》詩所言，是為了「添春意」。

龍燈能帶來「風調雨順」、「五穀豐登」，

圖 1-55　跳馬燈（江蘇溧陽社渚鎮）

馬燈則能帶來歡欣和「春意」，故為人們所喜愛。

花　燈

花燈，又稱「華燈」，是新年中最富特色的年物之一。它既是孩童們提遊的玩具，又可裝飾門戶、居室，還能照明引路。在新春前後各地均有大小不一的「燈市」，放燈的期日大多按「十三上燈，十八落燈」

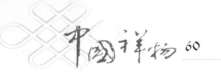

的南宋舊制，唯南京沿襲「初八上燈，十六落燈」的明朝傳統。在南京，正月初八、十三、十五三日被稱作「燈節」。

燈市歷來是新年中最熱鬧的場所，各類燈盞爭奇鬥豔，美不勝收，其用料、造形可謂「五花八門」。據《正德江寧縣志》載：

> 上元作燈市（燈有楮、練、紗、帛、魚鮁、羊皮、料絲諸品，又有街途串遊者，曰「滾燈」、曰「槊燈」，商謎者曰「彈壁燈」），架松棚於通衢（棚中奏樂，上下四旁綴以華燈，燦若白晝），簫鼓聲聞，燈火迷望……

明嘉靖六十卷本《姑蘇志》載：

> 上元作燈市，采松竹葉結綱於通衢，下綴華燈。燈有楮、練、羅、帛、琉璃、魚鮁、麥絲、竹縷諸品，皆彩繪，刻飾人物、故事，或為花果、蟲魚、動植之像。其懸剪紙人馬於旁，以火運之，曰「走馬燈」，藏謎者曰「彈壁燈」。宋時有萬眼羅、琉璃球，尤妙天下。……十三日試燈，十八日收燈。

《金陵歲時記》載：

> 府縣學前、評事街，皆燈市也。洪揚未亂以前盛稱料絲，予不及見，惟明角之制，有三星、八仙、聚寶盆、皮球、西瓜、草蟲、金魚之類，樓船則以碎玻璃為之，他如絹製之燈，花、鳥、蟲、魚，亦復維妙維肖，壁燈中有人物各種，惟走馬燈最極靈巧。

民國五年十八卷本《鄭縣志》載：

> 自城十字街至西關迤邐至車站，謂之「燈市」。出售各色華燈：人物有老子、美人、鍾馗捉鬼、劉海戲蟾之屬；花草有梔子、葡萄、楊梅、柿、橘之屬；禽蟲有鶴鹿、魚蝦、虎豹、龍馬之屬。其奇巧則有琉璃球、雲母屏、水晶簾、萬眼羅、玻璃瓶之屬；其豪華則有絲魚舫、絲珠明角、鏤畫羊皮、流蘇寶帶之類。品目繁多，難以枚舉。

燈市之盛不僅見之於地方志的記述，也見之於詩詞、歌謠。明王應遴《燈市》詩云：

> 星球蓮矩半空懸，火噴梨花罩酒筵。
> 莫道米珠薪桂地，誰人肯惜買燈錢。
> 跳索迷藏拽伴遊，太平鼓打鬧街頭。
> 銅錢搜出爺娘袖，要買花燈滾地毬。

該詩寫出了華燈高懸，家家買燈的盛況。

在民間歌謠中亦不乏對花燈及燈市的歌詠。由王玉娣採集的一首流傳於武進魏村鄉的《唱花燈》，歷數了當地燈市上的一些有趣的燈盞：

> 正月十五看花燈，大街小巷鬧盈盈，

盞盞花燈有名堂，一一聽我唱分明。

第一盞是走馬燈，徐庶走馬荐孔明，
三顧茅廬請臥龍，諸葛出山扶劉君。

第二盞是麒麟燈，麒麟背馱小後生，
賜福送子善良家，魁星筆點狀元生。

第三盞是老虎燈，景陽岡老虎害煞人，
過路百姓難行走，武松除害傳英名。

第四盞是兔子燈，月宮搗藥腳不停，
為解嫦娥偷藥愁，搗藥圖報后羿神。

第五盞是老鼠燈，五鼠大鬧東京城，
錦毛鼠盜寶禍根起，平事全靠黑包拯。

第六盞是八角燈，八錘大鬧朱仙鎮，
金兵大敗逃命歸，賊心不死搬救兵。

第七盞是鯉魚燈，躍躍欲試跳龍門，
蔡伯喈將龍門跳，拋下五娘苦伶仃。

第八盞是富貴燈，蘇州唐寅有名聲，
願作書僮賣華府，只為秋香一個人。

第九盞是猢猻燈，悟空大鬧南天門，
東海借得如意棒，保護唐僧去取經。

第十盞是蛤蟆燈，三腳蛤蟆有精靈，
劉海井邊戲金蟾，仙人也有凡人情。❷⁴

在無錫則有「一顆明珠燈」、「二龍戲珠燈」、「三鳳飛舞燈」、「四季鮮花燈」、「五穀豐收燈」、「六畜興旺燈」、「七巧匠人燈」、「八仙過海燈」、「九九連環燈」、「十面大戰燈」。

在南京夫子廟燈市上，至今猶見兔子燈（圖1-56）、蛤蟆燈、獅子燈、荷花燈、雙球燈、花籃燈，及以十二生肖為造形的豬燈（圖1-57）、羊燈等數十種。

人們視花燈為吉星，有「紅燈在你家門前過，莊戶人家五穀豐登；『老壽星』看

圖 1-56　兔子燈

圖 1-57　豬燈

❷⁴ 引自《武進縣民間文學集》，南京大學出版社，1990年版，頁570。

得增福壽，『小官人』看得養兒孫，養下男來高官做，養下女來做夫人」之說，㉕顯然，花燈在民間早已被當作慶賀祝福的年中祥物。

麵　燈

新年點燈是中國年俗中最突出的事象之一，除了門前高掛的寫有自家堂號的紅燈及孩子們喜愛的各式花燈，各地還有「散燈」或點「發燈」的習俗。

所謂散燈，即除夜在自家門前、堂中、房裡、米囤邊、大床下、家堂前、院子中等處放上燈盞，各有「祖家燈」、「堂前燈」、「天地燈」之謂，以作發家添丁之徵。

農家往往和麵粉做燈，一來做「散燈」之用，二來給孩童們把玩。麵燈的形狀，有的取家中的日常用具，像勺子燈、碗燈、酒杯燈等；有的取十二生肖形，捏成狗燈、羊燈、雞燈、龍燈、鼠燈等。勺、碗、杯中可盛裝燃油，而生肖則在其背上或頭上捏出凹坎，裡面放纏著綿絮的火柴杆和植物油。在魯南，狗燈由孩子們放在大門口，雞燈放在雞窩前，勺子燈放在廚房裡，滿地都放著麵燈。其中狗燈往往被調皮的孩子拿走，主家不會生氣，因當地有「拿狗燈，不算偷」之說。㉖在蘇南，麵燈點著火後，再用紅綠紙包糊起來，給孩童提著走出戶外，與提花燈的兒童們一道戲耍。

麵燈是蒸製的，既可玩耍，又可食用。在江淮地區每到臘月二十八、二十九就開始蒸包子，同時蒸麵燈，各家還要做一條麵龍，放在倉中，稱作「倉龍」，以表風調雨順、倉滿糧多。

麵燈同花燈一樣，是星辰的模擬，具有賀歲祈年的意旨。

接福箱

明清時期，一些人家在門上貼個紅紙袋，上書自己姓名，以承接別人拜年的名剌，稱之為「門簿」，又叫作「接福箱」。

正月初一相互賀年，是古已有之的交際風俗。除登門拜年，還有投刺致賀的傳統。賀年的名剌一般以紅箋製成，上書致賀者的姓名，故又稱作「名紙」。傳說，最早的賀年名紙是北宋文人秦觀製作的，其文為：

　　觀　敬賀
　子允學士尊兄
　　正旦　高郵秦觀手狀㉗

名紙在官場、文人中十分流行，主人多不親往，派遣僕人上門投送，因投入「接福袋」中便走，故名紙又稱作「飛帖」。明文徵明《拜年詩》記下了當時士人投刺致賀的情狀：

　不求見面唯通謁，名紙朝來滿敝廬。
　我亦隨人投數紙，世情嫌簡不嫌虛。

「不求見面」，表關係並不親密，而名紙竟滿「敝廬」，可見風俗之盛，並令人不能不隨俗行之。

雖說「親者登堂，疏者投刺」，但畢竟

「終年相隔一相見」，紅帖帶來的是祝賀與友情，故人們稱之為「接福」。這「接福箱」是社會交際的紐結，自然也成了嘉慶之物。

歡喜糰

歡喜糰作為江南人家的賀年食品，傳說起源於劉備招親之時。歡喜糰的製作有兩種方式，其一用糯米粉和糖搓成，其二用模具將炒米和飴糖壓成鴨蛋形或乒乓球形。前者為賀年待客的食品，後者讓小兒把玩啃食。

歡喜糰曾作為江南最富特色的年物之一，據潘宗鼎《金陵歲時記》載：

> 糯米春白，蒸孵後曬乾，和飴糖，用竹閣漏二，搓成圓形，俗名「歡喜糰」。客至必設。幼時吾姐宗文告予曰，此物仿於劉備贅親東吳時，未知何考。惟《諧鐸》載《江南好》詞：「江南好，最好是新年，福壽酥並雞骨斷，歡喜糰泡馬蹄糕，油炸大元宵。」

可見，歡喜糰同「福壽酥」（酥糖）、「雞骨斷」（寸金糖）、「馬蹄糕」（年糕之一種）、「大元宵」曾構成舊時江南新年的標誌。

至於歡喜糰的用途與意義，袁崧生《戩影瑣記》新年竹枝詞《詠歡喜糰》云：

> 賀年客至肅衣冠，茗淪清泉荐果盤，
> 更捧一甌如雪白，為言歡喜又團圞。

歡喜糰作為賀年待客的年食，顯然是為了獲取「歡喜」、「團圞」的吉祥意義。

茶　泡

民間素有待客奉茶的交際風俗，新歲賀年，茶更不可或缺。人們在新年裡用橄欖、金桔、棗子之類泡茶，俗稱「元寶茶」；用茶水煮雞蛋獻客，俗稱「元寶蛋」，以作招財進寶之賀。

在蘇南等地有賀歲三道茶的風俗：一道糖茶，意表「甜甜蜜蜜」；二道元寶茶，以示「恭喜發財」；三道茶葉茶，以祝「長青長生」。

舊時南京則以鹽漬白芹，雜以松子仁、胡桃仁、荸薺點茶，謂之「茶泡」。每當賀歲的客人上門，則用茶泡與歡喜糰、果盒等同獻，果盒中用山楂糕鏤成雙喜字及福壽字，以點畫喜慶嘉瑞的主題。果盤有多層的、分格的，一般中間放一個大橘子，稱作「福橘」，其他格內放糖果、黑棗、花生、瓜子等。客人若抓花生，便說「長生不老」；抓了瓜子，則說「瓜瓞綿綿」；抓了黑棗，就說「早生貴子」；抓了糖塊，便說「甜甜蜜蜜」；抓了橘子，則呼「走大局」。廣東人也有新年互贈柑橘的習俗，取大橘的諧音「大吉」之意。

㉕ 引自《常州歌謠諺語集》，中國民間文藝出版社，1989 年，頁 22。

㉖ 參見李修臣：《麵燈》，《揚子晚報》，1991年 1 月 26 日。

㉗ 引自郭伯南等著：《華夏風物探源》，上海三聯書店，1991 年版，頁 45。

茶泡不僅別有風味，亦含祥瑞的祝願。有竹枝詞《詠茶泡》云：

芹芽風味重江城，點入茶湯色更清，
一嚼餘香生齒頰，配將佳果祝長生。❷❸

茶泡聯繫著「長生」的祝福，也無疑是賀歲的祥物。

紙鳳凰、紙麒麟

紙鳳凰、紙麒麟是蘇南、蘇中等地區鄉間唱春賀歲的道具。若用紙鳳凰，叫作「唱鳳凰」；若用紙麒麟，則叫作「唱麒麟」。

唱鳳凰、唱麒麟的風俗在揚中縣、靖江縣等地十分盛行，一個鄉往往就有二三十個演唱班子。一個班子通常由四個人組成：一個打鼓的、一個敲鑼的、兩個敲鈸的。他們帶著紙鳳凰或紙麒麟走村穿戶，到處說唱（圖1-58）。

「鳳凰詞」或「麒麟詞」一般為四句，一二四句押韻，其韻有「滿歡韻」、「金清韻」、「香長韻」等十八個半韻，內容涉及天文、地理、歷史、風俗、時事等，亦有

見物起興的即興演唱。此外，他們還演唱傳統的民間歌謠，如《十把扇子》、《十盞花燈》、《十張臺子》、《十房媳婦》等。

唱鳳凰所用的紙鳳凰和唱麒麟所用的紙麒麟，均用竹篾紮成，再糊上花紙。每到一戶，紙鳳凰或紙麒麟就安放門前，演唱者成半圓形散開，一通鑼鼓過後，他們就唱道：

響噹噹，響噹噹，小小鳳凰到府上，
一到府上來拜年，二到府上來探望。❷❾

每唱一段便是一通鑼鼓，氣氛熱烈。

在鄉民眼中，紙鳳凰、紙麒麟是送春報喜的祥瑞之物，多笑臉相迎，拿出年糕、果子相款待，或給賞錢紅包。若唱春人或其他人碰倒了紙麒麟，主人則會認作倒運之兆而不悅，這時「唱鳳凰」人要機靈，用「小小鳳凰打個滾，鳳凰不落無寶地」之類的吉語去圓場。

紙鳳凰、紙麒麟至今仍在鄉野承傳，反映了賀歲風俗的持久和人們對吉祥、幸福的期盼。

圖1-58　唱鳳凰（江蘇揚中縣）

第二節
四時祥物

四時祥物是按月令或季節而出現的祥物體系，具有突出的歲時性的特徵，它因時而用，循環往復，成為地方的或民族的傳統。所謂四時，指春、夏、秋、冬四季。

古人把每時又分為孟、仲、季三個月份，即正月至三月為春（孟春、仲春、季春），四月至六月為夏（孟夏、仲夏、季夏），七月至九月為秋（孟秋、仲秋、季秋），十月至臘月為冬（孟冬、仲冬、季冬）。四時祥物包括春日祥物、夏日祥物、秋日祥物、冬日祥物四個基本的支系。

一、春日祥物

春日祥物，從理論上說，應包括新年祥物，一般帶有喜慶、祈福的色調。從其構成看，有食物、有玩物、有動植物，亦有裝飾物，應用在生產、生活、遊樂等層面上。春日祥物點綴著爛漫春光，使民間生活更其多姿多彩。

春　餅

立春日「咬春」、「吃春餅」是舊時的民間風俗，至今猶有遺痕。北方人的「咬春」，就是啃蘿蔔，而江南人的「咬春」則為「啖春餅」。所謂春餅，係用麵粉裹肉膾及蔬菜而做成的薄餅，既用以「嘗春」，又作為饋贈之禮，還能用作供品。清顧鐵卿《清嘉錄》卷1曰：

> 春前一月，市上已插標，供買春餅，居人相饋貺。賣者自署其標曰「應時春餅」。

袁景瀾《吳郡歲華紀麗》卷1載：

> 新春市人賣春餅，居人相饋遺。餅薄形

圓，裹肉膾及野菜熟之，以佐春盤，鄰里珍為上供。

這種裹蔬菜、肉膾的薄餅在近代又稱作「春捲」。據《北平風俗類徵·歲時》載：

> 如遇立春，……富家食春餅，備醬熏及爐燒鹽醃各肉，並各色炒菜，如菠菜、韭菜、豆芽菜、乾粉、雞蛋等，而以麵粉烙薄餅捲而食之。

這種方式有點像當今用薄餅裹北京烤鴨的吃法。

春餅由來已久，其名稱的出現不晚於唐代。《四時寶鏡》中有「立春日，春餅、生菜，號春盤」之載。春餅不只是民間的食品，在清代已成為官場的賞賜之物。清代有竹枝詞道：

> 土牛彩仗迓燕郊，京兆諸生昇入朝。
> 此日百官齊賜餅，早春恩眷出宮椒。

春餅除了是「嘗春」的美食，還成了勸農重時的象徵，故更具祥瑞的意義。

七菜羹

人日做七菜羹是南朝以來的民俗傳統。據梁代的《荊楚歲時記》載：「正月七

㉘ 引自潘宗鼎：《金陵歲時記》，「茶泡」。
㉙ 參見馬青松：《細說唱鳳凰》，《靖江報》，「週末特刊」，第82期。

日為人日，以七種菜為羹。」人們在這一天，要用七種菜熬粥，或燒七樣菜吃，又叫作「七寶羹」，日本人則謂之「七草粥」。

七菜羹由哪七樣菜構成，各地略有不同，但都須用韭菜、芥菜等蔬菜，並以此表達長命百歲的願望。在客家人中，「七樣菜」中除選配蔬菜，也有魚、肉等葷菜。例如，他們多選用芹菜、青蒜、大蔥、芥菜、韭菜、芫荽以及魚、肉等。這些菜各有涵義：芹菜表勤勞能幹，青蒜表會劃善算，大蔥表聰明敏捷，芥菜表計多謀深，韭菜表幸福久遠，芫荽表善結人緣，肉魚表富足有餘。

東鄰日本在平安朝時代開始形成在正月子日外出野遊的風俗，叫「子日野外春遊」，並在春遊中採回野生花草熬湯飲用，後逐步形成在正月七日做七草粥的風俗，到江戶時代，「七草節」已成為日本的重要節日。日本人做七草粥的選料是：芹菜、薺菜、鼠曲草、繁縷、寶蓋草、鬐草、油菜等七種野菜，俗信吃了七草粥能袪病長生。

七菜羹和七草粥本為一事，都是早春祈祝無病長生的瑞物，人們希望憑此喚起寒冬裡「沉睡」的軀體，使之同春草一般茁壯而矯健。

彩　勝

彩勝，又稱「華勝」、「春勝」，漢代已有華勝之制。《後漢書・輿服志》載：「太皇太后、皇太后入廟服……簪以玳瑁為擿，長一尺，端為華勝。」漢代劉熙《釋名・釋首飾》曰：

> 華勝：華，像草木之華也；勝，言人形容正等，一人著之則勝，蔽髮前為飾也。

在南朝時已形成人日剪春勝的傳統。據宗懍《荊楚歲時記》載：

> 正月七日為人日，……翦彩為人，或鏤金薄為人，以貼屏風，亦戴之頭鬢，又造華勝以相遺。

「春勝」在唐代於立春日啟用，既是親戚間的問遺之物，又是官場的賞賜之品，開始了俗、禮的並用與交融。《熙朝樂事》載：

> 立春日，婦女各以春幡、春勝、鏤金簇彩為燕蝶之屬，問遺親戚，綴之釵頭。
> 唐制：立春日，郎官以上賜春羅勝，宰相、親王賜金銀幡勝入賀，帶歸私第。民間剪彩為春幡簪首。

宋代亦在春日賜金銀幡勝，《東京夢華錄》、《夢粱錄》、《武林舊事》等均有載述。

彩勝多用烏金紙剪成飛蛾、蚨蝶、草蟲之形，並雜綴於花朵中。彩勝一般為婦女的頭上飾品，賀方回有詞曰：「巧剪合歡羅勝子，釵頭春意翩翩。」彩勝使春天裡的女子風華豔絕。清尤侗的《彩勝》詩曰：

> 剪出隋宮五彩微，玉人頭上鬥芳菲。
> 真珠好嵌芙蓉蒂，輕粉能粧蛺蝶衣。

妖燕祇從廉外鬧，狂蜂數向鬢邊飛。

春深怕有花神妒，細與東風辨是非。

彩勝不僅點畫出春天的氣息，也使婦女們更其嬌美，而且還有同心、定勝的取義，這無疑使它被視作春日的祥物。

撐腰糕

二月二日江南人家有食撐腰糕的春日風俗。所謂撐腰糕，即以隔年糕入油煎食，俗傳能免腰痛。蔡雲《吳歈》云：

二月二日春正饒，撐腰相勸啖花糕。

支持柴米憑身健，莫惜終年筋骨勞。

撐腰糕被當作了強身健體的歲時性食品。其所用之糕本為「年糕」，徐士鋐的竹枝詞用略帶調侃的筆觸寫下了撐腰糕與「吳孃」間的關聯：

片切年糕作短條，碧油煎出嫩黃嬌，

年年撐得風難擺，怪道吳孃少細腰。 **❸⓪**

粗狀結實的身腰符合農民們的審美追求，成為健康與勞動力的象徵。

二月二日是土地神誕日，鄉間祭田公、田婆，有擊社鼓、打社火（圖 1-59）、做社飯、飲社酒的「春社」活動，在有的地方則煎糕祭土。吳曼雲《江鄉節物詞》小序云：「杭俗，二日煎糕炒豆，以祀土地。」可見，撐腰糕是祭祀土地，祈盼年成的憑物。

圖 1-59　打社火（民俗舞蹈）

二月二日還是民間所說的「龍抬頭」的日子。俗傳，這天小龍看母，興雲作雨，天地交泰，表示春回大地、農事初興。這天的一切食品都與「龍」相關，例如，攤煎餅叫作「攤龍皮」，煮湯圓叫作「煮龍蛋」，蒸包子叫作「蒸龍頭」，水餅稱作「龍耳」，春餅稱作「龍鱗餅」，米飯稱作「龍子」，麵條稱作「龍鬚麵」，等等。

撐腰糕雖沒有打上「龍」的印記，但在二月二切片煎食，與「龍鱗餅」當有聯繫。龍鱗餅的名稱出自《燕京歲時記》**❸①**，係北方人的麵食製品，而南方人食米飯、米糕，故有煎糕之俗。因此，「撐腰糕」亦潛含著龍文化的因素，寄託著農事追求。

護花幡

二月十二日為「花朝」，又稱作「花節」，又叫作「百花生日」。自唐以來，民間有做

❸⓪　引自清顧鐵卿：《清嘉錄》，卷2。

❸①　清富察敦崇：《燕京歲時記》：「二月二日，古之中和節也。今人呼為『龍抬頭』。是日食餅者，謂之『龍鱗餅』……」

朱幡護花的傳統，後來又演成用彩條、紅帶或紅紙懸於花果樹枝的風俗，被稱作「賞紅」。清張春華《滬城歲事衢歌》云：

> 春到花朝碧染叢，枝梢剪彩裊東風。
> 蒸霞五色飛晴塢，畫閣開樽助賞紅。

二月中旬正是大地回暖，百花陸續開放之時，按二十四番花信風之說，小寒以後有梅花、山茶、水仙，大寒之後有瑞香、蘭花、山礬，立春之後有迎春、櫻桃、望春，雨水之後有菜花、杏花、李花，驚蟄之後有桃花、棠棣、薔薇，春風之後有海棠、梨花、木蘭，清明之後有桐花、麥花、柳花，穀雨之後有牡丹、酴醾、楝花等。❸❷「花朝」在「驚蟄」與「春分」之間，正值百花爭放之時，因此，在花盆或花壇上插彩幡（圖1-60）或掛紅布，具有迎取春光、祝賀「花朝」的取義。

古人往往把「花朝」與「月夕」相提並論，曾以二月半為「花朝」，八月半為「秋夕」，後各地在期日上略有變化，但「花朝」都定在二月中。宋制，守土官於二月十五花朝日出郊勸農。洛陽風俗，則以二月二日，而吳俗以二月十二日為「百花生日」。這天人們賞紅遊樂，婦女們有「撲蝶會」，花農們爭往花神廟陳牲獻樂，並以是日晴和占百果之成熟，小兒蓄頂髮，女童則穿耳朵。由於「花朝節」祝花長壽，慶日如年，故充溢著喜慶和歡樂，而「護花幡」作為「花朝節」的標誌，自然就帶上了祥瑞的氣息。

春 牛

立春日鞭春牛是農事性祈禳風俗，春牛由土或紙製成，既有送寒驅病的鎮物性質，又有示農宜田、預兆豐稔的祥瑞意義。

宋陳元靚《歲時廣記》卷8載：

> 《國朝會要》：令立春前五日，都邑並造土牛耕夫犁具於大門外之東，是日黎明，有司為壇以祭先農，官吏各具彩仗，環擊牛者三，所以示勸耕之意。……《本草》云：春牛角上土置戶上，令人宜田。

打春前，人們爭摸春牛以占新歲利市，並有「手摸春牛腳，賺得錢財著」的諺語。鞭春時，春牛被擊碎，牛土被眾人攘奪，以爭吉利。為彌補多數農民搶不到春牛土的缺憾，江南人則抓住這一商機，製作小春牛出售。據《吳郡歲華紀麗》卷1載：

> 立春日侵晨，郡守率僚佐，以彩仗鞭春牛碎土，謂之打春。農民競以麻麥米豆擲春牛。街市以花裝欄，置小春牛於中，

圖1-60　護花幡

及春勝春幡出賣。里胥以春毬鑱貼貴家宅舍，預兆豐稔。百姓買芒神、春牛亭子置堂中，云宜田事。

農民們不僅買小春牛置於自宅堂中，而且以麻麥米豆擲春牛，都是期望以巫術感應的方式獲得作物的豐收。

東坡《祭春牛文》曰：「三陽既至，庶草將興，爰出土牛，以戒農事。」由於春屬木，而木數三，故有「三陽」之說。《漢書‧翼奉傳》載：「木數三，寅在東方，木位之始，故曰三陽。」其實，民間打春不只是用土牛，有的地方則出紙牛。在東北地區，各村寨用秫稭、彩紙紮製春牛，立春日拂曉前由一長者帶隊，男子抬春牛，婦女用綢緞結成春花戴在頭上，小孩們拿著各式風箏，結隊走向田野。日出後，由長者執春鞭，鞭打春牛，並口念頌詞道：

> 一打風調雨順，
> 二打地肥土暄，
> 三打三陽開泰，
> 四打四季平安，
> 五打五穀豐登，
> 六打六合同春。

鞭畢，抬春牛沿地壟慢慢前移，走一段後，將它放在地上，然後拿鎬頭向正南「農祥星」方位奮臂刨土，以示該年農事活動已經開始。隨後，將春牛就地焚化。❸❸

春牛往往有芒神相伴。所謂「芒神」，即春神句芒。在製作時，它的身高、服色、鞭長、結子、年齡、形像、配置方位等，舊時均有講究。《金陵歲時記》引《月令廣義》曰：

芒神身高三尺六寸，按一年三百六十日。芒神服色，以立春日支相剋為衣色、為繫腰色：亥子日黃衣青繫腰，寅卯日白衣紅繫腰，己午日黑衣黃繫腰，辰戌、丑未日青衣白繫腰。手執鞭用柳枝，長二尺四寸，按二十四節氣，上用結子，以立春四孟用麻，四仲用苧，四季用絲，俱以五彩染色。其身有老少之分，寅申、己亥年老像，子午、卯酉年壯像，辰戌、丑未孩童像。其立分左右，六支陽年在右邊立；陰年在左邊立。

如此繁縟的規定，已帶有禮制的色彩。

近代以來，「打春」習俗漸趨消亡，土牛、紙牛已不復製作，但版印「春牛圖」卻廣傳民間。在蘇州桃花塢的「春牛圖」上，配有芒神、官人（圖1-61），留有「打春」的遺意；在山東濰縣的「春牛圖」上，則見有碩大的元寶，以表迎春招財（圖1-62）；陝西西安有春牛、蝙蝠、松枝同圖的「新春大吉圖」（圖1-63）；在河北省的「春牛圖」上，配有吃春餅的場景，牛背上有「平安富貴」的象徵裝飾，並加有如下吉

❸❷　參見顧承甫：《滬上歲時風俗》，華東師範大學出版社，1989年，頁42。

❸❸　參見鄭傳寅等編：《中國民俗辭典》，湖北辭書出版社，1987年，頁230～231。

圖1-61　春牛圖（桃花塢年畫）

圖1-62　春牛圖（山東濰縣年畫）

圖1-63　春牛圖（陝西西安年畫）

圖1-64　春牛圖（河北民間年畫）

語：「今日打了春，年成保十分。莊家（稼）收的好，買賣變黃金。坐（做）官當一品，富貴萬萬年。」（圖1-64）

透過「春牛圖」上所配的吉語、祥物及歡快、喜慶的氣氛，不難看出「春牛」作為祥物的身分。農民俗信，春牛能順陽氣、宜田蠶、得利市，帶來一年的福運。

二、夏日祥物

農曆四月至六月為夏，天氣由暖而熱，但民俗的、宗教的活動卻未因炎熱而消歇，季節性的祥物仍時有所見。它們或食物，或用物，或玩物，或應時之物，豐富著人

們的夏日生活，並帶來美好的祈願與快樂。

浴佛水、結緣豆

　　四月初八日，傳說是佛祖釋迦牟尼的誕日，各寺廟舉行浴佛齋會，並以「浴佛水」和「結緣豆」相遺。孟元老《東京夢華錄》卷 8 載：

> 四月八日，佛生日，十大禪院各有浴佛齋會，煎香藥糖水相遺，名曰「浴佛水」。

這浴佛水除為「香藥糖水」，還浸泡過小佛像。據宋周密《武林舊事》卷 3 載：

> 四月八日為佛誕日，諸寺院各有浴佛會，僧尼輩競以小盆貯銅像，浸以糖水，覆以花棚，鐃鈸交迎，遍往邸第富室，以小杓澆灌，以求施利。

文中的「銅像」，當為佛祖釋氏之像，糖水浸浴後亦成聖物，故「覆以花棚，鐃鈸交迎」。實際上，在宗教民俗中，浴佛水已被視作祥物，故富室才願施利。

　　結緣豆是另一與佛祖聖誕相關的宗教民俗物品。據明劉侗《帝京景物略》卷 2 載：

> 四月八日捨豆兒，曰「結緣」。十八日亦捨。先是拈豆念佛，一豆佛號一聲，有念佛至萬者。至日熟豆，人遍捨之，其人亦一念佛，啖一豆也。凡婦不見容於夫姑娣姒者，婢妾擯於主及姥者，則自

各曰：「身前世不捨豆兒，不結得人緣也。」

豆子成了「人緣」、「緣分」的象徵。這豆多為「鹽豆」，捨豆之處往往懸旌旗為標誌。清潘榮陞《帝京歲時紀勝》曰：

> 八日為浴佛會。街衢寺院搭苫棚座，施茶水、鹽豆，以黃布帛為懸旌，書曰：「普結良緣。」

此外，清張遠《隩志》也提及結緣豆的製法與捨法：

> 京師僧俗念佛號者，輒以豆識其數，至四月八日佛誕生之辰，煮豆，微撒以鹽，邀人於路，請食之，以為結緣也。

　　捨豆結緣屬宗教民俗事象，一方面與佛祖的生辰、佛號相關聯，另一方面也經歷著由聖而俗的轉化，貼合著國人重相聚、重交往的人倫情感。捨結緣豆是人際交往的手段，也是溝通社會的努力，結緣豆給人們帶來的是信任和親善，和美和友情。

駐色酒

　　駐色酒是古代婦女夏日養顏美容的飲料，它用李汁製成，並建築在對李子的神祕信仰上。

　　元池《說林》曰：

> 立夏日，俗尚啖李。時人語曰：「立夏得

食李,能令顏色美。」故是日婦女作李會,取李汁和酒飲之,謂之「駐色酒」。 ❸

駐色酒用的是李實之汁,它成為「李會」的基礎與目標。其實,李花也曾被古人視作「駐色」之物。《本草》曰:

> 李根治瘡,服其花,令人好顏色。 ❸

這「好顏色」,就是「駐色」,也就是青春長在。

為何李子、李花能有駐色之說呢?無可諱言,乃出於李的神話、傳說與信仰。

《春秋運斗樞》曰:「玉衡星散為李。」這是說,李子本為天上的星辰所化。此外,李子傳說為西王母所有,《黃帝內傳》有「王母遺帝上清玉文之李」之載。西王母最珍視的是「黃中李」,勝過那能使人長生不老的蟠桃。《集真記》載:

> 西天母居龍月城,城中產黃中李,花開則三影,結實則九影,花實上皆有「黃中」二字。王母惜之,過於蟠桃。 ❸

「黃中李」與「蟠桃」的相提並論,透露出李也是能延年益壽的仙果。

李在神仙傳說中亦常常被提及。《神仙傳》曰:「老子之母適至李樹下,而生老子,生而能言,指李樹曰:『以此為我姓。』」這是道家始祖老子姓李之由。《搜神記》稱,南海君「昔臨廬山共食白李,憶之未久,已三千歲,日月易得」。李成了仙人食物,

長壽的標誌。《漢武內傳》則載,李少君對漢武帝說,「鍾山之李大如瓶」,食後「遂生奇光」。李成了奇妙的仙藥。

其實,李在唐代已有「嘉慶子」的別稱, ❸ 而「嘉慶」就是吉祥,故李早就被人們視作祥物。可見,「駐色酒」用李汁調製,同李的仙話傳說及延年觀念密切相關,是這一信仰的習俗化。

合歡扇

扇子是人們在夏日不可或缺之物,民間有「立了夏,把扇架」之說。扇子,原為羽毛製成的,漢揚雄《方言》曰:「自關而東謂之箑,自關而西謂之扇。」「箑」用竹製作,在函谷關以東流行,而「扇」之名則稱於函谷關以西地區。後來,各種質料的扇風工具都稱之為「扇」,不過因材料不同,亦各有其名,諸如羽毛扇、紙團扇、竹扇、席扇、摺紙扇、紈扇、羅扇、紗扇、蒲扇、麥稈扇等。

漢代的團扇是從偏扇發展而來的,由手中旋轉變為上下扇動。團扇又稱作「合歡扇」、「同心扇」,它用細絹做成圓形,一根扇柄當中對分,兩兩相連,故有「合歡」、「同心」之名。合歡扇尤為女子所鍾愛,既解暑熱,又能遮羞,還可寄託怨情。東漢班婕妤的《扇詩》曰:

> 新裂齊紈素,鮮潔如霜雪。
> 裁成合歡扇,團團似明月。
> 出入君懷袖,動搖微風發。
> 常恐秋節至,涼飆奪炎熱。

圖 1-65　班婕妤

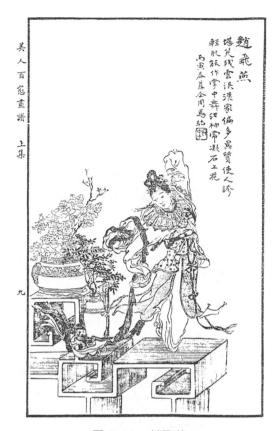

圖 1-66　趙飛燕

弃捐篋笥中，恩情中道絕。

班婕妤（圖 1-65）因趙飛燕（圖 1-66）入宮
而失寵於漢成帝，故以扇自比，悲歎「恩情
中道絕」。梁代江淹寫有《班婕妤》一詩道：

> 紈扇如圓月，出自機中素。
> 畫作秦王女，乘鸞向煙霧。
> 彩色世所重，雖新不代故。
> 切愁涼風至，吹我玉階樹。
> 君子恩未畢，零落在中路。

江淹似以小詩對班婕妤之類的怨婦們作出
憐惜與規勸。

合歡扇有提醒夫婦、情人相歡相憶的
作用。晉王獻之《桃葉團扇歌》曰：

> 七寶畫團扇，燦爛明月光。
> 與郎卻暄暑，相憶莫相忘。

「相憶莫相忘」的情感在後世「三面扇」
及日本紙扇上變成了春宮畫。據宋周密《癸

㉞　見清汪灝等：《廣群芳譜》，卷 4。

㉟　轉引自唐徐堅等：《初學記》，卷 28。

㊱　同㉞，卷 55。

㊲　名出唐韋述：《兩京記》，見宋祝穆《古今
　　事文類聚》，卷 25。

辛雜識》載：

> 倭人聚扇用倭紙為之，雕木為骨，金銀花為飾，並有作不肖之畫於其上者。

「不肖之畫」當是「合歡」的寫真式表現。

當然，扇上亦有遊戲的成分，如梁簡文帝紗扇上的銘文為「回文」（圖1-67），供人把玩取樂。

合歡扇的基調是兩情莫忘，相歡相憶的啟示使之增添了祥瑞的意義。

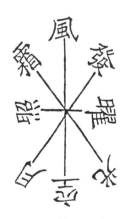

圖1-67　梁簡文帝紗扇銘文

烏　飯

烏飯，又叫「黑飯」、「烏米飯」、「烏米糕」、「青精飯」、「阿彌飯」等。四月八日吃烏飯，是大江南北廣為流布的民間風俗，在江蘇、浙江、安徽、江西、福建及其他省份均可見之，在江南一帶尤為突出。

烏飯清香可口，俗傳能強筋骨，益氣力，固精駐顏，被古人視作「仙家服食」。《金陵歲時記》載：

《本草綱目》：烏飯乃仙家服食之法。唐陸龜蒙《道室書事》有「烏飯新炊茶朧香，道家齋日以為常」之句，而釋家乃於四月八日造以供佛。吾鄉每屆是日，沿途爭賣，以當點心。

道家稱烏飯為「青精飯」，選用楊桐葉、細冬青染色。謝去咎《事類合璧》曰：

> 道家采楊桐葉、細冬青染飯，色青有光，名曰「青精飯」。

此外，《遵生八箋》亦曰：

> 用楊桐葉並冬青葉，遇寒食采其葉染飯，色青而有光，食之資陽氣，道家謂之「青精乾食飯」。今俗以夾麥青草搗汁和糯米作青粉糰，烏桕葉染烏飯作糕，是此遺意。

佛家對烏飯則有「阿彌飯」之稱，並傳來自西域。《清嘉錄》卷4曰：

> 又考《神隱》，西域有神，名曰佛，佛生日以黑黍飯、不落角祀之。中國奉教者，率相效仿。今之烏米飯，疑即黑黍飯。

「不落角」據說是元語，為一種麥食。❸烏飯本為祭品，後又成為僧家的贈物，並說與目連救母的傳說相關（圖1-68）。目連因母被打入地獄，每日給母送飯，以讓母食人間煙火，永保陽氣。然而，飯每次都讓守地獄的小鬼吃掉了，於是目蓮將飯染黑，

圖 1-68　目蓮救母（民間紙馬）

圖 1-69　龍船（木雕）

小鬼不知何物竟不敢食，其母終得還陽。

不過，民間吃烏飯已漸無宗教的色彩，成為一種歲時風俗。人們還用天南燭、烏桐葉做飯，將莖葉搗爛濾汁泡糯米，有的要經過「九浸九蒸九曬」，使烏飯碧如堅珠，形美而味甘。民間還有生女時用烏飯釀酒的習俗，該酒長期藏於地下，待女兒長大出嫁時再取而飲之，酒色黑而味香。

烏飯自古被俗民們視作祥物，信能資陽氣、宣孝諦、駐顏色，甚至在杜甫贈李白的詩中還見有「豈無青精飯，使我顏色好」之句，可見，它歷來為人們所看重。

龍　船

龍船，是民間夏日水上活動的有趣事象，它以觀賞性、競技性和遊樂性而創造出祥和、喜慶的氣氛（圖 1-69）。

龍船的出遊往往是期日固定的歲時風俗，並形成一定的「市」或「節」。在揚州，五月有龍船市。據清李斗《揚州畫舫錄》卷 11 載：

龍船，自五月朔至十八日為一市。先於四月晦日演試，謂之「下水」；至十八日牽船上岸，謂之「送聖」。船長十餘丈，前為龍首，中為龍腹，後為龍尾，各占一色；四角枋柱，揚旌拽旗。篙師執長鈎，謂之「站頭」。舵為刀式，執之者為之「拏尾」。尾長丈許，牽彩繩令小兒水嬉，謂之「掉梢」。有「獨占鼇頭」、「紅孩兒拜觀音」、「指日高陞」、「楊妃春睡」諸戲。兩旁槳折十六，前為頭折，順流而折，謂之「打招」。……金鼓振之，與水聲相激。上供太子，不知何神……小

❸　參見殷登國：《歲時佳節記趣》，廣西人民出版社，1987 年，頁 67。

船載乳鴨，往來畫舫間，遊人鬻之擲水中，龍船執戈兢鬥，謂之「搶標」。又有以土瓶實錢果為標者，以豬胞實錢果使浮水面為標者，舟中人飛身泅水搶之……「送聖」後奉太子於畫舫中禮拜，祈禱收災降福，舉國若狂。

揚州龍船市的活動及龍船的規模已描述得頗為細致，且提示龍船的功用在於「收災降福」、「舉國若狂」。

在廣東，從五月初一至五月二十日有「龍船景」之俗。龍船景，又稱「趁景」，即各鄉龍船邀集一起，輪流到各鄉巡遊，且在指定水域表演技巧，鳴炮助興。趁景期間，各村門樓披紅掛綠，沿江兩岸彩旗飛揚，家家戶戶包粽蒸糕，迎接客人。凡外村嫁來的婦女，看到本村的龍船來時，就要和丈夫、小孩一起，帶著鞭炮、糖果、餅食，划著小艇去慰問娘家的親友，叫作「犒標」。接受犒標越多，那條龍船就越光彩。❸在這裡，龍船不僅是遊樂的對象，而且成了社區交往、親情寄託的媒介。

黔東南和湘西的苗族人，每年在夏曆五月十六日以後，等全寨蒔完秧，要過歷時三天的「龍船節」。他們的龍船由一隻母船和兩隻子船捆紮而成，叫做「子母船」，子船、母船皆為獨木鏤空而成。龍頭約長兩公尺，用水柳木雕刻，裝有一對一公尺多長的龍角。因龍頭著色不一，分為青龍、赤龍、黃龍。龍船在那裡不是用於競賽，而是載人串寨子、訪親友。龍船出發前，歌師唱吉祥歌，祝願龍船平安。船上活動

由全寨推選出的德高望重的老人主持，他坐於龍頸處擊鼓發令。船每過一寨便放鐵炮，岸上人則放鞭炮「接龍」。親友們向船上人敬米酒兩杯，並把鵝鴨、彩綢等掛在龍頭上。各家釀米酒，包粽粑，宴請賓朋。婦女、兒童有去龍船前「討路邊飯」之俗，俗信吃了龍船上的飯，便能消災納福。❹

龍船不僅晝行，亦有夜遊。清光緒五年《武進陽湖縣志》載：

> 舟廣一尋，長三尋，刻首尾以象龍，腹結彩為樓三重，列旗幟高五尋，下以習水者十六操楫，往來倏忽，金鼓喧震。夜懸燈數百，光燭水上。遊者曰「看龍船」，乘舟而遊者曰「遊船」。

清陽湖人趙翼寫有《水嬉看夜船燈火》之詩，其中有「今年添製夜龍船，十丈龍身萬燭燃。映水頓成星宿海，騰雲應上焰摩天」之句，可見一時之盛。

「夜龍船」後變為燈船，行船時日已不限於五月，曾為時人所熱衷並誇耀。清查慎行《燈舫》詩有「不為水嬉誇盛世，萬人連夕樂康衢」句，在他們眼中，燈船已成了物力滋豐、人民和樂的嘉慶象徵。

三、秋日祥物

秋令時節，天高氣爽，百果結實，五穀歸倉，人們雖然忙碌，但心情輕鬆，於是節日過得豐足而歡快。秋季中有七夕節、中秋節、重陽節等重要歲時節日，人們大

多以遊戲性活動及相應的食物或玩物，給金秋塗上了喜慶、祥和的色調。

巧　果

巧果是七夕節的應時節物，又稱作「笑靨兒」、「果實」，同巧針、香燈、瓜藕、摩睺羅等物一樣，烘托著七夕節「乞巧」的主題。

巧果在宋代已成為七夕風俗中不可或缺之物。北宋孟元老《東京夢華錄》卷8曰：

> 七月七夕，……又以油麵糖蜜造為笑靨兒，謂之「果食花樣」，奇巧百端，如捻香、方勝之類。

到南宋，巧果亦稱「果食」。據周密《武林舊事》卷3載：「七夕節物，多尚果實、茜雞。」此外，宋陳元靚《歲時廣記》引《歲時雜記》曰：

> 京師人以糖麵為果實，如僧食，但至七夕，有為人物之形者，以相餉遺。

這「人物」當為化生小兒摩睺羅，以作乞子之祝。

巧果之名大約出現於明代，它取代了「果實」之稱，而進入民間的七夕風俗。明王鏊《姑蘇志》中有「七夕，市上賣巧果」之載。到清代，吃巧果就叫作「乞巧」。顧鐵卿《清嘉錄》卷7載：

又九縣志皆云，七夕以麵和糖，油煎令脆食之，名「巧果」。蓋以吃巧果，叫「乞巧」也。

潘榮陛《帝京歲時紀勝》「七夕」亦曰：「街市賣巧果，人家設宴，兒女對銀河拜，咸為乞巧。」

巧果有不少樣式，袁景瀾云：

> 吳中舊俗，七夕，市上賣巧果，以麵和糖，綰作苧結形，或剪作飛禽之式，油煮令脆，總名「巧果」。❹

在浙江南部，巧果成了用糯米粉拌以糖、豬肉、芝麻等而製成的長條形甜餅，形似指或舌，品種有「單巧」、「雙巧」、「麻巧」等數種。這些巧果上還印有狀元、魁星等人物花紋，以寄託鄉民們的祈願。❷

在晉代，尚沒有「果食」、「巧果」之類，但有七月七日食糜的風俗。晉周處《風土記》曰：「魏時人或問董勛云：『七月七日為良日，飲食不同於古，何也？』勛云：『七月黍熟，七日為陽數，故以糜為珍。』」巧果當為「糜」在後世的演進。

七月七日本是牛郎、織女鵲橋相會的

❸　參見葉大兵等：《中國風俗辭典》，上海辭書出版社，1990年，頁23。

❹　參見鄭傳寅等：《中國民俗辭典》，湖北辭書出版社，1987年，頁258～259。

❹　同❾，卷7。

❷　同❸，頁35。

日子（圖1-70），王母娘娘劃出的銀河終隔不斷他們的夫妻深情（圖1-71），因此七月

圖1-70　織女圖

圖1-71　王母劃河與七七相會

七日歷來被視作「良日」。「七」為陽數，陽能接天，因此牛郎得以騰升天界。正是這些文化觀念的楔入，使七夕俗物打上了祥瑞的印記。

蟋蟀

蟋蟀，喜鳴善鬥，自古是人們的秋興玩物。除了用於博戲取樂，蟋蟀還有感時知秋、聽鳴安眠、戲促女功、寄託相思等功能，故也具有祥物的性質。

蟋蟀在古代中國有各種別稱，又叫促織、蛐蛐，還有蟄、蜻蜊、王孫、趣織、吟蛩、趨趨、蟴蟴、賺績等。

早在二千多年以前，蟋蟀就作為物候受到注視，並成為中國第一部詩集——《詩經》中的比興對象。《詩經·唐風·蟋蟀》云：

> 蟋蟀在堂，歲聿其莫。
> 今我不樂，日月其除。

蟋蟀作為秋時已至、歲月將暮的物象，引發了人們即時行樂的聯感。直到晉代，蟋蟀仍作為歲時遞遷的徵候而受到吟詠，在盧諶《蟋蟀賦》中就有「候日月之代謝，知時運之斡遷」的歌歎。

在唐代，蟋蟀開始成為宮廷妃姜與市井庶民們遊戲閒玩的寵物，甚至日夜相守不捨。五代王仁裕《開元天寶遺事》卷上載：

> 每至秋時，宮中妃妾輩，皆以小金籠捉

圖 1-72　金井秋闌

蟋蟀閉於籠中，置之枕函畔，夜聽其聲。庶民之家皆效之也。

置之枕畔，可見寵愛有加，而「夜聽其聲」，除了賞玩，亦有安眠之效，故舊時婦女亦多畜養（圖 1-72）。

鬥蟋蟀之戲亦興於唐代。宋陳樵《負喧野錄》曰：

鬥蛩之戲，始於天寶間。長安富人刻象牙籠畜之，以萬金付之一鬥。

至宋宣和年間，鬥蟋蟀已成為一項舉國熱衷的博戲。賈似道曾在襄陽危急時，竟「與群妾踞地鬥蟋蟀」，被戲譏為「軍國重事」。❸蒲松齡在《聊齋志異》中寫有《促織》篇，揭露「宮中尚促織之戲」，皇帝向民間索貢蟋蟀之事，而在民間文學中，還有《濟公鬥蛐蛐》的傳說。它們都是當時風俗的寫照，反映了鬥蟋蟀閒戲的興盛。各地每到秋日，還組織「蟋蟀會」一類的聚鬥活動（圖 1-73）。

蟋蟀在漢代就有「促織」之名，《古詩十九首》中有「明月皎夜光，促織鳴東壁」句。因蟋蟀鳴聲似紡績，故名促織、促機、紡績。南京人稱蟋蟀為「趣織」，亦是同織

❸ 見《宋史·賈似道傳》。

圖 1-73　蟋蟀會

事相關的古稱。後漢宋均曰:「立秋女功急,故趣之。」此外,《太平御覽》引《春秋說題辭》曰:

趣織之為言「趣織」也,織與事遠,故趣織鳴,女作兼也。

自古有「促織鳴,懶婦驚」之說,表明蟋蟀在寒秋將至之前有勸促織事之效。明朱之藩《促織》詩云:「催得匹成輸稅早,貽人安枕不言功。」這是對蟋蟀的正面評價。

蟋蟀還是相思和遣愁的媒介。杜甫《促織》詩云:

促織甚微細,哀音何動人。

草根吟不穩,床下夜相親。
久客得無淚,故妻難及晨。
悲絲與急管,感激異天真。

蟋蟀雖小,卻能牽動詩人的離愁別緒。不過,蟋蟀的鳴聲既撩相思,又可遣愁。楊廷秀《促織》詩有「一聲能遣一人愁,終夕聲聲曉未休」句,❹這樣說來,一隻小蟋蟀即能舒解天下旅人鬱結的愁腸,給孤獨者們送來溫馨的撫慰。

法船、燈船

七月十五日中元節,俗稱「鬼節」,佛寺做「盂蘭盆會」。這是追祭先祖、超渡孤魂的節日。這天人們延僧做水陸道場,頌

經施食，燒錢化紙，入夜則放河燈。

河燈，又叫「江燈」，要乘船到水中丟放。宋吳自牧《夢粱錄》卷4載：

> 七月十五日，……後殿賜錢，差內侍往龍山放江燈萬盞。

明代劉侗《帝京景物略》則稱「河燈」：

> （七月）十五日諸寺建盂蘭盆會，夜於水次放燈，曰「放河燈」。

由於河燈外觀或底座做成蓮瓣狀，故又稱作「荷燈」。

放河燈要乘船入水，這船又稱作「法船」。在宜興地區法船用四條，一條上放焰口，一條上僧尼念佛誦經，一條上燒錁錠，一條上放河燈。有的地區的「法船」是紙紮的，長數十尺，臨河焚化，稱作「慈航普渡」。

法船與河燈相關，主要用於超渡孤魂，以使人、鬼兩安。中元乘法船的宗教風俗，在有的地區漸變為燈船，如蘇州地區的周庄鎮每年七、八月划燈船，就可能是中元風俗的嬗變。光緒八年六卷本《周庄鎮志》載：

> 鎮東北有村曰白家浜，於七八月間有划燈船之勝，然間十年乃一舉也。划燈船者，以五色紙雕鏤工細花樣，作花籃燈高懸於船之左右，每船五、七十燈，船首尾以紙燈作為龍獅等形，前後樹八角

大傘燈各一，亦五色紙雕鏤成者。傘之中為走馬之戲，傘之上用紙作花果及鳳、鶴、兔、鼠諸物，以線牽掣，飛走如生。中艙架一亭，作紙人長二三尺者數人，中空作燈，演成雜劇，亦以線索牽掣。如是七八船划行湖蕩中，助以金鼓，往來如梭織，波光燈影，上下激射，必半月而罷。附近諸縣及吾鎮中皆一至。凡自遠方來觀者，舟楫蟻附，水道為之闐咽焉。㊺

在周庄，宗教性活動變成了遊樂性項目，燈船為當地增添了風俗景觀和歡快氣氛，為初涼的秋日塗繪出祥和的色調。

中秋祥物

中秋時節，天高氣爽，皓月圓亮，果餅飄香，到處有「人月雙圓」的祝福和溫馨祥和的節日氣氛。

中秋節的嘉慶氣氛，仍藉助一系列應時祥物而營造出的，諸如：月宮紙、月宮人、子孫藕、和合蓮、荷花瓣瓜、團圓酒、小擺設、塔香、塔燈、觀音燈、月餅、芋艿、兔兒爺、月亮菜等。

《吳郡歲華紀麗》卷8載：

> 吳俗中秋，人家各設爐香燈燭，供養太陰，紙肆市月光紙，繪月輪桂殿，有兔

㊹　見宋祝穆：《古今事文類聚》，卷48「蟲豸類」。

㊺　同❺，頁391。

杵而人立，搗藥臼中，極工致。金碧璀璨，為縵亭彩幄，廣寒清虛之府，謂之月宮紙。又以紙絹為神，具冠帶，列素娥於餅上，謂之月宮人。取藕之生枝者，謂之子孫藕；蓮之不空房者，謂之和合蓮；瓜之大者，細鏤如女墻，謂之荷花辮瓜。……士女圍飲，謂之團圓酒。……豪家門首，供列小擺設於几案。凡盤匜臺桌，鹵簿儀仗，博具樂器，一切人間應用之物，無不縮至徑寸，精巧異常，盈千累百件，無不稱之。

上述各物，或為俗信物品，或為應時食物，或為奇巧玩物，無不成為節中的祥物。

　　燒塔燈、燒塔香也是中秋的節俗。塔燈用瓦疊成浮層，四圍燃燈，或在瓦塔內聚柴點燃，使塔身燒得通紅。而塔香係以線香編捆而成，層疊數級，外圍飾以紅綠紙花（圖1-74）。塔香有插入香斗內的，又稱作「斗香」。吳曼雲《江鄉節物詞》有「心字燒殘幾寸灰，靈香上請月輪開」句，可見燒塔燃香本為祈月常圓。

　　中秋節的食物也多有吉祥的涵義。月餅因形象團圓，取人月雙圓之意。芋艿，諧音為「遇」，以表相逢團聚。在海州，女婿在八月十六要到岳父家翻動賞月時吃剩的芋頭皮和果殼，以兆夫妻恩愛，多生子女。❹婦女拜月，祭供嫦娥（圖1-75），所用果品亦各有說法，如石榴謂之「開口笑」，柿子為「世代有子」，蘋果稱「平安之果」，香藕因絲絲相連表團圓和美、永不分離。

　　中秋月夜婦女有「摸秋」之俗，即到

圖1-74　點塔香的鄉鎮人家

人家瓜田菜園去偷摘果蔬，以討吉利。漢族婦女以偷得瓜回為得子之兆。湖南侗族稱所偷之菜為「月亮菜」，摘回大瓜和鮮毛豆，象徵小孩肥壯、康健。小伙子亦有偷月亮菜的，則是希望仙女賜予幸福和愛情。

　　北方兒童中秋有供玩兔兒爺的風俗。兔兒爺用陶、土、糖等製作，塗以粉彩，做成兔頭人身之像，多披袍穿甲，坐獅騎虎（圖1-76）。清蔣士銓《兔兒爺》詩中有「居然人身兔斯首，士家工商無不有」、「持錢入市兒喧嘩，擔頭爭買兔兒爺」之句，可見一時之盛。傳說兔、蟾在月中搗製仙藥，它們自身當然也就是仙物了。因此，兔兒爺不僅是應時的兒童玩物，也是與中秋祭月主題相關的一種祥物。

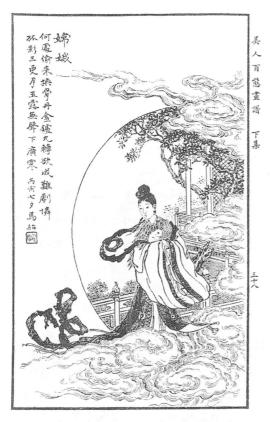

圖 1-75　嫦娥

圖 1-76　兔兒爺

重陽糕

　　九月九日重陽節，民間有飲菊花酒、吃重陽糕、插茱萸、登高等習俗。重陽糕，古稱「餌」、「蓬餌」、「餌餈」，後又有「花糕」、「駱駝糕」、「菊花糕」等名稱。晉葛洪《西京雜志》卷 3 載：

> 九月九日，佩茱萸，食蓬餌，飲菊花酒，令人長壽。

晉干寶曰：「豆末屑米而蒸之，以棗豆之味，今餌餈也。」❹ 《玉燭寶典》則曰：

> 食餌者，其時黍秫並收，以因黏米嘉味，觸類嘗新，遂成積習。❹

從一開始，重陽食餌就有「嘗新」、「長壽」的功用。

　　至於以「糕」替代「餌」、「餈」之類，宋邵博《邵氏聞見後錄》卷 19 有所記述：

> 劉夢得作《九日》詩，欲用「糕」字，以五經中無之，輒不復為。宋子京以為不然。故子京《九日食糕》……遂為古今絕唱。「糗餌粉餈」，糕類也，出《周禮》。

❹　參見劉兆元：《海州民俗志》，江蘇文藝出版社，1991 年，頁 137。
❹　同❸，卷 4。
❹　同❹。

重陽節所食之糕插有剪紙小旗的傳統不晚於北宋，而重陽糕的定名則見之於南宋。孟元老《東京夢華錄》載：

> （重九）前一日，各以粉麵蒸糕遺送，上插剪彩小旗，摻釘果實，如石榴子、栗子黃、銀杏、松子肉之類。又以粉作獅子蠻王之狀，置於糕上，謂之「獅蠻」。

如果說汴梁的重陽蒸糕為素食的話，宋代南方的菊糕則添進葷食。周密《武林舊事》載：

> （重九）各以菊糕為饋，以糖肉秫麵雜糅為之，上縷肉絲鴨餅，綴以榴顆，標以彩旗。又作蠻王獅子於上，又糜栗為屑，合以蜂蜜，印花脫餅，以為果餌。

至於重陽糕的名稱，見之於南宋吳自牧的《夢粱錄》：

> 日月梭飛，轉盼重九。蓋九為陽數，其日與月並應，故號曰「重陽」。……此日都人店肆，以糖麵蒸糕，上以豬羊肉、鴨子為絲簇釘，插小彩旗，名曰「重陽糕」。

重陽糕和重陽旗均有吉祥的涵義，有在糕上做二羊以寓「重陽」的，有把糕做成九層，以「九層糕」表「重陽糕」。至於重陽旗的圖案，有令字、八仙過海、三國演義、劉海金蟾、竹林七賢、松鶴延年等，

烘托著重陽糕喜瑞的主題。人們拔下糕上的小旗，或插門楣，或為兒童玩具，成為慶賀重陽的象徵。

如果說重陽糕對大人取長壽的祝福，對小兒則為「百事皆高」的祝禱。宋金盈之《醉翁談錄》卷4曰：

> 重陽，以酒果糕等送諸女家，或遺親識。其上插菊花，散石榴子、栗黃，或插小紅旗長二三尺。……是日，天欲明時，以片糕搭兒頭上，乳保祝禱之云：「百事皆高。」

此外，重陽糕還有預告歲時寒暖的作用，民間有謠諺說：「吃了重陽糕，夏衣就打包。」它提醒人們在冷節已屆，風雨滿城之際，及早料理寒衣，迎接冬令的到來。

四、冬日祥物

冬令時節，陽消陰長，風寒襲人，又值農閒，故民間多以消寒取暖、滋陰補陽、敬神祭祖、尊護老者、備物迎春等為主要的風俗活動，其中不乏祥物的應用。諸如暖爐、木炭、襪履、醃菜、冬至糕、冬春米、消寒圖、臘八穗、臘八冰、臘八丸子等，都在冬令風俗中具有祥物的意義。

暖　爐

十月朔是冬日的起始，中原地區有於是日開爐取暖的風俗，並有圍爐飲酒的暖爐會。宋祝穆《古今事文類聚》引孟元老

《東京夢華錄》曰:

> 十月朔，有司進暖爐炭，民間皆置酒作暖爐會。

又引呂原明《歲時雜記》曰:

> 京人十月朔沃酒，乃炙臠肉於爐中，圍坐飲啖，謂之「暖爐」。

在江南，天雖未大寒，仍有「熾炭」之俗。宋范成大《吳郡志》卷2載:「十月朔，再謁墓，且不賀朔，是日開爐，不問寒燠皆熾炭。」清袁景瀾《吳郡歲華紀麗》卷10則稱「貴家」開爐:

> 吳中貴家，新裝暖閣，婦女垂繡簾，淺斟緩酌，以應開爐之節。

范成大還寫有《十月朔開爐》詩，記述了江南開爐的情狀:

> 石湖今日開爐，紙窗雪白新糊。
> 童子燒紅榾柮，老夫睡暖氍毹。
>
> 石湖今日開爐，四壁仍安畫圖。
> 萬事篆烟曲几，百年蟊衲團蒲。

十月朔，民間祭謁墳墓，燒棉裘楮衣，俗稱「送寒衣」，亦有冬日保暖的意義。暖爐則以炭火增添居室內的陽氣，以抵禦寒冬的陰氣。開爐日居家貼新窗紙、安新圖畫，儼然過年，可見是喜慶之日。暖爐以其實際的溫暖和想像的辟陰功能使之成為冬日的祥物，並給民間生活帶來歡悅、喜慶的氣氛。

冬至吉食

冬至，又稱「至日」、「長至」、「大冬」、「交冬」、「亞歲」、「冬節」、「賀冬節」、「一陽節」、「天長節」、「消寒節」等，它與正旦、端午、中秋同為一年四季中的四個大節，民間素有「冬至大如年」之說。

冬至的食物大多帶有吉祥的寓意，寄託著人們的願望。

舊時杭城有冬至全家大小分食包頭魚之俗，然魚之頭尾必留下勿食，用碗盛妥放米桶中，謂曰「吃剩有餘」，意取經濟寬裕，食物豐多。冬至日，市上有年糕出售，顏色或青或白，樣式分為兩種，或成元寶式，或成如意式，無論貧富，咸購食之，以納吉迎祥。此外，杭城還有吃「冬至肉」之俗。所謂冬至肉，係用豬肉和醬燒製而成，俗傳吃了冬至肉，能使人身體強健。❹

「冬至糰」是南方的節物，又稱作「冬至丸」，民間用以祭祀祖先、相互饋遺和祝兒增歲。冬至糰用新糯米磨粉做成，以糖、肉、菜、果、豆沙、蘿蔔絲等為餡，因形圓，圓為「天」，天兆「陽」，故取「達陽

❹ 參見胡樸安:《中華全國風俗志》下冊，河北人民出版社，1986年版，頁226～227。

氣」之意。

冬至家宴的菜餚往往有吉祥的別稱，諸如：蛋餃稱「元寶」，肉圓稱「團圓」，粉絲稱「金鏈條」，雞稱「撲撲騰」，魚稱「吃有餘」，黃豆芽稱「如意菜」，青菜稱「安樂菜」等等。

東漢蔡邕《獨斷》中有「冬至陽氣起，君道長，故賀」的載述，人們對「陽氣」的追求，派生出「添歲」、「祈年」之類的願望，這類願望也常以食物來作象徵的表達。《彰化縣志》載：

冬至前一夕，小兒將米圓塑為犬、豕等物，謂之「添歲」。冬至，昔時曾為歲首，作此物，蓋取一年中六畜興旺，百果豐登之義，是祈年之謂，非添歲之意也。

其實，這塑為犬、豕的米圓本具有多重的內涵，既為添歲，又為接陽；既祝兒健如犬豕，又祈畜旺年有秋。正是這些樂生入世的追求使尋常食物成了吉祥食品。

醃　菜

大江南北都有初冬醃菜以備漫長冬日食用的風俗。所醃之菜主要為白菜、雪裡紅、芥菜頭等，其中最為常用者為白菜。

白菜，又名「白菘」、「菘菜」，其品種眾多，並有青葉、黃葉之別，又各稱「青菜」、「黃芽菜」。菘菜歷來被人視作超越葷腥佳餚的美味食品。蘇軾有詩道：

白菘類羔豚，冒上出蹲掌，

誰能視火候，小灶當自養。

范成大則有「味如蜜藕更肥醲，朱門肉食無風味」句，均說菘菜味美無比，勝過肉食、熊掌。

用菘菜所製的醃菜，又稱「鹽菜」，並有「春不老」的美名。據《清嘉錄》卷10載：

比戶鹽藏菘菜放缸瓮，為禦冬之旨蓄。皆去其心，呼為「藏菜」，亦曰「鹽菜」。有經水滴而淡者，名曰「水菜」；或以所去之菜心，剉膭薤為條，兩者各寸斷，鹽拌酒漬入瓶，倒埋灰窖，過冬不壞，俗名「春不老」。

民間醃菜的方法很多，據清汪灝《廣群芳譜》卷14載：

醃菜法：白菜揀肥者，去心洗淨，一百斤用鹽五斤。一層菜，一層鹽，石壓兩日可用。

又：白菜一百斤，曬乾抖搜去土，先用鹽二斤。醃三四日，就鹵內洗淨，每柯窩起純用鹽三斤，入罈內，可長久。

又法：白菜削去根及黃老葉，洗淨控乾，每菜十斤，鹽十兩。用甘草數莖，放在潔淨瓮盛，將鹽撒入菜丫內，排頓瓮中。入蒔蘿少許，以手實捺，至半瓮，再入甘草數莖，候滿瓮，用石壓定。三日後將菜倒過，挹出鹵水，於乾淨器內另放，忌生水，卻將鹵水澆菜內。候七日，依

前法再倒，用新汲水淬浸，仍用磚石壓之。其菜味美香脆。若至春間食不盡者，於沸湯淖過曬乾收貯。夏間將菜溫水浸過，壓水盡出，香油勻拌，以磁碗盛頓，飯上蒸之，其味尤佳美。

菘菜屬十字花科，味甘溫無毒，有「利腸胃，除胸煩，解酒渴，利大小便，和中止嗽」等藥用功效。菘菜易長，高產而耐寒，是自古以來最常見的蔬食。梁代陶弘景有「菜中有菘，最為常食」之說，民間尚有「三天不吃青，肚裡冒火星」的謠諺，均視菘菜為不可或缺。

用菘菜製成的醃菜，除具有菘菜固有的美味特色，還能過冬入夏，長期食用。有詩云：

> 吳鹽勻灑密加封，甕底春回菜甲鬆；
> 碎剪冰條付殘齒，貧家一樣過肥冬。❺⓿

醃菜能使萬千貧家亦過上「肥冬」，被人們視作祥物也就不足為奇了。

臘八祥物

臘月初八日又稱「臘八」、「臘八節」，本是祭祀自然與祖先的節日，周有「大蠟」，漢有「臘祭」，其風俗信仰源遠流長。臘八節物多與豐稔追求、除蟲滅害、添丁生子等相關，顯示出祥物的或鎮物的性質。其中，臘八粥、餳飯、臘八穗、臘八冰、臘八丸等，合成了臘八祥物的系列。

臘八粥因用糯米、大米、小米、紅棗、紅豆、黃豆、花生、白果、松子、芝麻、瓜子、杏仁、菱角、栗子、蔬菜、果核等製成，成為富足有餘的象徵，並預兆來年的豐稔。

餳飯是不同於臘八粥的乾食，且不用紛繁的配料，但仍有特定的吉祥意義。據乾隆四十八年《府谷縣志》載，所謂餳飯係用黍米和棗肉製成，俗信早食能兆來年早收。

臘八穗是陝西米脂地區的臘八風物，它由婦女用穀稈編成裝有紅棗的穗子，用以掛在小孩們的肩上，具有納吉、祈年的雙重取意。

臘八冰為臘八凌晨取回的冰塊。在甘肅省，人們將臘八冰散置於田畝、戶牖、樹身等處，以兆來年潤澤。在山西河曲縣，農家以粥湯沃冰，並置之糞堆上，以盼水多肥足，來年有秋。在青海河湟地區，臘八冰又稱「聖冰」，除獻給神佛，放置田間房邊，還給病人和家禽吃，俗信病人吃冰能康復，雞鴨吃冰多產蛋。在甘肅河西地區，則有田中埋冰的習俗，以祈五穀豐登。

臘八丸係在臘八日用兔腦和麵粉製成，成為求順產的產婦藥物。民國十七年陝西《懷遠縣志》載：

> （臘八日）剝兔腦和白麵為丸，名「臘八丸」，臨產催生最驗。

❺⓿　同❸⓿，卷10。

它雖帶巫藥性質，但以兔子多生易養為誘因，追求神人相親、催生順產的功利。

可見，臘八祥物用之於生產和生活，其吉祥內涵為臘八這一冬令時節帶上了幾許喜人的暖意。

消寒圖

冬至日起，進入數九寒冬，民間有消寒的風俗，除數唱《九九歌》，亦有「消寒圖」的塗繪。「消寒圖」又稱「九九消寒圖」或「九九消寒詩圖」，其形制亦頗多樣。

其一，塗梅消寒。明劉侗《帝京景物略》卷2載：

> 冬至之日，畫素梅一枝，為瓣八十有一，日染一瓣，瓣盡而九九出，則春深矣，曰「九九消寒圖」。

另，潘榮陛《帝京歲時紀勝》載：

> 至日數九，畫素梅一枝，為瓣八十有一，日染一瓣，瓣盡而九九畢，則春深矣，曰「九九消寒之圖」。傍一聯曰：「試看圖中梅黑黑，自然門外草青青。」

以塗梅消寒迎春，頗富雅趣。

其二，塗圈消寒。據民國二十年《天津志略》載：

> 士大夫率於是日作「消寒圖」。圖以一紙繪九格，格繪九圈，九九凡八十一圈。自冬至日起，日塗一圈。其塗法為：上

陰下晴，左霧右風，中黑為雪。圈塗盡，則九九畢。

此法不僅數九消寒，且對各日氣象加以實錄，本出於對農事的關心。

其三，詩圖消寒。據《明宮史》載：

> 冬至節，司禮監刷印「九九消寒詩圖」，每九詩四句，自「一九初寒才是冬」起，至「日月星辰不住忙」止。

「消寒詩圖」有數九九、記歲時的功能。

其四，文字消寒。此法即選九畫的文字九個，印成雙鉤空白字，進九後每日描實一筆，計八十一日描完。此類文字有「亭前垂柳重待春風」等，亦自有情趣。

塗梅消寒除用筆墨，亦用胭脂，後者成了婦人們的遊戲。據楊允孚《灤京雜詠》詩注云：

> 冬至後，貼梅花一枝於窗間，佳人曉妝，以胭脂圖一圈，八十一圈既足，變作杏花，即暖回矣，謂之「九九消寒圖」。

其詩云：

> 試數窗間九九圖，餘寒消盡暖回初。梅花點遍無餘白，看到今朝是杏林。

人們視「消寒圖」能助人消寒，迎得暖春，帶來愉悅和希望，故成為冬日的祥物。

（二）

建築祥物

建築祥物是在土木工程和宅室裝飾中啟用的祥物體系，藉以寄託工程順利、起居平安、發財興旺、鴻運順達等願望。它以祭品、工具、器用、構件、配物、吉文、符圖等形式，透過建築活動或建築實物傳達其吉祥的意義。土木興作在民間生活中歷來是一項較為重大的禮俗，為求吉宅早成、長安長樂，人們創造出紛繁複雜的建築祥物，並以其藝術與信仰的氣息無聲地裝點著自己的生活。

第一節 土木祥物

建築文化包括建築活動、建築成果和建築精神三個基本的層次，而土木祥物作為建築活動的伴物、建築成果的部分和建築精神的體現，打破了建築文化的簡單分層，成為內涵豐富的物類。土木祥物主要附麗於建築過程和建築構件，構成了建築祥物體系中的一個重要支系。

一、建房祥物

建房祥物係在房屋建築活動中加以應用的工具、法具或道具，它配合一定的儀式，在工程的不同階段分別發揮其祈吉的功能。它們在動土、上梁、砌灶、敬神等環節，各有所用，神祕的氣氛和歡快的場面往往能奇妙地統合不分，給主家帶來信心與希望。

寶 瓶

土木工程是從破土開始的。在江蘇，一般先由主家在宅基四角鋤地三下，然後由泥瓦匠接手開挖地槽。在界址的四角要用大鍬挖出深坑，坑內由主家撒入茶葉、稻米、穀粒，再打下木樁，覆上泥土。

在青海省河湟地區，破土儀典上要埋下「寶瓶」。所謂寶瓶，係一大口瓷瓶，內裝穀糧、八寶、發麵、海龍、海馬、地膽及其他中藥，蓋上紅布，用紅繩束紮。俗信，下了寶瓶，則陽宅旺，陰宅穩，家道興，子孫昌盛，福壽綿長。

在破土開溝中撒下茶米，作為下寶瓶的簡化，則是各地多見的土木風俗。撒茶米時，往往由作頭唱出以吉祥語詞為主調的儀式歌謠，以對所用的建築祥物加以烘托和渲染。在江蘇大豐縣萬盈鄉，當破土儀式進行到撒茶米時，便會聽到這樣的歌謠：

> 手拿金磚喜連連，一對鳳凰臨門前；
> 鳳凰不落無寶地，貴人出在府裡邊。
> 前門走的真君子，後邊又跟文武臣；
> 先撒茶葉後撒米，一對鯉魚跳龍門。
> 茶葉撒東生貴子，米撒西邊大學生；
> 大學生回家，頭上戴金花，
> ××村裡第一家。❶

下寶瓶或茶米，具有多重的吉祥取意。

首先，它們是作為敬獻地神的祭品，充當人神溝通的媒介，以使土木活動受到

神祇的護祐。

其次，茶樹不可移植，須用茶種，米穀作為種子隱含勃勃生機，因此茶米具有生根得陽的象徵寓意。

再次，米穀之用含積糧防荒的祈願。墨子曰：

> 一穀不收謂之饉，二穀不收謂之旱，三穀不收謂之凶，四穀不收謂之饋，五穀不收謂之飢饉，五穀不熟謂之大侵。

范子計然曰：

> 五穀者，萬民之命，國之重寶也。是故無道之君及無道之民，皆不能積其盛有餘之時，以待其衰不足也。❷

所以，在角坑中撒入茶米，或在寶瓶內放入穀糧，具有惜寶積糧的意味。

此外，寶瓶、茶米還被視作財氣之兆。夢書曰：

> 禾稼為財，田之所出。夢見禾稼，言財氣生。❸

由於禾稼與「財氣」的聯繫，建築儀典中的道具——寶瓶、米穀，自然也成了「財氣」的象徵。

最後，寶瓶、米穀的設放還有積善積德的誇飾成分。《孝經援神契》曰：

> 德下至地，則嘉禾生。

寶瓶中的穀糧及直接撒入角坑中的茶米，都被視作「嘉禾」。《說文》曰：「禾，嘉穀也。」可見，「嘉穀」就是「嘉禾」，穀糧、米穀之類既可稱作「禾」屬，當然也就能與「德」相連相通了。所以，寶瓶、茶米作為建築祥物，也隱含著對主家品德的褒美與祝願。

上梁祥物

上梁是民間建築禮俗中最隆重的一個環節，多選月圓或漲潮的日子施工，以取「闔家團圓，錢財如潮」之意。人們多在凌晨時分動工，趕在日出前或木星落下前完成，最遲也得在日落前完工。上梁時不讓婦女、兒童在場，工匠們均以行話交談，如斧頭叫「代富」，繩子叫「千金」，梯子叫「步步高」等，現場充滿著神祕的氣氛。

屋梁的選料亦含趨吉避凶的追求。在安徽淮北地區，農家脊檁喜用棗木，梁頭喜用榆木，房門則喜用杏樹，「棗」諧音「早」，「脊」諧音「積」，「榆」諧音「餘」，「梁」諧音「糧」，「杏樹」諧音「幸福」，串讀則為「早積餘糧幸福門」。

在西北地區，大梁、中檁選用椿木，椽子選用新松，以象徵四季常春。忌用槐、柳、果、桑、棗等木。槐為木中之鬼，槐

❶ 引自舒翔主編：《大豐歌謠》（資料本），1987 年 10 月印，頁 46～47。
❷ 引自唐歐陽詢：《藝文類聚》，卷 85「百穀部」。
❸ 同❷。

上房猶如鬼壓身；柳木是墳前之樹，易沾鬼氣；花果木象徵女流之輩，不能頂門立戶；桑木諧音為「喪」，不吉；棗木身不正直，多為乞丐用作討飯棍，有破家之虞，故均不用。❹

在上梁禮俗中，往往另有多種祥物選用，諸如糕粑、饅頭、太平鉤、太平錢、銀梯、銀燈、夫妻樹、筷子、錢包、米糧等，以強化喜慶、祥瑞的氣氛。

上梁禮俗中的接寶事象，即為祥物的應用。所謂接寶，即木匠從梁上用一根紅繩子將繫成一個仙桃或包袱狀的錢袋從梁上放下來，讓主人或主婦雙手捧接，以兆進寶得財。儀式中伴有點題的歌謠，在瓜州流傳的「接寶歌」唱道：

東家接寶喜連連，多福多壽喜雙全，
你今接了高梁寶，富貴榮華萬萬年。
老太太接寶笑嚶嚶，好比南海觀世音，
觀世音過到八百八，你活一千還有零。

東家接寶接得高，脫掉藍衫換紫袍，
脫掉紫袍換蟒袍，金鑾殿上走一遭。
夫人接寶笑呵呵，百褶羅裙順地拖，
左拖三道生貴子，右拖三道子孫多。❺

「接寶歌」有的與數十字、歷史人物、十二月花名等聯繫起來，增添了賞玩娛樂的成分。在江南溧陽就流傳著這樣的接寶歌謠：

一添梅花梗子青，恭喜主家造花廳，

東邊造的金銀府，西邊造的萬年廳。
二添杏花十里紅，主家富貴又興隆，
福如東海長流水，壽比南山不老松。
三添梅花紅噴噴，新建華廈出能人，
房房子孫多榮耀，家中又出財帛星。
再添薔薇白如銀，上梁巧遇紫微星，
門前改造新科府，八抬八轎出皇門。
五添石榴紅堂堂，雕棟畫梁多輝煌，
招財進寶千萬金，奇珍異寶堆滿倉。
六添荷花結蓮蕊，代代兒孫理朝政，
皇恩浩蕩黎民福，主家龍鳳伴祥雲。
七添鳳仙開鳳頂，子孫代代天地頂，
高官進職拜君王，文武官員留芳名。
八添桂花飄芳香，夫唱婦隨永世昌，
閨房樂趣無窮盡，子孫代代享榮光。
九添秋菊象黃金，主家添上聚寶盆，
五路財神齊駕到，寶山銀山堆不盡。
十添芙蓉應小春，福祿壽喜齊進門，
金枝玉葉添富貴，威震江南第一名。
十一添水仙開得早，天上聖上重英豪，
祖上積德兒孫福，文武高官添榮耀。
十二添臘梅隔年香，鳳產麟兒做棟梁，
探花榜眼登科舉，獨占鰲頭美名揚！❻

其他上梁祥物，亦各有內涵。「太平鉤」，即從中梁「福」字穿入，鉤嘴朝外的鐵鉤，鉤上掛著兩條鯉魚，意取「鯉魚跳龍門」。「太平錢」，即墊於梁下的古銅錢，或由木匠從梁上拋撒下來的古錢，多選「太平通寶」或銘文為「天下太平」的花錢（圖2-1）。「銀燈」、「銀梯」作為上梁中的道具，則因「銀」、「人」諧音，以取「人丁興旺」、

圖2-1　天下太平錢

「人人登高」之意。上梁日，還有用紅線綁幾根筷子，筷端繫上五根紅布條，吊於大梁上四十九天的風俗。有說，筷子象徵妖邪之骨，紅線為妖邪之筋，紅布條為妖邪五臟，吊筷可驅除妖邪，保主家平安。「夫妻樹」，即兩根同生之樹，浙南畬族人伐此木作屋梁，以兆夫妻恩愛，廝守終身。

　　民間流傳著「有錢難買雨澆梁」之諺，上梁日的雨水也被視作祥物。有詩云：

　　　　燕雀一朝忙，新居賀上梁。
　　　　主人原豁達，君子莫偷藏。
　　　　斗拱剛符合，星臨大吉祥。
　　　　更欣微雨瀧，家室慶豐穰。❼

微雨作為自然之物，雖不期而遇，也能奇妙地融入上梁祥物，反映出人們在土木活動中強烈的祈福心願。

魯班尺

　　在建築施工中，製造和安裝大門也是一個十分慎重的環節，需要相關的禮俗與工具，其中少不了魯班尺的度量。

　　魯班尺又稱「門尺」、「門光尺」、「門公尺」、「八字尺」，相傳為魯班所造。《陽宅十書》曰：

　　海內相傳門尺數種，屢經驗試，惟此尺為真，長短協度，凶吉無差。蓋昔公輸子班，造極木作之聖，研窮造化之微，故創是尺。後人名為「魯班尺」。

魯班尺以官尺一尺二寸為準，均分為八寸，稱作財、病、離、義、官、劫、害、吉，它們附會為北斗七星及其輔星，其中有吉星，也有凶星。用此尺度量，遇吉星則吉，遇凶星則凶。

　　魯班尺的使用還要考慮「壓白」問題。所謂壓白，據宋陳元靚《事林廣記》載：

　　《陰陽書》云：一白、二黑、三綠、四碧、五黃、六白、七赤、八白、九紫，皆星之名也。惟有白星最吉。用之法，不論丈尺，但以寸為準，一寸、六寸、八寸乃吉。縱合魯般尺，更須巧算，參之以白，乃為大吉。俗呼之「壓白」。其尺只用十寸一尺。

❹　參見王森泉等：《黃土地民俗風情錄》，山西人民出版社，1992年版，頁283。
❺　引自《中國民間文學集成·邗江縣卷》（資料本），1991年印，頁400。
❻　引自汪士忠編：《中國民間文學集成·溧陽縣卷》（資料本），1989年印，頁483～484。
❼　見清李光庭：《鄉言解頤》，卷4「物部上」。

另，《鄉言解頤》卷 4 引《協記辨方》云：

> 門光星，大月從下逆數，小月從上順數。逢「白」字大吉，「丫」字損畜，「人」字損人。

在用法上，做單扇門，「小者開二尺一寸，壓一白，在『義』上」；做雙扇門，「用四尺三寸一分」，合「三綠一白」，在「吉」上；做大雙扇門，「用廣五尺六寸六分」，「兩白」，又在「吉」上。❽

與魯班尺相類，還有玄女尺和丁蘭尺。

玄女尺，即九天玄女之尺，又稱「九天元女尺」。其尺亦有字用之法，以「田宅」、「長命」、「進益」、「六合」、「旺益」、「玄女」六星為吉，其餘為凶。據清李斗《揚州畫舫錄》卷 17 載：

> 又古裝門路用九天元女尺，其長九寸有奇。匠者繩墨，三白九紫，工作大用日時尺寸，上合天星，是為壓白之法。

可見，玄女尺也是在裝門中用以求吉的工具。

丁蘭尺作為木工用尺，除建築之用，主要用來定神龕、神主牌位的尺度。其尺長一尺二寸八分，分 10 大格，各有「丁」、「害」、「旺」、「苦」、「義」、「官」、「死」、「興」、「失」、「財」諸字，各字所在大格下又分作 4 小格，每格亦各有文字相配，以表吉凶。（圖 2-2）

丁蘭尺之名來自漢孝子丁蘭。傳說丁蘭幼喪考妣，長而思報，刻父母像，日日事之如生。曹植《靈芝篇》載有丁蘭之事：

> 丁蘭少失母，自傷早孤煢，
> 刻木當嚴親，朝夕致三牲。

丁蘭「刻木為親」（圖 2-3）的事跡成了舊時「二十四孝圖」中的孝子典範。

丁蘭尺同魯班尺、玄女尺一樣，都被民間視作祥物。

圖 2-3　丁蘭刻木為親

丁	害	旺	苦	義	官	死	興	失	財	兩儀
合財及福 科旺第至	災死離口 殃至艷鄉舌	添進 福實	高天刻無官失 事德財嗣鬼落庫	天 益財 利寶吉	大順橫進富失 科財益貴財	退死離興 子別鄉旺	添貴登 丁子科	退公牢孤財寶 財事扶竊德庫	實六 合祿	☯

圖 2-2　丁蘭尺

福字與安宅符

民間在建房中有貼「福」字和安宅符的風俗。

「福」字，取紅紙斗方用墨筆書就，多貼在新上的大梁上。貼「福」字並非隨意的行為，亦有莊重的儀典。現場設置白酒、豆腐、燒肉，房主夫婦恭敬地站在梁的北邊，面朝南；兩個木匠和兩個瓦匠站在梁的南邊，面朝北，木匠站上首，瓦匠站下首。主家將大紅的「福」字遞給瓦木匠，由木匠用糨糊粘斗方的上下角，而由瓦匠粘左右角，然後貼於大梁的中央，再灑酒放炮。❾

在寫福字、貼福字的禮俗中少不了相關的歌謠，並由這些歌謠而烘托出祥瑞的氣氛。在蘇中江都縣流傳的《貼福字》歌謠唱道：

　　恭喜主家砌華堂，寫個福字來上梁。
　　筆硯紅紙桌上放，揮毫先寫示字旁：
　　一筆一點桃子樣，二筆一橫一撇長，
　　三筆一豎擎天柱，四筆一點掛中央。
　　上面一橫似金梁，府上代代出棟梁；
　　中間口兒四角方，財源茂盛達三江；
　　最後寫成田字底，年年豐收福無比。
　　相公福字寫得好，壽比南山松不老。
　　我把福字貼起來，恭喜主家大發財。❿

歌謠從福字的偏旁筆劃入手，說出一串吉祥喜話。在蘇北濱海縣，還見有這樣的「貼福字」歌：

　　福字生來喜洋洋，根生土長在蘇杭。
　　先裁對子吉利條，後裁福字四角方。
　　壽星老兒磨黑墨，達官貴人筆力強：
　　大紅紙上落一點，好比仙錘在府上；
　　橫撇點豎神示旁，好比搖錢樹一樣；
　　一橫生來長又長，主家今年造府堂；
　　口字寫在田字上，甘羅十二為丞相；
　　田字寫的四角方，太公八十遇文王。
　　我把福字貼起來，主家富貴萬年長。
　　福字貼在正中央，金錢財寶囤滿倉。⓫

民間有「上有天堂，下有蘇杭」的俗諺，故歌中的「蘇杭」即指「天堂」。在這首貼福字歌中，蘇杭、吉利條、壽星老兒、達官貴人、仙錘、搖錢樹、府堂、丞相、太公、文王、富貴、萬年、金錢財寶、囤滿倉等，均為吉物吉人或吉言吉詞，它們從不同的角度充實著「福」字的內涵，用迭加、反復的手法為這一儀式增添了喜氣。

安宅符在建築施工中和新房落成後亦有所用，作為道符的一種，它們的貼用往往有鄉野道士的參與。開工有「開工大吉符」，安門有安門符，安宅有「神樹符」（圖

❽　見《魯般營造正式》，參見吳裕成：《中國的門文化》，天津人民出版社，1998 年。

❾　參見蔣中健：《民間禮俗》，北方文藝出版社，1993 年，頁 209。

❿　引自《揚州歌謠諺語集》，中國民間文藝出版社，1989 年，頁 111。

⓫　引自《中國民間文學集成・濱海縣卷》（資料本），1988 年印，頁 406。

2-4），除穢有「家宅淨符」等，它們均從避禍的追求中透露出吉祥的意義。

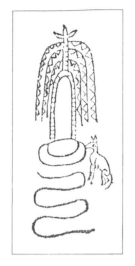

圖 2-4　安宅神樹符

二、吉祥構件

　　吉祥構件是建築物的組成部分或基本材料，它以其實際的功用或附加的意義而透露出納吉迎祥的文化信息。磚瓦、石材、梁柱、花窗、欄板、裙板、柱礎、瓦當、滴水、梁墊、雀替等，都能在其實用的基礎上又寄託著人們的祥瑞追求。

磚　瓦

　　磚瓦是民居建築必不可少的材料，磚以築牆，瓦以蓋頂，並因此而顯現建築物的質感和色調。

　　磚牆以堅固為主旨，歷來被視作家室堅固的象徵。清李漁《一家言‧居室部》曰：

> 國之宜固者城池，城池固而國始固；家之宜堅者牆壁，牆壁堅而家室堅。

　　堅固的牆壁靠磚塊的層層壘疊而成，而傳統的民居往往以堅厚的磚牆傳導出家道殷實、衣食豐足的氣宇與風貌（圖 2-5）。

　　磚塊不僅是砌築的材料，也能成為獨立的建築構件。不少舊式民居的磚砌門洞，就以磚雕雀替作為開門迎祥的標誌。例如，坐落在蘇北興化的鄭板橋故居，其磚雕雀替以青松白鹿為紋飾，以意取進祿、長壽（圖 2-6）。

圖 2-5　牆體厚實的皖南民居

圖 2-6　松鹿紋磚雕

圖 2-7　壽星磚雕

圖 2-10　虎頭瓦當與福壽紋滴水

圖 2-8　高安萬世（瓦當）

圖 2-9　億年無疆（瓦當）

經雕鑿加工的畫像磚不僅用於墓葬，也用於陽宅，但在題材上有所不同，主要以壽星（圖 2-7）、財神、八仙、龍鳳、喜鵲、白鹿、青牛、羊、馬、鯉魚、靈芝、青松、祥雲及其他吉祥圖案為主題，營造吉宅的氣氛。

瓦件作為基本的建築材料，也能成為吉祥的象徵，尤其是瓦當、滴水，往往圖文並舉，或用以鎮宅，或意取吉祥。就瓦當文看，延年益壽、千秋萬歲、千秋長安、高安萬世（圖 2-8）、延壽萬歲、與華無極、與天無極、常生無極、長生未央、長樂未央、延壽萬歲常與天久長、百萬石倉、有萬喜、大富、富貴萬歲、億年無疆（圖 2-9）、永受嘉福、永承大靈、萬物咸成、流遠屯美等，均為吉詞吉語，自然使瓦當成為建築祥物。

瓦當用以擋住瓦頭，而滴水位於瓦溝簷口用以排泄雨水。瓦當、滴水的圖文常常包含著鎮凶與祈吉的雙重指向。例如，瓦當用虎頭紋以辟凶，滴水則以福壽紋納吉（圖 2-10），概括出建築的基本功利。

柱・望柱頭

柱，作為建築中的重要構件，是組成梁架的基礎，整個屋蓋有賴於柱的支撐而

矗立於世。自古以來，人們視屋蓋為天蓋，有「天似穹廬」之謂。柱植地而舉撐屋蓋，實為立地頂天的天柱象徵。《楚辭·天問》中有「天極焉加？八柱何當」之問，東漢王逸注云：「言天有八山為柱。」《淮南子·地形訓》曰：「天地之間，九州八柱。」這「八柱」為宇宙柱，它們除分開了天與地，而且在神話中成了眾神上下的「天梯」。

天梯除以山代之，更以巨樹為用。《淮南子·地形訓》載：

建木在都廣，眾帝所自上下。日中無景，
呼而無響，蓋天地之中也。

房屋中的中柱也被人們視作天梯，並當成直上雲天、登臨星宮的通道。民間建房在立柱上梁時，常貼用的對聯為：

上梁正逢黃道日
立柱巧遇紫微星

透露出人們緣柱登天的信仰與期盼。在彝族「玄通大書」中有柱崇拜的圖幅，其柱立於屋脊，直薄蒼穹，且作樹狀，點畫出該柱作為宇宙樹或天梯的象徵性質（圖2-11）。在宮廷、廟宇的大柱上我們常見有飛龍纏繞的雕飾，顯然，這「龍柱」就是登天之途的圖演。

柱與天的聯繫使其成為建築祥物。這一認識不僅反映在家柱上，而且也體現於石表、望柱等「柱」形建築上。望柱雖不高聳雲天，但柱頭均以吉物為飾。其常見

圖2-11　彝族的柱崇拜

圖2-12　石榴形柱頭（明祖陵）

的祥物柱頭有伏蓮頭、石榴頭（圖2-12）、淨瓶頭、雲氣頭、蟠龍頭（圖2-13）、蹲獅頭、臥鹿頭（圖2-14）等，正是這些柱頭使尋常的建築構件融入了吉祥文化之中。

圖 2-13　蟠龍形柱頭　　圖 2-14　臥鹿形柱頭

花　窗

　　花窗有木製、磚石製、水泥製數種。木製花窗又稱「木槅窗」，磚石花窗又稱「漏窗」，它們均空透而帶花頭，不僅纖巧玲瓏，而且其藝術構圖多飽含著吉祥的寓意。

　　舊時木槅窗扇以楠木、柏木為用，且花頭式樣繁多。清李斗《揚州畫舫錄》卷17載：

> 凡楠柏木槅扇，……花頭有臥蠶、夔龍、流雲、壽字、卐字、工字、岔角、雲團、四合雲、漢連環、玉玦、如意、方勝、疊落、蝴蝶、梅花、水仙、海棠、牡丹、石榴、香草、巧葉、西番蓮、吉祥草諸式。

　　此外，木槅窗上尚有複合式的吉祥構圖，如槅心為和合二仙，背飾為夔龍、秋菊，或喜鵲、梅花、竹、石（圖 2-15），或一「福」字與四蝙蝠合成的「五福圖」（圖 2-16）等。

　　「窗櫺以明透為先」，⓬花窗在滿足採

圖 2-15　喜鵲登梅木槅窗

圖 2-16　門頭氣窗上的五福圖

光、通氣的實用功能下，再作出裝飾性的處理，以美化居室，寄託情感。磚石氣窗、

⓬　語出清李漁：《一家言‧居室部》。

圖 2-17　錢紋窗

圖 2-19　藝字窗

圖 2-18　贛南農家的卐字窗

圖 2-20　花槅窗在視覺上的虛實對應

花窗還有造景、借景的功能，同時在建築美學上形成虛實對應，打破實木柱梁及板壁磚牆的滯重沉悶，從立面上讓人產生疏透、輕巧的感覺（圖 2-20）。

花窗由於線條、圖案、文字的吉祥寓意，使之成為人們喜愛的建築祥物。

漏窗同木槅窗一樣，其構圖基本為吉文吉物。常見的樣式有：五福捧壽窗、錢紋窗（圖 2-17）、卐字窗（圖 2-18）、藝字窗（圖 2-19）等。

天香廟

天香廟是位於民居大門左側牆上的一

個縱長方形的小洞,其洞口上端略有修飾,或似樓閣簷口,或似元寶之形(圖 2-21)。逢年過節,各家在天香廟裡點香敬祀天地神靈。

關於天香廟的來歷,傳說姜子牙把所有洞府都封了神位,又休了妻子,自己卻無位可坐,無家可歸,於是就雲遊各處,每到一處就寄居在天香廟裡。俗信,誰家的天香廟被姜子牙住過,一切凶神惡鬼就永遠不敢進他家的門,這家人就會平安、發財。也有傳說講,天香廟是供奉三官大帝的,或說是專供奉天地神靈的。總之,是吉神的所在。

每逢過年,家家要把「天香廟」裝飾一新,兩邊貼上這樣的對聯:

一門清泰蒙神祐
四序安康託聖扶

或寫上:

無物可酬兩大德
虔誠惟進一爐香

廟洞內並無神像,後牆上豎貼一長條紅紙,上面寫著:「天地之位」或「三元大帝之位」。❸

天香廟因有吉神的臨附而成為家宅祥物。

木雕件

在建築中有許多木製構件,它們經過雕鑿而成為精湛的民藝物品。常見的木雕構件有梁雕、柱雕、梁頭、梁墊、雀替(梁柱或枋柱結合處同平面的承重或純裝飾性的構件)、斜撐(梁柱間主要用於承重的較大的木構件,臨街的外柱與梁頭間的斜撐常見藝術化處理)、掛落、垂蓮柱、門扇、裙板等。

木雕件的主題圖案均為各類吉祥物品,或吉神吉仙,或祥禽靈獸,或吉草祥木,或金玉珍寶,或雲氣海水,或古器吉文,不一而足。

就木雕雀替說,有松竹梅「歲寒三友」

圖 2-21　民宅大門旁的天香廟

❸ 參見劉兆元:《海州民俗志》,卷 15「住宅‧蓋天香廟」,江蘇文藝出版社,1991年。

圖、和合二仙圖（圖2-22）、魚跳龍門圖、摩竭圖（圖2-23）等樣式。

門扇裙板圖式豐富，有八仙圖、平安富貴圖、連中三元圖、寶瓶菊花圖、琴棋書畫圖、博古花卉圖、祥草如意圖、夔龍鳳圖、游魚圖、福壽圖等。

梁柱斜撐則多為吉神吉仙，特別是臨街店鋪的梁頭木撐，常做成八仙人物、賜福天官與招財童子（圖2-24）、財官進寶（圖2-25）、利市仙官、夔龍等，使門戶充滿著祥瑞之氣。

木雕使構件輕巧而富裝飾效果，更在外顯的建築成果上注入了建築精神，使無聲的建築增添了傳說與民俗的動態背景。

圖2-24　賜福天官與招財童子（梁柱斜撐）

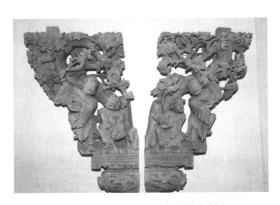

圖2-22　和合二仙（木雕雀替）

圖2-23　摩竭形雀替

圖2-25　財官進寶（梁柱斜撐）

石雕件

中國建築雖以土木材料為主，但也有以條石、塊石、石板等製成的建築構件，並經過精細的雕鑿而成為建築藝術又一獨到的展示空間。

石雕件多以柱礎、門當、須彌座、石柱、欄板、牌坊、門樓、臺階等形式為用，其雕鑿的紋飾基本為各類吉物祥圖。

石欄板置於庭院護欄上或臺階邊欄上，其圖案有八仙人物（圖2-26）、「二十四孝」、「魚穿蓮花」、「丹鳳朝陽」、「指日高陞」、「平升三級」、「福在眼前」、「海馬送瑞」、「有財有壽」等。所謂有財有壽，即石欄板的中心圖案為一碩大的古錢紋，其外沿為四株對稱分布的萬年青，萬年青葉葉相連，又組成四個蟠桃的紋樣（圖2-27）。錢紋為財寶的象徵，而萬年青為多年生草本植物，有長壽、長生的寓意，桃則為「仙木」，又稱「五木之精」，西王母有「三千年一生實」的蟠桃，故讓人聯想到延年益壽。因此，這一欄板圖案潛含著「有財有壽」的吉祥主題。

柱礎石雕多為古鏡紋、鼓形紋、蓮花紋、犀牛望月、劉海戲金蟾、平安富貴、金玉滿堂等。

牌坊石枋上的祥圖有「魚龍變化」、「仙鶴祥雲」（圖2-28）等，而在須彌座上則見有方勝紋、如意草等吉祥圖案（圖2-29）。

吉祥圖的雕鑿改變了石材的沉重感，使構件在固有的敦實的質感上顯露出動躍的美感和生活的熱望。

圖2-26　八仙人物（石欄板）

圖2-28　仙鶴祥雲（石枋）

圖2-27　有財有壽（石欄板）

圖2-29　須彌座上的如意草刻紋

第二節
家居祥物

　　家居祥物是指房舍居室的內外裝飾及宅室配物中的各類祥物，它們或在土木建築中加以設置，或新房落成後另作配設。它作為建築成果或建築活動的一部分而存在，並由此而表明它的存在價值和功能意義。

一、 吉祥裝飾

　　中國民居建築歷來追求實用、質樸，不求貴麗，最忌奢靡。《一家言·居室部》曰：「土木之事，最忌奢靡，匪特庶民之家，當從儉樸，即王公大人，亦當以此為尚。蓋居室之制，貴精不貴麗，貴新奇大雅，不貴纖巧爛熳。」儘管如此，不等於不要裝飾。人們往往根據自己的財力和心願，通過脊飾、門飾、壁飾、頂飾等，用砌築、彩繪、雕鑿、糊貼等方式，用吉物祥圖裝飾居室，突出吉宅的祥瑞氣氛。

脊　飾

　　中國建築的屋脊總少不了象徵的吉祥裝飾，不論宮室官邸，還是民宅農舍，在正脊、戧脊、字碑等處常見有琉璃件、瓦件及磚砌、泥塑的祥物祥圖。

　　就正脊而言，有鴟尾脊、蚩吻脊、龍吻脊、甘蔗脊、哺雞脊、哺龍脊、紋頭脊等

多種。其中，鴟尾脊、蚩吻脊具有吞火除災、安寧吉祥的取意；龍吻脊或雙龍脊則表瑞氣降臨，雙龍不僅是民居正脊的常用裝飾（圖2-30），而且也見之於山脊（圖2-31）。此外，甘蔗脊，寓意為「節節高」，以兆家境日好；而哺雞脊以雞頭造形，藉「雞」、「吉」諧音，以表納吉迎祥（圖2-32）。至

圖 2-30　民宅雙龍脊飾

圖 2-31　山牆上的雙龍脊飾

圖 2-32　哺雞脊

圖 2-34　角脊瑞獸圖

於紋頭脊，則形式多樣，且有「方紋頭」與「圓紋頭」之分。方紋頭以回紋邊兜通，以表天長地久、延綿不斷，而圓紋頭則為各種實物造形，分果子、靈草、雲頭數種。❶ 具體說，有石榴紋頭、桃子紋頭、佛手紋頭、靈芝紋頭、萬年青紋頭、雲團紋頭等，所用均為祥物。

字碑即房屋正脊的正立面用磚雕或泥塑的方式所做出的吉祥圖畫，因廟宇常做「風調雨順，國泰民安」而得名。字碑對民宅而言，實為「畫碑」，其上祥圖的主題有：二龍戲珠、雙獅盤球、丹鳳朝陽、金雞報曉、魚跳龍門、五福臨門、雙喜臨門等。

文字脊在民間亦有所用，如「鳳凰」二字就見之於民宅之上（圖 2-33）。古人視鳳凰為「神鳥」，稱其出於「東方君子之國，見則天下大安寧」。漢代畫像石上有鳳凰棲屋的圖像，現代民間仍有「鳳凰不落無寶地」之說，可見亦屬吉祥脊飾。

在宮廷、廟宇及貴家住宅的簷角，有仙人、小獸瓦件的排放。一般按等級，取奇數，即一、三、五、七、九不一，其中以九件為最高。這九件角飾被稱作「瑞獸圖」，其次序為：龍、鳳、獅、天馬、海馬、狻猊、狎魚、獬豸、鬥牛（圖 2-34）。此外，餞脊上還有仙人或仙人騎雞的小件，均有消災迎祥的取意。臺灣松山慈惠堂的簷角由三層祥獸依次相疊，最上層為龍脊，中

圖 2-33　文字脊

❶　參見朱年：《古建築屋脊裝飾的民俗意蘊》，《蘇州文博》，1996 年第 4 期。

間層為麟脊,其下層為鳳脊(圖 2-35),為建築增添了吉祥的內涵。

脊飾還見之於封火牆頭,有彩繪、刻鑿、雕塑數種,構圖以祥花瑞草為主,也有仙人神物、走獸飛禽,從外觀上點畫出吉宅的氣勢。

圖 2-35　臺灣松山慈惠堂的角脊

壁　飾

居室內外的牆壁裝飾主要用粉刷、油漆、彩繪、書寫、糊裱、鑲嵌、雕塑等手段加以完成,以滿足人們的審美與祈吉的願望。

拿彩繪來說,人們在外牆大門兩旁、山牆、庭院四壁、內牆等處,在石灰底上繪花鳥、龍鳳、麒麟及其他吉祥圖案,或寫上福壽一類的文字。在廣西羅城仫佬族自治縣,壁畫被稱作「牆壁繪花」,在堂屋對面大門旁壁上畫有牡丹花和芙蓉花,兩邊山牆上端繪龍鳳麒麟,山牆下端離地面兩公尺處分五層作畫:第一層繪梅花,第二層畫假磚,第三層畫三千柳,第四層畫格盤,第五層是萬字格。仫佬人用色選紅、黃、藍、綠、黑五種,他們以壁花象徵吉祥如意。❺

彩繪作為壁飾的基本方法,其圖樣與用料十分豐富,清李斗在《揚州畫舫錄》卷 17 中曾作出如下的歸納:

> 花式以蘇式彩畫為上。蘇式有聚錦、花錦、博古、雲秋木、壽山福海、五福慶壽、福如東海、錦上添花、百蝠流雲、年年如意、福緣善慶、福祿綿綿、群仙拜壽、花草方心、春光明媚、地搭錦袱、海墁天花聚會諸式。其餘則西番草、三寶珠、三退暈、石碾玉、流雲仙鶴、海墁葡萄、冰裂梅、百蝶梅、夔龍宋錦、畫意錦、堁鮮花卉、流雲飛蝠、袱子喳筆草、拉木紋、壽字團、古色螭虎、活盒子、爐瓶三色、歲歲青、瓶靈芝、茶花團、寶石草、黃金龍、正面龍、升澤龍、圓光、六字正言、雲鶴、寶仙、金蓮水草、天花、鮮花、龍眼、寶珠、金井玉欄杆、萬字、梔子花、十瓣蓮花、柿子花、菱杵、寶祥花、金扇面、江洋海水諸式。

至於畫作用料,《揚州畫舫錄》卷 17 另載:

用料則水膠、廣膠、白礬、桐油、白麵、土子麵、夏布、苧布、白絲、絲棉、山西絹、潮腦、陀僧、牛尾、香油、白煎油、貼金油、磚灰、木明、雞蛋、松香、硼砂、酸梅、梔子、黃丹、土黃、油黃、蠟二青、乾大碌、石大二三碌、淨大碌、鍋巴碌、松花石碌、硃砂、紅標硃、黃標硃、川二硃、銀硃片、紅土、蘇木、胭脂、紅花、香墨、烟子、南烟子、土粉、定粉、水銀、光明漆、點生漆、生熟黑漆、西生漆、黃嚴生漆、退光漆、籠罩漆、漆硃、連四退光漆、血漆、見方紅黃金、魚子金、紅黃泥金諸料物。

從上述花式與用料的紛繁複雜，可見繪飾是居室裝飾的重要手段，曾有過廣泛的應用。

壁飾中的鑲嵌法，主要指在牆體上鑲砌畫像磚、浮雕磚等構件，打破牆面單一的色調，使牆體成為祥物的載體。例如，南京朝天宮外牆上團龍磚的鑲砌，點畫出粉牆的祥瑞氣氛（圖 2-36）。

圖 2-36　團龍磚（南京朝天宮）

對外牆用泥塑方式加以裝飾亦有所見，其造形也以吉祥圖案或吉神吉仙為主，諸如福祿壽三星、表魚米豐足的大阿福等（圖 2-37）。

壁飾作為建築裝飾除了有對牆面加以修飾和保護的直接功利，顯然，也為了迎取居室的嘉慶祥瑞。

圖 2-37　大阿福（牆面雕塑）

灶　畫

打灶是建築風俗中的重要事象，有時間、空間、工匠、用料、布局、彩畫、書寫等講究，頗為鄭重。

打灶，又稱「安灶」、「砌灶」、「砌新灶」、「支鍋」等。舊時人家要選定吉日砌灶，按《玉匣記》的說法，正、二月的戌、丑日，三、四月的子、卯日，五、六月的寅、巳日，七、八月的辰、未日，九、十月的午、酉日，冬、臘月的申、亥日為「作

⑮　參見葉大兵等：《中國風俗辭典》，上海辭書出版社，1990 年，頁 442。

灶吉日」。新灶的空間位置以坐東面西為吉，不可面東或向北。《百中經》裡的《安灶訣》曰：

> 安灶面西子孫良，向南燒火無禍殃，
> 面東貧窮無吉利，務要推求仔細詳。

由於大灶砌在居室的東面，故灶神有「東廚司命」之稱。

圖 2-38　以蓮花紅梅為主題的灶畫

人們對砌灶的工匠有所要求，不僅要手藝好，而且必須是夫妻雙全的。同時，砌築大灶的磚頭多選新磚或老灶磚，不得用雜磚，更不能用糞坑磚。砌灶時，在灶下或埋入茶、米，或放入「和順錢」，即北宋的「宣和通寶」或「政和通寶」與清代的「順治通寶」各一枚合放。

灶有兩眼灶、三眼灶，分別作菜鍋、飯鍋之用，另加一、二只小湯鑊以溫水。在煙囱壁旁，一般砌有灶神的神龕，又叫「灶洞」，洞上有簷角起翹的頂蓋，其內供奉灶王爺的紙馬。

大灶砌成後，粉上白石灰，在灶壁上要加以彩畫。灶畫多為蓮花紅梅（圖 2-38）、鯉魚跳龍門、萬年青、山水花鳥、吉祥圖案（圖 2-39）等。有的灶上還配有點題的文字，諸如人財兩旺、五穀豐登、如意吉祥、人壽年豐、蒸蒸日上、發家致富、豐衣足食、水星高照、吉慶有餘等，這些題詞與灶畫強烈地烘托著吉祥的主題。

灶畫繪好，打灶就基本完工了，一般這一工程要在一天之內結束，當天要做飯做菜，吃酒慶賀。新灶啟用是一件喜事，

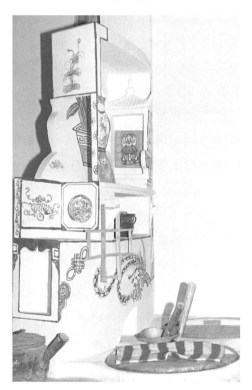

圖 2-39　以祥圖為裝飾的大灶

點火後匠人便說「喜話」。在句容縣葛村鄉，有這樣的新灶喜話：

> 新置鍋灶亮堂堂，兩只金鍋坐中央，
> 外鍋炒菜桂花香，裡鍋燒飯發發長。
> 新鍋新蓋新灶頭，南山泉水北山禾，

王母娘娘来上灶，九天仙女把菜炒。❶

在揚州，「支鍋喜話」說道：

> 新鍋支得亮堂堂，九天玄女下廚房。
> 水缸不脫長江水，倉裡聚有萬年糧。
> 辦酒請來李太白，燒飯請來王母娘。
> 省柴省草飯菜香，太平無事幸福長。❶

這一聲聲的喜話，一把把的柴禾，一閃閃的紅光，照亮了灶壁上的彩畫，照亮了主家的笑臉，使全屋充滿了喜慶與歡悅。

金　花

　　所謂金花，係用金紙或彩帛剪成的花朵與花葉，它們成串地貼在一根兩尺多長的竹篾上，上梁時插於梁與柱的接合處，既作為建築裝飾，又作為居室祥物。

　　金花一般成對插用，因形似狀元頭上的金花，故成為喜慶、發跡的象徵。建築禮俗中的「插金花」是歡快熱烈的，同樣不乏渲染氣氛、烘托主題的歌謠類「喜話」。流傳在溧陽縣的《插金花》喜話是這樣說的：

> 一對金花兩邊擺，春夏秋冬四季開，
> 一年四季十二月，月月都有金花開。

> 一對金花兩邊黃，壓穩楠木紫金梁，
> 好似鳳凰落梁柱，千年榮華萬年富。

> 一對金花壓正中，文王子孫伴朝中，

金花開得四季紅，富貴榮華滿堂紅。❶

從「文王子孫伴朝中」句，可見金花隱含對主家子孫登科發跡的祝福。

　　建築中有金花，也有「銀花」，流傳於揚州郊區的「喜話」說：

> 我掛紅綢你插花，恭喜大家笑哈哈。
> 一片紗來一片綢，子子孫孫砌高樓；
> 一邊紅來一邊青，家有白玉千萬斤；
> 一邊青來一邊紅，門裡門外遊金龍；
> 插金花，插銀花，幸福花兒開萬家。❶

金花並非全用金紙，一般花朵用金，花葉用綠，以紅為底色，鮮豔的色彩為吉宅增添了融融的暖意。

　　「插金花」的建築風俗流布於大江南北，金花被人們視同瑞草，並有「左邊一插靈芝草，右邊一插鳳凰草」之說。至於金花的功能價值，則透過「恭喜主家丁財兩旺」、「萬子萬孫狀元郎」一類的祝頌喜話顯現出來，其中「發家」、「高升」是其應用的基調。

　　金花是建築裝飾，也是又一寓意明確的祥物。

❶ 引自熊紀虎主編：《句容的傳說與歌謠》（資料本），1989年，頁499。
❶ 引自錢傳倉：《揚州民俗》（資料本），1993年，頁90。
❶ 同❻，頁479。
❶ 引自吳雨編：《揚州歌謠諺語集》，中國民間文藝出版社，1989年，頁109。

洋船屋

建築的吉祥裝飾不僅見之於構件與建築局部，也體現在建築物的整體上；不僅有牛、羊一類的較原始的圖騰裝飾（圖2-40），而且也有以現代文明的造物作藍圖，對宅室加以藝術化誇張的構築。皖南黃田鎮的「洋船屋」，就是一個典型的實例。

黃田鎮距涇縣城南38公里，洋船屋坐落於鎮西黃田村，其主人是清代商人朱一喬。洋船屋建在黃兗山下，佔地4000平方公尺，整個外形就像當年洋人造的大輪船，故名洋船屋。

洋船屋分船頭、船艙、船尾三部分。尖尖的「船」頭為長三角形花園，園內花草果木，四季常綠，景致幽雅。「船」艙為住宅，有堂屋、天井、大小廂房，牆上有古畫對聯，案桌上擺有大圓鏡和青瓷瓶，寓意「平平靜靜，一帆風順」。「船」尾是大院，院內卵石鋪地，花紋奇巧。整條「船」的邊緣以高牆包圍，牆上爬滿藤蘿。從「船」頭到「船」尾沿「船」身兩側還開築了寬兩公尺、深兩公尺的河溝，名叫「鳳眼河」。河上有座小石橋，被視作上「船」的跳板。

洋船屋的船頭正對著黃兗山溝壑，溝裡溪水常年不斷，它被「船頭」劈成兩股，水流沿著船形圍牆向下分流，到船尾處又匯合成一股。如果從山坡上遠觀洋船屋，溪流奔騰而下，宛如洋船破浪前進。[20]

洋船屋的選址近山臨水，顯然有風水的考慮，而整個宅院取船形構圖，則又有通達三江、乘風滿載、萬里招財、商賣興隆的追求。洋船屋是商用祥物向家宅祥物的轉移，其船形的構築，可視作對家宅的一種特殊的祈吉裝飾。

門　樓

門樓是家宅的門頭裝飾，多用磚雕或彩繪的方式營造華屋吉室的氣氛。

門樓係用磚瓦、石灰、水泥等材料，在門楣上方砌築的一微微凸起的樓面，因立面造形大多類似牌樓，故有「門樓」之稱。

門樓以吉祥圖案為雕飾、彩繪的主題，往往為多種吉祥物的迭加動用。例如，回字紋、富貴不斷頭、花草、象頭等並用（圖2-41），不僅使普通磚牆牆面變得華麗，更寄託著主家的吉祥心願。

在門樓雕飾實例中，有龍首紋、麒麟

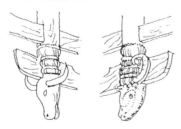

圖2-40　彝族垂柱中的牛羊裝飾

圖2-41　象頭紋農家門樓

紋、雙獅紋、蝙蝠紋、象鼻紋、方勝紋、卐字紋、壽字紋、葫蘆紋、瑞草紋、蓮花紋等。彩繪門樓的圖案則有二龍戲珠圖、奔鹿圖、山水圖、牡丹圖、海水紋、瑞草紋，以及象徵性的元寶紋、鳳羽紋（圖2-42）等。

門樓上除了吉祥圖案，還見有吉祥額題，以表達主家的情致、祈望與理想。門樓上的題額往往置於門樓中央最顯眼的部位，具有揭示吉祥主題的性質。這類門樓題額有：福壽、鴻禧、耕讀、紫氣東來、幸福之家、人財兩旺、天通人和、安宅為仁、春和景明、枝茂葉盛、滿園春色、旭日東升、龍鳳呈祥、五福臨門、三星在戶、吉慶家堂、安康俊業、興旺富貴、積德有慶等。在蘇中靖江鄉村，還見有「三聽名家」的門樓，「三聽」指「風聲雨聲讀書聲聲聲入耳」，其潛臺詞為「家事國事天下事

圖2-43　農戶的「三聽名家」門樓

事事關心」。主家選此題額，或有追仿明東林黨人、抒發抱負的情懷（圖2-43）。

門樓對家宅的入口在視覺上作出了提示與引導，具有功能的、美學的與心理的效果。門樓上的吉祥裝飾是人們美好願望的表達，人們在門樓下無數次的進進出出中，感受著生活的樂趣與充實。可以說，這整個門樓就是一件家用的祥物。

二、宅室配物

宅室配物不是建築構件，它並非建築成果的必須部分，而是借環境美化、居室裝飾所體現的建築活動與建築精神。宅室配物包括花草樹木、魚蟲鳴禽、楹聯匾額、室內擺設、門戶配飾、搬遷用物、家宅之神等，均以祥物的配置為宅室添加喜慶嘉瑞的成分。

圖2-42　鳳羽紋農家門樓

❷　參見馬起來：《奇特的徽派建築洋船屋》，《人民日報》（海外版），1997年12月9日。

花木庭樹

中國民居建築有配花木庭樹的講究，種梅、蘭、竹、菊，稱作「四君子」；栽松、竹、梅，為「歲寒三友」，配海棠、牡丹，叫作「玉堂富貴」。花木庭樹的配置有風水、方位的宜忌。《相宅經纂》卷4曰：「東種桃柳，西種梔榆，南種梅棗，北種柰杏」；

「中門有槐，富貴三世，宅後有榆，百鬼不近」；「宅東有杏，凶；宅北有李，宅西有桃，皆為淫邪」。

這類樹種與方位的配置，不同地區有相悖之說。在甘肅省河西走廊一帶有「前榆後槐」之俗。當地人稱榆莢為「榆錢」，因與「餘錢」諧音，故栽於大門外以祈發家；而槐樹多子，與「懷子」諧音，多栽於宅院內以求多生兒子。在那裡，有「前榆後槐，必定發財」的謠諺。在江蘇省海州，則忌諱屋後栽槐，並有「前不栽桑，後不栽槐，頭不頂雜，身不坐楝」的禁忌。當地人把門前栽桑稱作「望門喪」，俗信會死未過門的女婿和兒媳婦；婦女懷孕叫「懷了」，「槐」、「懷」同音，宅後有槐樹會使家中婦人生孩子後死亡；建房的桁條只能用杉、松、楊、柳、榆、椿等木材，其他材種皆為「雜木」，「雜」與「鍘」諧音，用雜木為頭上有鍘刀；而「楝」與「鏈」諧音，鐐銬有鏈，故忌用楝樹做門檻。㉑

古人在階庭樹丹棘、合歡，以使人忘憂不忿。《古今注》載：

欲蠲人之憂，贈以丹棘；欲蠲人之忿，贈以青棠。

丹棘，一名「忘憂」；青棠，又稱「合歡」、「夜合」，其花上白下紅，散垂如絲。㉒

宅室所配花樹有庭栽，亦有盆栽，其名目繁多，並有「保三年者」、「保二年者」、「不保年者」的區別。《揚州畫舫錄》卷17曰：

花樹價值有常，保固有限。保三年者：千松、小馬尾松、大小刺松、羅漢松、小柏樹、青楊、垂柳、觀音柳、山川柳、柿樹、栗樹、核桃樹、軟棗樹、桑樹、梧桐樹、秋樹、槐樹、紅白櫻桃樹、接甜棗樹、蘋果樹、檳子樹、李子樹、千葉李、沙果子樹、莎羅樹、石榴樹、小白果樹、梨子樹、紅梨花、玉梨花、錦堂梨、香水梨、珍珠花、山裏紅、紫丁香、白丁香、紅丁香、紅白丁香、百日紅、棣棠花、文宮果、山桃、白碧桃、紅碧桃、波斯桃、粉碧桃、鴛鴦桃、千葉杏、大小山杏、接杏樹、大玫瑰、馬英花、蘭枝花、白梅花、紅梅花、黃刺梅花、佛海花、採春花、紅黃壽帶、藤花、紫荊花、明開夜合花、十姊妹、扒山虎、山葡萄、芭蕉、貼根海棠、朱砂海棠、垂絲海棠、龍爪花、白玉棠花、菠子、長春花、金銀花、沙白芍藥、楊妃芍藥、粉紅芍藥、千葉蓮芍藥、大紅芍藥、菠利諸種；保二年者：西府海棠；不保年者：大柏樹、大羅漢松、頭二號馬尾松、大白果樹、小山裏紅、小玫瑰、

榛子果、歐子果諸種。

當今江蘇農舍多以萬年青配置，或置於屋脊正中，或栽於室外牆角（圖2-44），以求宅室永固，萬年長青。在武進新安鄉有做屋脊、安放萬年青的建築歌謠，歌曰：

> 新做脊，兩頭翹，
> 鳳凰飛過鶴來朝。
> 八方神仙來經過，
> 五福來朝吉慶多。
> 三星高照齊太平，
> 是我做，聽我言，
> 主翁托出萬年青，
> 萬年青種在龍腰上，
> 榮華富貴萬萬年！ ❷❸

所謂龍腰，即屋脊，因脊頭常用磚砌成龍首形，故名。可見，萬年青等作為建築配物是祥物的又一類應用。

圖2-44　配置屋角的萬年青

陳設擺件

陳設擺件是宅室內不可忽視的吉祥配物，它們或可實用，或為裝飾，以單個的或組合的物件表達平安、如意、富貴、長壽、多子、風雅等祥瑞意義。例如，堂屋的條桌上放一只大花瓶和一面玻璃鏡或瓷畫屏，俗稱之「平平靜靜」；宅室內放一盆金魚，稱之為「金玉滿堂」；新房內放銅鏡一面、繡花鞋一雙，取義「同偕到老」；供桌上放福星、祿星、壽星的瓷像，叫作「三星在戶」；在神像前或條桌上放三只瓷質或鍍金的元寶，寓指「三元及第」，等等。

舊時大戶人家廳事，置長几，上列銅瓷器及玻璃鏡、大理石插牌，掛古人字畫，另設小几、書案、書架。其陳設擺件，樣式繁多，據《揚州畫舫錄》載：

> 小几有方、圓、三角、六角、八角、曲尺、如意、海棠花諸式。畫案長者不過三尺。書架下櫝上空，多置隔間。几上多古硯、玉尺、玉如意、古人字畫、卷子、聚頭扇、古骨朵、剔紅蔗葭、蒸餅；河西三撞兩撞漆盒、瓷水盂，極盡窯色，體質豐厚；靈壁、太湖諸硯山、珊瑚筆格；宋蠟箋，書籍皆宋元精槧、舊抄祕種及毛鈔錢鈔。隔間多雜以銅、瓷、漢玉古器。……蘇州玉工用賓砂金剛鑽造辮仙佛、人物、禽獸、爐瓶、盤盂，備極「博古圖」諸式。……他如雉尾扇、

❷❶　同 ❸。
❷❷　參見清陸壽名：《續太平廣記》，「花木部·夜合」。
❷❸　引自《武進民間文學集》，南京大學出版社，1990年，頁518。

自鳴鐘、螺甸器、銀累絲、銅龜鶴、日圭、嘉量、屏風、屏風鞝匣、天然木几座、大小方圓古鏡、異石奇峰、湖湘文竹、天然木柱杖、宣銅爐。大者為官盍，皆炭色紅、胡桃紋、鷓鴣色，光彩陸離，上品香頂撞、玉如意，凡此皆陳設也。㉔

上述古硯、字畫、卷子、玉器、骨董、文房四寶、書籍、鈔本、日圭、古鏡、官盍、峰石等，無一不是民間祥物。陳設擺件作為宅室配物，顯然是為了營造吉宅的氛圍。

搬遷用物

新房落成，搬遷入屋，被稱作「喬遷之喜」。為此，各地民間都有相關的禮俗，並對最先的搬遷用物有所講究。

在浙江杭州、紹興一帶，喬遷中最先搬入的是「發籃」。所謂「發籃」，即用彩紙糊就的小竹簍，中貯頭髮等物，用於懸掛廳室中柱的角頂，以取發達之意。再搬入梯子和曬小兒衣褲的「節節高」等，討步步登高的吉利。此外，還搬入萬年青、吉祥草各兩盆，柴米各一擔，取萬年吉祥，柴米豐足之意。然後，再搬神堂、祖先堂及箱籠雜物，主人持香三枝，請人以燈燭、火把為先導，跟隨入屋，不得言語，俗稱「悶聲大發財」。

在江蘇揚州，搬遷叫「進宅」。進宅時，先搬進一盆吉祥草和一盆萬年青，以象徵萬事吉祥；再放鞭炮，搬進老爺櫃（香案）和家堂神龕，以獲祖先之佑；然後，將「子孫桶」拎進房，以期「子孫平安」；接著搬

入家具，在家具上放芝麻秸、蘆柴、安豆（豌豆）、穩子（稻、麥的種殼），以象徵「節節高」、「長遠發財」、「安安穩穩」。

在江蘇南通，喬遷新居，先由一家之主將「家堂菩薩」神龕送入新居，擺在堂屋神櫃之上，然後再將祖宗牌位請進新居。神櫃上擺供乾鮮果品，焚香燃燭，並鳴鞭放炮，再在堂屋內貼掛中堂畫、條屏及年畫，題材有和合二仙、漁翁得利、三星高照、六合（鹿鶴）同春等。㉕

搬遷之日，親戚朋友紛紛上門致賀，並帶上魚肉、饅頭、糕點、鞭炮、碗筷、匾額、字畫、喜對、擺設之類的禮物。遷居喜對多為吉祥賀辭，常見的遷居聯句有：

喜入新居千祥至
欣遷嘉屋萬福來

燕喜新居春正暖
鶯遷喬木日初升

此日遷居安且吉
今朝擇里熾而昌

搬遷之日，主家使用新灶，宴請親友。在江海地區，宴請規格中午為「六碗四」（即六大碗、四冷盤），晚間為「八碗八」（即四冷四熱，八大碗），或「三個六」（即六冷六熱六大碗）、「三個八」（八冷八熱八大碗），其中整魚只看不吃，兩尾一盤，取「雙魚（餘）吉慶」之意。

雲南景洪縣基諾族人在新房落成後，

請寨老抓白米數雙數決定搬遷時間。這白米也是祥物，以兆米糧滿倉，人丁興旺。

門戶配物

門戶是宅室的入口，其配物多以鎮物或祥物表達避凶趨吉的追求。就求吉類門戶配物而言，有虎骨、燕窩、財袋、題額、堂號、聯句等。

門上懸掛虎骨是唐前的敦煌風俗，以兆子孫長壽。據敦煌遺書伯 2661《諸雜略得要抄子》載：

> 建日，懸虎頭骨門戶上，令子孫長壽，吉；懸口骨舍四角，令人家富貴利吉。

虎為猛獸，信能食鬼，多用作鎮物，但在宅室裝飾與配置中，它又被賦予了吉祥的內涵，使「子孫長壽」、「富貴利吉」成為它的象徵主題。這種由鎮物向祥物的自然演化，在中古時期便已凸現出來了。

燕窩也被民間視作祥瑞之物，故在民居建築中加以留設或造作。江淮地區有在正屋大門上預留孔洞或在正堂中梁上搭一木窩，引燕棲巢的建築風俗。唐詩中有「舊時王謝堂前燕，飛入尋常百姓家」句，把燕子去留視作家室興衰的象徵。因此，燕窩被視作祥物而加以配置。

青海省東部有「踩財門」之俗。所謂財門，即新落成的家宅之門。首次進門時，主家備有木盤，內盛油包、核桃、紅棗、銀元、元寶等物，以兆豐衣足食。在江南農村，則有門懸「財袋」以祈發家之俗。

人們在新安的大門前懸掛一個紅布縫製的小袋子，內放稻穀、豆粒、錢幣等物，以作堆金積玉、錢糧滿屋的吉兆。（圖 2-45）

舊時人家大門之外還掛有燈籠，上書各姓的堂號，例如，周姓為「愛蓮堂」、張姓為「百忍堂」、王姓為「三槐堂」、陶姓為「五柳堂」等，均具有光耀門庭的吉祥取義。

至於門上題額，或為摺扇形，或為書卷形，或為樹葉形，並用行、楷、隸、篆等多種字體，以及優雅吉祥的語詞，增添吉宅的光暈，諸如，「步蟾」、「聚壘」、「興隆」、「履坦」、「行遠登高」、「履道含和」、「讀畫敲詩」等，均有祥瑞的意味。

民居門戶所配的聯句，也以石雕、木刻、手書等形式抒懷明志、表情達意，以烘托出宅室的吉慶嘉瑞。

圖 2-45　農家門頭上的財袋

24　見清李斗：《揚州畫舫錄》，卷 17「工段營造錄」。

25　參見楊問春等：《江海風情》，大眾文藝出版社，1999 年，頁 56。

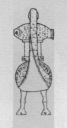

三

器用祥物

器用祥物，係指包括生活用具、武器文具、樂器珍玩等用物和玩物的祥物類型。它們往往具有實用的、賞玩的、象徵的文化特徵，體現為生活與藝術的統一。器用祥物以「用」為存，一般具有工具的性質，除部分直接用於生產，大多為生活日用的必需品，另一部分則滿足著人們的審美與娛樂的追求，並在應用過程中展現著祥瑞的意義。

第一節
器具用物

器具用物主要指日常生活用具和武器、文具之類，其品類極為繁雜，包括燈盞、桌椅、餐具、算具、衡器、文房四寶、刀劍、符牌等，它們一般具有實際的功用與藝術的造形，不少還帶有神話、傳說等歷史文化背景，既實實在在，又撲朔迷離，頗耐人玩味。

一、 生活用具

生活用具大多樸實無華，以實用、耐用為前提，但作為器用祥物的生活用具，除了應用的功能，必有藝術的或信仰的成分，它們往往把生活與藝術、物質與精神統合在一起，成為日常生活中某種信念或理想的象徵，產生著平中見奇的效果。

油　燈

油燈以液體燃料為用，是火的發明與使用的延續，它模擬三光，驅夜照明，使火的工具與武器性質更其發展，並滲透到人們生活與信仰的廣闊空間。在古代，油燈主要以陶瓷和金屬為材料，也取材於竹、木、石、骨、玻璃等，除了日常生活之用，也用於宗教與信仰的活動中，且有瓦燈祀天、金燈廟祭之說。《說文解字注》十四篇上載：

> 祀天用瓦豆，陶器質也。然則瓦登用於祭天，廟中之鐙，範金為之，故其字從金。

最初的燈以食器「豆」代之，即「瓦豆」謂之「登」，而金屬範製的燈盞則又稱作「鐙」。油燈材料的差異既反映了不同歷史時期物質文化的狀況，也往往被注入了信仰觀念及禮俗制度的因素。

燈盞造形與紋飾具有審美的、宗教的、風俗的成分，作為奇巧怪異而又實用可感的文化器物，小小燈盞聯繫著天上地下、人神獸怪，融和、層疊著多路文化信息，潛藏著先人智慧與創造的祕密，構成了一個內涵龐雜、外象紛亂、寓意迷離的祥物類型。雁魚燈、神山燈、五枝燈等，就是較典型的器用祥物。

雁魚燈，出土於山西省朔縣城西照什八庄一號漢墓中，燈係銅鑄，整體作鴻雁回首銜魚佇立狀，魚身短肥，下接燈罩蓋（圖 3-1）。該燈長 34.5 公分，高 53 公分，魚身及雁頸、體腔均中空相通，點燃時，

煙霧通過魚和雁頸導入雁體，可避油煙汙染。❶ 雁、魚均為動物祥物，鴻雁在古代是婚禮納采中的瑞禽。《說文》曰：「雁，知時鳥，大夫以為贄，昏禮用之。」《儀禮·士昏禮》云：「昏禮，下達納采，用雁。」而雁魚相連，又有陰陽相合、男女相就的寓意，故表現出相歡、繁衍的吉祥主題。

神山燈，即以燈盞的構圖模擬海中神山的神話，以寄託登天通神的信仰。《列子·湯問》載，在「渤海之東，不知幾億萬里」，有五座神山，「一曰岱輿，二曰員嶠，三曰方壺，四曰瀛洲，五曰蓬萊」，「其上臺觀皆金玉，華實皆有滋味，食之皆不老不死。所居之人皆仙聖之種。」神話的描述使海中神山成為先人仰慕的神仙聖境，它以藝術的方式在燈盞等器用物品中展現出來。在明代的青花瓷燈中就有「神山燈」（圖3-2）。該燈的燈座為盆形，外壁繪波浪紋以象徵大海，盆中立一白色燈柱，以擬海中神山，柱頭承一小盤，邊有雲紋，以作燈池，從而演示神山頂上光明無限的

圖3-2 神山燈

景象。神山燈由瓦豆衍化而成，而燈上簡略的紋飾卻包容著幽深的文化主題，使實用與審美達到了高度的統一。

古代油燈中還有五枝燈、七枝燈、九枝燈、百枝燈等。所謂五枝燈之類，即樹狀燈盞，其枝或伸或屈，枝頭裝有燈盤（圖3-3）。五枝燈在漢代已有，其寓意古人略有述及。晉葛洪《西京雜記》卷3載：

> 高祖初入咸陽宮……有青玉五枝燈，高七尺五寸。作蟠螭，以口銜燈，燈燃，鱗甲皆動，煥炳若列星而盈室焉。

原來，五枝燈是列星的象徵，列星即五星。《史記·天官書》有「天有五星，地有五行」之說。五行者，金、木、水、土、火是也。而五星不失調，又被信為年穀豐昌之兆。因此，五枝燈以五星同在，表星順時昌，國泰民安。

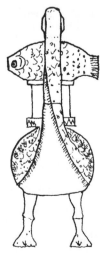

圖3-1 雁魚燈

❶ 參見雷雲貴：《西漢雁魚燈》，《文物》，1987年第6期。

圖 3-3　五枝燈

五枝燈、七枝燈等實際上是古代神話情結的再現，是宇宙樹神話的俗用。其燈不僅為星辰的模擬，也同日、月相關，甚至還有「扶桑」之類宇宙樹的因素。陳代江總《三善殿夜望山燈》詩云：

> 百花疑吐夜，四照似含春。
> 的的連星出，亭亭向月新。
> 采珠非合浦，贈佩異江濱。
> 若在扶桑路，堪言並日輪。

這種燈、星、日、月的視同，及與「日出扶桑」觀念的聯繫，使五枝燈等帶上了宇宙神話的色調，以取光明恒久、永晝不夜的吉祥。

油燈的造形極為豐富，除了一部分以鎮辟為主旨，大多在實用的前提下表達祥瑞的意義。

雙連杯

雙連杯作為飲食器皿，在新石器時代即已啟用。在鄭州大河村仰韶文化晚期的房基遺址中曾出土一件彩陶雙連杯，在馬家窯文化馬廠類型的陶器中亦發現了雙連杯。進入有史階段，從秦漢直至明清，雙連杯仍傳演不息，成為婚嫁禮俗和結盟立約等儀典中表親和、友愛、平等的象徵。

在古代婚俗中有合卺之儀。《禮記·昏禮》曰：

> 婦至，婿揖婦以入，共牢而食，合卺而酳，所以合體尊卑，以親之也。

鄭玄注「卺」云：「破瓢為巵也。」《三禮圖》云：「合卺，破匏為之，以線連柄端，其制一同匏爵。」上述瓢、匏均指葫蘆，破葫蘆為兩半，並以線牽連，是舊時婚禮上最易見的雙連杯，又稱之為「交杯」。

雙連杯有陶質、石質、玉質、青銅製品、竹木製品、葫蘆製品等多種。其中，葫蘆製瓢杯最為簡易，玉質杯最為奇絕。明胡應麟《甲乙剩言》云：

> 都下有高郵守楊君家藏合卺玉杯一器。此杯形制奇怪，以兩杯對峙，中通一道，使酒相過。兩杯之間承以威鳳，鳳立於蹲獸之上。高不過三寸許耳。其玉溫潤而多古色，至碾琢之工，無毫髮遺恨，蓋漢器之奇絕者也。

青銅製雙連杯亦頗精美，甚至臺灣高山族的木雕雙連杯也很精緻❷（圖3-4）。

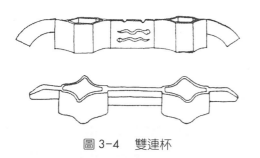

圖3-4　雙連杯

鮑照《合歡詩》有「飲共連理杯，寢共無縫綢」句，顯然，古人把雙連杯看作夫婦合歡的祥瑞之徵。近年來有的影視作品把夫婦共飲交杯酒，表演為兩人持杯勾脖子的「交臂酒」，實乃謬誤。「交杯」即雙連杯，尤其指剖匏而成的瓢杯。葫蘆本有繁衍的意義，因此，婚禮上飲「交杯酒」便含有合歡相親、傳宗接代的吉祥祝願。

八仙桌

八仙桌，又叫「八仙案」、「八仙卓」。其桌面為方形，邊長三尺，下安四腿，高二尺五寸，均選用優質硬木製作。桌腿及桌四周常有八仙人物及其他吉祥圖案，考究的還在圖案和人物上塗抹金粉。

八仙桌因每邊可坐二人，全桌共坐八人而得稱。關於八仙桌的來歷，民間有不少傳說，其中三種流傳較廣：

其一，唐詩人說。相傳李白、賀知章、李適之、李璡、崔宗之、蘇晉、張旭、焦遂善飲酒，號稱「酒中八仙」。杜甫《飲中八仙歌》曰：「李白斗酒詩百篇，長安市上酒家眠，天子呼來不上船，自稱臣是酒中

仙。」既有「酒中仙」之稱，八人聚飲之桌也就叫作「八仙案」了。清翟灝《通俗編》載：

> 晁補之《雞肋集》有《八仙案銘》云：「東皋松菊堂，飲中八仙案。」……按此桌名，自北宋有之，而所謂八仙，乃飲中八仙也。

這種方形的可坐八人同飲的酒桌，後人便叫作「八仙桌」。

其二，八仙首創說。傳說，八仙奉玉皇大帝之命赴東海邀請龍王赴宴，途中他們到處遊覽人間勝景佳地，可山上沒有桌椅供歇憩飲食，他們就各顯神通，就地取材，做成石桌石椅，後人用木材仿製八人坐的石桌，便有了「八仙桌」。

其三，吳道子畫製說。相傳八仙之遊東海時，聞知畫聖吳道子的名聲，特地去西湖拜會他。當時吳道子正在洞中作畫，八仙的到來令他十分高興，他要在洞中款待八仙，可是沒有桌椅，於是揮毫畫下了一張方桌和八張椅子，並笑稱：「此桌為八仙所畫，就叫『八仙桌』吧。」❸

以上三說，唐詩人說較為可信，八仙及吳道子的傳說則毫無根據。八仙桌在民間有多種用途，除飲食之用，還有祭祖、

❷ 見王子今：《秦漢時代的雙連杯及其民俗學意義》，《考古與文物》，1986年第5期。

❸ 見《揚中的傳說與歌謠》（資料本），1988年印，頁78～79。

遊戲等功能。

八仙桌的座次頗有講究，按「面南為尊、以左為大」的原則決定入席的尊卑座次。桌縫的方向亦有講究，活人飲宴取南北向，而祭祖悼亡則取東西向。因八仙桌與八仙相關，故桌上忌放女人衣褲及其他不潔之物。

八仙桌還是遊戲的場所與對象。八仙桌上不僅可划拳猜令、打牌下棋，而且還是起興說史、遊戲教化的對象。民間廣為流傳的《十張臺子》之類的歌謠，所唱的「臺子」，就是八仙桌。在江蘇省高淳縣鳳山鄉流傳的《十張臺子》是這樣唱的：

一張臺子四角方，岳飛槍挑小梁王，
武松手舉千斤石，太公八十遇文王。
兩張臺子並成雙，轅門斬子楊六郎，
孔明來把東風借，三氣周瑜蘆花蕩。
三張臺子桃花紅，百萬軍中趙子龍，
文武全才關夫子，連環巧計治龐統。
四張臺子四角平，呂蒙落難寒窯蹲，
朱買臣上山去打柴，何文秀私訪唱道情。
五張臺子是端陽，鶯鶯小姐燒夜香，
紅娘月下施巧計，約使張生跳粉墻。
六張臺子荷花放，閻婆惜私通張三郎，
宋公明只把梁山上，沙灘救主小秦王。
七張臺子是七巧，蔡狀元砌造洛陽橋，
觀音從中來作法，四海龍王齊保朝。
八張臺子張張好，趙雲月下戰馬超，
判斷陰陽包文拯，張飛喝斷霸陵橋。
九張臺子菊花黃，王婆照應武大郎，
潘金蓮結識西門慶，藥死丈夫武大郎。

十張臺子唱完成，唐僧西天去取經，
孫行者領路前頭走，途中遇到妖怪精。❹

八仙桌的吉祥圖飾、來由傳說、實際功用都點畫出它作為器用祥物的性質。

掃帚

掃帚是最尋常的生活用具之一，人們用它來清掃戶內、庭院、街道，由於它具有排除汙穢廢物的用途，民間多把它視作可驅祟逐鬼的鎮物。不過，掃帚的功用不是單一的，在穀場、糧倉中也少不了它，由於同糧食、財富相聯繫，掃帚又有祥物的意義。

在蘇北農村新年地畫中，在石灰畫出的倉廩圖形旁邊，往往繪有草叉、掃帚、推耙、木鐽、梯子等農作工具，它們都是糧食滿倉的吉祥象徵。

在小孩成長禮和成丁禮中有「寄名於廟」和「掃齋障」的儀式。當解除小孩與寺廟的關係時，掃帚是重要的法具。老和尚用掃帚掃掃天，掃掃地，再掃三下小孩子的脊背，並口中念著「僧人背上三掃帚，兒孫後代福壽全」的咒語。經此一掃，孩子同寺廟脫離了關係，從此便可以談婚論嫁了。掃帚能帶來兒孫後代的「福壽」，自然便視作祥物。

在嵊州，每到正月，乞丐們會拿著掃帚到各家各戶去「掃地」，並說成串的吉利話，以討得賞錢。所謂掃地，只是象徵性的舞蹈動作，乞丐們邊舞邊唱《掃地歌》：

掃地佬，手拿金掃銀掃福掃帚，

掃到東家大門口，一年財氣順溜溜。

嘟啦一掃帚，掃到房裡頭，

房裡出個狀元郎，還有一位千金小姐做
皇后。

嘟啦一掃帚，掃到廚房頭，

廚房裡庙留一留，湊出廿四大盤頭。

嘟啦一掃帚，掃到豬圈頭，

養起豬來大如牛，尾巴像掃帚，

嘴巴像畚斗，四腳落地像柱口；

七十斤噶頭，八十斤噶油，

煎煎炒炒一年吃到頭。

嘟啦一掃帚，掃到蠶室頭，

三十八區烏毛蠶，做繭抽絲起勁頭，

一擔蠶繭十擔米，十擔蠶繭銀一斗。❺

各家聽到這兒，自然會拿出紅包、茶點賞
給掃地佬。掃帚在當時當地的民俗情境中，
成了一種有形有聲的招財納福的嘉慶象
徵。

二、武器文具

武器、文具是工具性的用物，其中不
少可歸屬祥物的系列，甚至被人們視作「寶
物」。武器中有寶刀、寶劍，文具中有文房
四寶，其「寶」字的褒稱，反映了對它們
功用的讚美，及對其祥瑞意義的認定。

寶　劍

「寶劍」是古人對鋒利之劍或華貴之
劍的美稱，並是君子、神仙必佩之物。《山
海經注》曰：

> 君子之國，其人衣冠帶劍。❻

另，《漢武內傳》載：

> 西王母帶分景之劍，上元夫人帶流黃擇
> 精之劍。

女神們佩劍顯然不是「防檢非常」，而是為
了增添寶氣祥氛。

古人對寶劍、名劍多所羅列，《古今注
上‧輿服第一》曰：

> 吳大帝有寶刀三、寶劍六。寶劍六：一
> 曰白蛇，二曰紫電，三曰辟邪，四曰流
> 星，五曰青冥，六曰百里。

《吳越春秋》則稱，越王允常聘區冶子所
作名劍五柄，叫作：「純鉤」、「湛廬」、「豪
曹」（或曰「盤郢」）、「魚腸」、「巨闕」。當
時善於相劍的秦客薛燭對「純鉤」評價道：

> 沈沈如芙蓉始生於湖，觀其文，如列星
> 之行；觀其光，如水之溢塘；觀其文色，
> 渙渙如冰將釋，見日之光。❼

❹ 見《中國民間文學集成‧高淳縣卷》（資
料本），1989 年印，頁 393～394。

❺ 參見施鈺興：《嵊州乞丐「唱書討飯」風
俗》，《民俗研究》，1997 年第 4 期。

❻ 見《藝文類聚》，卷 60「軍器部」。

《海內十洲記》載有名為「昆吾」之刀劍，為西胡獻給周穆王之禮，它「切玉如切泥」、「光明夜照冥」。為此，梁吳筠寫了一首《詠寶劍詩》曰：

> 我有一寶劍，出自昆吾溪。
> 照人如照水，切玉如切泥。
> 鍔邊霜凜凜，匣上風凄凄。
> 寄語張公子，何當來見攜。

寶劍上常有裝飾和銘文，增添了吉祥的成分。漢高祖的斬白蛇劍上，有七彩珠、九華玉為飾，而昭帝時茂陵家人所獻的寶劍上，則見有「直千金，壽萬歲」的銘文，❽其祥物身分已十分明朗。

寶劍作祥物，還由於其品質為人所重。晉裴景聲《文身劍銘》曰：

> 器以利顯，實以名舉。長劍耿介，體文經武。陸斷玄犀，水載輕羽。九功斯像，七德是輔。

寶劍為「體文經武」、「七德是輔」之器，而沈約又有「寶劍雄身」之說，故為吉祥之物。

文房四寶

文房四寶，又稱「文房四友」，指筆、墨、紙、硯四件書寫用文具。它們不僅有實用的價值，而且也是收藏鑒賞、抒情吟志的對象，在崇尚文明的中國古代，文房四寶是人們最珍愛的吉祥用物之一。

筆在戰國時已被使用，但各國名稱不同，《說文》曰：「楚謂之聿，吳謂之不律，燕謂之拂，秦謂之筆。」另，《尚書·中候》曰：「玄龜負圖出，周公援筆以時文寫之。」因此，筆當出於先秦，所謂「蒙恬造筆」說並不可信。

筆有兔毫、狼毫、羊毫、狸毫，以及雞毛、鼠鬚等製法。帝王之筆，裝飾華貴，成為珍寶。據《西京雜記》載：「天子筆管，以錯寶為跗，毛皆以秋兔之毫，官師路扈為之。以雜寶為匣，廁以玉璧翠羽，皆直百金。」晉傅玄云：「漢末一筆之柙，雕以黃金，飾以隋珠，文以翡翠，其筆非文犀之楨，必象齒之管，豐狐之柱，秋兔之翰矣。」❾

古有吳主孫權夢人筆點其額，被熊循稱作吉祥之徵，「主字之象」；李白夢筆生花，自是才思日進。在傳說中，筆是文人夢中的吉物。

筆作為器用祥物，主要在於它的功用，正如郭璞《筆贊》所云：

> 上古結繩，易以書契。經緯天地，錯綜群藝。日用不知，功蓋萬世。

墨，因似物晦黑而得名，墨的出現大約也在戰國時期。墨的原料有石墨、松煙、漆煙、油煙等。曹植有「墨出青松煙，筆出狡兔翰」的詩句，道出了當時筆、墨製作的取材情況。

墨除了使用價值，還有賞玩、收藏的功用。精緻的墨上，往往有書畫的銘刻，

包括古人名句、山水畫、松竹圖及其他吉祥語詞和圖案，有的塗以金粉，墨中加有麝香、冰片，令人可觀可感，從形制、構圖、色彩、氣味、觸感等方面讓人愛不釋手，視作珍寶。

紙，通常被說成是由東漢蔡倫所發明的，其實在西漢已有所用。紙作為中國古代的四大發明，取代了竹木、絲帛，成為輕便、價廉的文化用品，極大地促進了文化的傳播與社會的進步。古人對紙的優長多有讚譽之辭，晉傅咸《紙賦》云：

> 夫其為物，厥美可珍。廉方有則，體潔性真。含章蘊藻，實好斯文，取彼之淑，以為己新。攬之則舒，捨之則卷。可屈可伸，能幽能顯。

紙有如此品質，自為人所珍視。

硯是古代必不可少的文房用具，有「以文為業硯為田」之說。硯的質材很多，有石硯、玉硯、陶硯、銅硯、漆硯、瓷硯等，其中以石硯最為多見。傅玄《硯賦》曰：「木貴其能軟，石美其潤堅。」可見，石硯是硯中上品。

硯的形制，被傅玄稱為「配法象乎二儀」，而魏繁欽《硯贊》則云：

> 方如地象，圓似天常。班彩散色，漚染毫芒。點黛文字，曜明典章。施而不德，吐惠無疆。浸漬甘液，吸受流光。

取法陰陽、天地的硯臺自然是器用祥物。

文房四寶作為文化創造與傳播的媒介，在文明與進步中具有無可估量的作用。

第二節
樂器珍玩

樂器、珍寶、玩物，也是構成器用祥物的領域。古代樂器，或民族樂器，以五音表五行，在祀神、娛樂和社會的儀典中引發奇特的感受與效應，滿足了人們的精神追求和情感生活。珍寶玩物，不同於金玉錢財，它們有一定的藝術造形與象徵意義，以文化的創造而獲得其真正的價值和祥瑞的成分。

一、吉祥樂器

中國古代樂器基本上都能劃歸祥物之列，諸如琴、箏、箜篌、琵琶、簫、笛、笙、筑、鐘、鼓、磬、二胡、嗩吶等，或法天地人、四時五行；或「感陰陽之和」，「見風俗之倫」；❿或「盡聲變之奧妙，抒心志之鬱滯」⓫……總之，它們能通自然、抒心志、和陰陽、美風俗，故被視作祥物。

❼ 同❻。
❽ 見《西京雜記》，卷2。
❾ 見唐徐堅：《初學記》，卷21「筆第六」。
❿ 語出漢王襃：《洞簫賦》。
⓫ 語出後漢傅毅：《琴賦》。

琴

古人把琴、棋、書、畫稱作「才秀四藝」，而琴為其首。琴的發明在傳說中歸功於上古的文化英雄和賢明的先祖，說成是伏羲、神農或舜的創造。《初學記》卷 16 引《琴操》曰：

> 伏羲作琴，以修身理性，反其天真也。

而《桓譚新論》曰：

> 神農氏繼而王天下，於是始削桐為琴，繩絲為弦，以通神明之德，合天人之和焉。**⓬**

《廣雅》記述了「神農氏琴」的尺寸與弦數：

> 神農氏琴，長三尺六寸六分，上有五弦，曰宮、商、角、徵、羽。文王增二弦，曰少宮、少商。**⓭**

此外，《禮記》曰：

> 舜作五弦之琴，以歌南風之詩，而天下治。

不論是「修身理性」，是「通神明之德，合天人之和」，還是為了「天下治」，先祖製琴總是為了吉祥的目標。

不過，傳說不是歷史，琴的出現大約在西周時期。《詩經‧國風‧周南‧關雎》中有「窈窕淑女，琴瑟友之」之句，可見春秋時期，琴瑟同鐘鼓一樣已普遍使用，甚至比鐘鼓更為「君子所常御」。《風俗通》言及琴之優長時說道：

> 琴者，樂之統也。君子所常御，不離於身，非若鐘鼓，陳於宗廟。……以其大小得中而聲音和，大聲不喧嘩而流漫，小聲不湮滅而不聞，適足以和人意氣，感發善心也。

由於琴能「和人意氣」、「感發善心」，故有伯牙與鍾子期高山流水知音的美談和司馬相如與卓文君夜奔的故事。

古琴中的號鍾、繞梁、綠綺、焦尾被稱作「四大名琴」。琴不僅聲音和美，其形制亦有象徵意義。《琴操》曰：「琴長三尺六寸六分（象三百六十六日）；廣六寸（象六合）；文上曰池（池者，水也，言其平）；下曰濱（濱者，服也）；前廣後狹，象尊卑也；上圓下方，法天地也；五弦象五行（《風俗通》曰：琴長四尺五寸者，法四時五行，七弦法七星）；大弦為君，小弦為臣，文王、武王加二弦，以合君臣之恩。」**⓮**琴作為天地、四時、五行、年歲、君臣、尊卑的象徵，上應自然，下合倫常，故為祥物。

琴還有禁邪正心的教化作用。《白虎通》曰：

> 琴者，禁也。禁止於邪，以正人心也。

另，後漢李尤《琴銘》亦曰：

> 琴之在音，蕩滌邪心。
> 雖有正性，其感亦深。
> 存雅卻鄭，浮侈是禁。
> 條暢和正，樂而不淫。

其實，孔子早說過：「移風易俗，莫善於樂」，其「樂」，當指琴的禁邪正心之功。因此，琴在創制之初就已被聖賢們視作吉祥之物，「操琴圖」在古代還成為吉祥花錢等器物上的主題圖飾（圖3-5）。

圖3-5　花錢上的操琴圖

琵琶

琵琶，又稱「批把」、「枇杷」，多為四弦，係秦漢間由西域、北狄傳入中土的「馬上之樂」。劉熙《釋名》曰：「批把，本出於胡中，馬上所鼓也。推手前曰批，引手卻為把，象其鼓時，因以為名之。」至於琵琶的產生及其尺寸的意義，東漢應劭《風俗通》釋曰：

> 謹按此近世樂家所作，不知誰也。以手批把，因以為名。長三尺五寸，法天地人與五行，四弦象四時。

傅玄《琵琶賦》則稱琵琶為天地、陰陽之象：

> 中虛外實，天地象也。盤圓柄直，陰陽敍也。

而晉成公綏《琵琶賦》則稱：

> 盤圓合靈，太極形也。三材片合，兩儀生也。分柱列位，歲數成也。回窗華表，日月星也。

琵琶的形制與太極、兩儀、三才、四時、五行等相聯繫，當然是祥瑞的樂器。

圍繞琵琶亦有不少著名的傳說與詩篇。漢王建女細君妻烏孫王，馬上奏琵琶隨行慰之；王昭君初適匈奴，也在途中彈奏琵琶以解愁怨，以寄其恨；「竹林七賢」中阮咸善彈琵琶（圖3-6），其形制又被稱作「阮咸琵琶」；白居易在九江作《琵琶行》，寫出了「大弦嘈嘈如急雨，小弦切切如私語，嘈嘈切切錯雜彈，大珠小珠落玉盤」、

⑫　同⑥，卷44「樂部四」。
⑬　同⑫。
⑭　同⑨，卷16。

圖3-6　阮咸琵琶

「此時無聲勝有聲」、「銀瓶乍破水漿迸，鐵騎突出刀槍鳴」等名句，都使人們對琵琶而心嚮神往。

琵琶在志異小說中還被說成是能占吉凶的法物。《異苑》曰：「每占吉凶，輒先索琵琶，隨彈而言事有驗。」這顯然是建築在琵琶能連陰陽、通五行的文化觀念上。琵琶作為祥物，為歷代文人所推崇，其中，唐代薛收《琵琶賦》最具溢美之辭：

> 惟茲器之為宗，總群樂而居妙。應清角之高節，發號鍾之雅調。處躁靜之中權，執疏密之機要。過浮雲而散彩，揚白日以重耀。爾其狀也，龜腹鳳頸，熊據龍旋；戴曲履直，破觚成圓；虛心內受，勁質外宣；磅礡象地，穹崇法天。候八風而運軸，感四氣而鳴弦。金華俳徊而月照，玉柱的歷以星懸。⑮

琵琶不論音、形都是美好事物、宇宙法則的象徵，創造著喜慶嘉瑞的氣氛。

磬

磬是由玉石片製成的曲折狀打擊樂器，後又用銅鑄，成為寺廟的法器。《禮記‧樂記》曰：

> 磬者，石也。磬是樂器。

《一切經義》曰：

> 毋句作磬，以石為之。

《世本》則稱：「無句作磬。」「毋句」、「無句」當為一人，或為文化英雄，或為某遠古氏族的稱呼。

磬用何石製作？古有「中空說」和「堅致說」兩種。中空說，即稱磬由浮石製成，其重量極小，輕若鴻毛。《禹貢》「泗濱浮磬」注云：「浮石可以為磬。」另，《拾遺記》曰：

> 浮磬即瀛洲也。上有青石，可為磬。磬長一丈而輕若鴻毛。

這種出於神山瀛洲的石磬，有類飛仙，其音當為仙樂。堅致說則著眼於實在的石材，一般比重都大於水，應有一定的分量。《釋名‧釋樂器》曰：

> 磬，磬也。其聲磬磬然，堅致也。

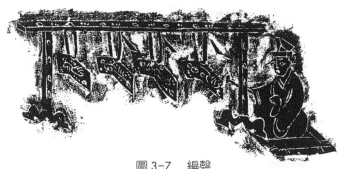

圖 3-7　編磬

磬在中國早就進入禮儀制度，在周代已設有「磬師」的職官，《論語》中有「子擊磬於衛」之言。磬多按音階組合奏擊，稱為「編磬」。編磬有四枚一組的（圖 3-7），也有十六枚一組的。民間更把磬作「慶」的諧音理解，將其與魚（餘）相配，構成「吉慶有餘」的祥圖（圖 3-8）。

對於磬的吉祥意義，《白虎通》已有論斷：

> 磬者，夷則之氣，象萬物之成。

由於「萬物之成」在秋季，故《五經要義》有「磬，立秋之樂」之說。磬作為秋成的象徵，使人們聯想到成熟和完備，故成喜慶嘉瑞之物。

二、珍寶玩物

珍寶玩物讓人愛不釋手，除了價值上的貴重、製作上的奇巧，還因其意義上的祥瑞。不論是如意、佩玉、八寶，還是犀角、古錢、銅鏡，均以其豐厚的文化內涵超越了把玩的功用，成為另一類祥物。

如　意

如意，即「爪杖」，又稱「搔杖」，南方稱「不求人」，北方稱「老頭樂」、「撓癢癢兒」等。所謂如意，本是搔背癢的器具，柄端作手指形。清歷荃《事物異名錄》引《稗史類編》云：

圖 3-8　吉慶有餘

⑮ 同**⑨**，卷 16「琵琶第三」。

如意者，古之爪杖也。或用竹木，削作
人手指爪，柄可長三尺許，或背脊有癢，
手不到，用以爬搔，如人之意。

據說，如意在戰國時已有，高承《事
物紀原·什物器用部·如意》載：

> 吳時，秣陵有掘得銅匣，開之得白玉如
> 意，所執處皆刻螭彪蠅蟬等形。胡綜謂
> 秦始皇東遊，埋寶以當王氣，則此也。
> 蓋如意之始，非周之舊，當戰國事爾。

看來，如意最初是鎮物，但其吉祥裝飾、
珍貴材料的選用及後世禮俗的應用，又使
其成為器用祥物。

選材除竹木之外，如意還用骨、角、
玉、石、銅、鐵、水晶、珊瑚等製作，使
其具有工具與玩物的雙重性質。竹林七賢
中的王戎便手持如意一柄，以顯魏晉士大
夫的清逸風雅。在清代，逢年節、壽誕有
饋贈如意的禮俗，有送九九八十一柄者，
以取「九九如意」的吉祥。

如意在印度是佛教的法器之一，梵語
漢譯為「阿那律」，由「如意輪觀音」所持。
後和尚在宣經說法時也手持如意，並在其
上記寫經文以備忘。如意在中國還是軍旅
器用，高官執以指揮。另，宋代御前禁衛
也手執名為「骨朵子」的如意為符信。❶

近古以來，如意圖像作為工藝圖案出
現在建築、家具、圖畫、器物之上，並與
其他物件相配，形成多種吉祥圖案。例如，
花瓶中插如意，或花瓶以如意為耳，稱作
「平安如意」；如意與兩個柿子同圖，稱作
「事事如意」；荷花、盒子與如意同圖，稱
作「和合如意」；如意以卐字為背飾，叫作
「萬事如意」（圖3-9）；小兒手執如意坐大
象上，則叫作「吉祥如意」等。此外，靈
芝形或雲葉形的如意頭，還單獨作為吉祥
圖案出現在木雕、石雕、印染等工藝作品中。

如意是工具，是擺飾，也是玩物，其
名稱本身已點明了它的祥物身分。

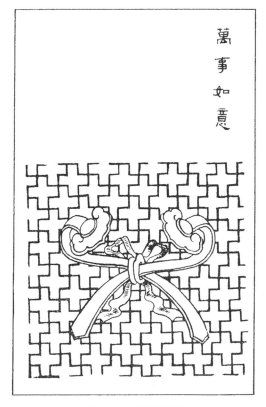

圖3-9　萬事如意

玉佩

玉佩是古代男子必備的佩飾，也是富
有文化內涵的玩物，成為時人道德觀與禮
俗觀的物化象徵。《禮記·玉藻》曰：

古之君子必佩玉，右徵角，左宮羽，趨以采齊，行以肆夏，周還中規，折還中矩，進則揖之，退則揚之，然後玉鏘鳴也。故君子在車則聞鸞和之聲，行則鳴佩玉，是以非辟之心，無自入也。……君子無故，玉不去身，君子於玉比德焉。

玉有何德呢？《說文》曰：「玉，石之美有五德者。」這五德又何所指？《五經通義》曰：

玉有五德：溫潤而澤，有似於智；銳而不害，有似於仁；抑而不撓，有似於義；有瑕於內，必見於外，有似於信；垂之如墜，有似於禮。

君子佩玉顯然是把玉佩作為道德的象徵，這道德具有豐富的內涵，往往超越智、仁、義、信、禮五德，構成完美品質與理想境界的象徵。《禮記·聘義》載：

夫昔者，君子比德於玉焉：溫潤而澤，仁也；縝密以栗，智也；廉而不劌，義也；垂之如墜，禮也；叩之，其聲清越以長，其終詘然，樂也；瑕不掩瑜，瑜不掩瑕，忠也；孚尹旁達，信也；氣如白虹，天也；精神見於山川，地也；圭璋特達，德也；天下莫不貴者，道也。《詩》云：「言念君子，溫其如玉。」故君子貴之也。

上述仁、智、義、禮、樂、忠、信、天、地、德、道等十一德是當時自然道德與社會道德的大成。

在《周禮》中，玉是用以自然崇拜的器物，並有「六器」之制。《周禮·春官·大宗伯》載：

以玉作六器，以禮天地四方：以蒼璧禮天，以黃琮禮地，以青圭禮東方，以赤璋禮南方，以白琥禮西方，以玄璜禮北方。

為何用此六器？鄭注云：「禮神者必象其類：璧圓象天；琮八方象地；圭銳象春物初生；半圭曰璋，象夏物半死；琥猛象秋嚴；半璧曰璜，象冬閉藏，地上無物，唯天半見。」

在社會生活中，玉又成了人的道德的象徵。孔子曰：「君子如玉。」郭璞曰：「君子是佩，象德閑邪。」[17]在古代不僅君子必佩玉，玉佩還成了社會交往和美厚人倫的贈品。《詩經》中有「我送舅氏，悠悠我思；何以贈之，瓊瑰玉佩」之句，表明了時人對玉佩的重視。玉佩不僅送給長輩，甚至也是夫婦間的饋贈物品。《詩經·鄭風·女曰雞鳴》曰：

知子之來之，雜佩以贈之。
知子之順之，雜佩以問之。
知子之好之，雜佩以報之。

[16]　參見葉明鑒：《中國護身符》，花城出版社，1993年，頁230。
[17]　語出郭璞：《瑾瑜玉贊》。

古人佩玉有玉組佩之用，所謂雜佩就是玉組佩，它多由珩、璜、琚、瑀、沖牙、蠙珠等編成，亦有加人物或動物墜飾。玉組佩出現於春秋晚期，直到明代還見佩用（圖3–10）。玉佩為君子所好，不獨為道德的標榜，亦有裝飾、賞玩的功用。玉本有「陽精」之稱，故多製為珍玩祥物。

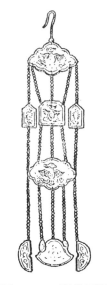

圖3–10　明代玉佩

花　錢

花錢，又稱「厭勝錢」，今人又呼作「吉祥錢」，它既作為裝飾，又可把玩，具有禦凶辟禍、納吉迎祥、遊戲賞玩等功用。

花錢是流通錢幣的衍變，它保留了通用錢幣外圓內方的基本形式，也選用銅為基本材料，利用人們視錢為寶的心態，以文字、圖像的單用或組合，催化人們的求吉欲望。

錢之為寶，早有定說。晉魯褒《錢神論》曰：

乃掘銅山，俯視仰觀，鑄而為錢，故使內方象地，外圓象天。錢之為體，有乾有坤。其積如山，其流如川，動靜有時，行藏有節，市井便易，不患耗折，難朽象壽，不匱象道，故能長久，為世神寶，親愛如兄，字曰孔方。失之則貧弱，得之則富強。

錢為世間的神寶，其作用甚至被誇大到「轉禍為福，因敗為成，危者得安，死者得生」的地步。[18]古錢上多見「寶」字，明王三聘《古今事物考》卷3曰：「蓋錢文以寶，自周景王大錢始。」中古以來，錢上多鑄元寶、通寶、重寶等文字，「寶」作為核心字眼，反映了時人對錢的珍愛。

花錢雖無面值，不能流通，但同樣受人珍愛，其形制、品種、文圖豐富多采，構成一方獨特的文化天地。花錢的品類繁多，郭若愚先生據其用途分作七類，即㈠紀念品、㈡厭勝品、㈢供養品、㈣娛樂品、㈤憑信品、㈥戲作品、㈦吉語品。[19]張志中先生則根據花錢的圖文分作十四類，即：錢文錢、道教錢、咒語錢、八卦錢、生肖錢、佛教錢、將馬錢、象棋錢、無文錢、鏤空錢、選仙錢、奉承錢、祕戲錢、吉語錢等。[20]

花錢上的圖像有動物，諸如鹿、鶴、龜、兔、牛、雁、龍、鳳、喜鵲、蝙蝠、蜘蛛及十二生肖（圖3–11）等；有植物，諸如松、竹、梅、蘭、蓮等；有人物，諸如星官、仙人、五男二女、狀元（圖3–12）等；有器物，諸如戟、磬、如意、方勝、

犀角、雜寶（圖3-13）、錢幣、花瓶、推車
等；有文字，諸如福祿壽喜、千祥雲集、
長命富貴、四季平安、吉星高照、龍鳳呈
祥、連生貴子、指日高陞、平安吉慶、招
財進寶、黃金萬兩（圖3-14）等。此外，
還有星圖、符咒、宅室、帆船、八卦等。

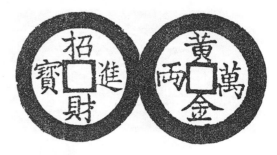

圖3-14　吉語花錢

　　花錢不僅作為玩物鑄製，而且也進入
木版年畫中，成為納吉迎祥的標誌（圖
3-15）。明清以來，搖錢樹的圖像出現在版
畫、木雕（圖3-16）、石刻等領域，有的甚
至同花錢相併合（圖3-17），更為形象而直
觀地誇飾了時人對財富及其他吉祥因素的
追求，且不失賞玩的價值。

圖3-11　十二生肖花錢

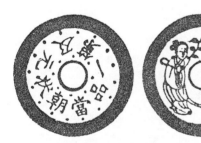

圖3-12　狀元及第花錢

圖3-15　年畫中的花錢

圖3-13　雜寶花錢

❶⑧　語出晉魯褒：《錢神論》。

❶⑨　見郭若愚：《古代吉祥錢圖像賞析‧緒
　　　言》，上海教育出版社，1998年。

❷⓪　見張志中：《花錢》，「目錄」，天津古籍出
　　　版社，1998年。

圖 3-16　民居木雕上的錢樹

圖 3-17　錢樹上的花錢

四

交通祥物

交通作為人類生存的必要手段，是空間聯繫、人際交往、經濟活動、信仰表達的媒介。《管子‧度地》曰：「山川涸落，天氣下，地氣上，萬物交通。」可見，古人觀念中的「交通」，包括天地交通、萬物交通、人神交通、人鬼交通等文化意識。當然，地域間的平面交通更為真實可感，且有功有用。這樣，路道、河川、橋梁、車馬、舟船等，成為交通中最受矚目的載體或工具，並由於它們對人們生活的實際幫助，而構成了祥物的又一類型。

第一節
路橋祥物

路橋祥物，指以路道、橋梁構成的交通祥物，並主要為陸上行旅之用。它既有科學技術的成分，又包含神鬼信仰的因素。路、橋作為交通的設施，基本為靜態的永固之物，然而與這類交通載體相關的行旅活動和信仰觀念，仍時常展現出吉祥的意義，暗示著它們的祥物身分。

一、 行旅祥物

行旅祥物，指行前或途中啟用的吉祥物品，以及祭以護道利行的交通神靈，諸如：指南針、指南魚、司南、指南車、楊柳枝、蚺蛇牙、吉利飯、甲馬、行神、祖道等等。它們以指向、安全、速行、順達、吉利為目標，成為旅途祥瑞的象徵。

道神與祖道

道神，又稱「行神」，又叫「路神」，是專司出入平安、遠行順達、入山安全、行旅便捷的吉神。

對道神的祭祈名之為祖，❶「祖道」即祈請道神之意。祖道之儀在春秋時代已頗盛行，《禮記‧曾子問》載：

> 孔子曰：諸侯適天子，必告於祖，奠於禰，冕而出，視朝，命祝、史告於社稷、宗廟、山川，乃命國家五官而後行，道而出。

鄭玄注云：「祖道也。」孔穎達疏曰：「經言『道而出』，明諸侯將行，為祖祭道神而後出行。」孫希旦集解：「道，祭行道之神於國城之外也。」如果說，孔子時代祖道是諸侯之禮的話，到晉代已成上下咸用的國俗。晉稽含《祖賦序》曰：

> 祖之在於俗尚矣。自天子至於庶人莫不咸用。

祖本為了取道、出行，是行前的求吉祭禮。《戰國策》在記述荊軻刺秦王故事中，有「至易水上，既祖，取道」之句，❷也說明了「祖」與「道」的相關相聯。

對道神、行神的祭祀古時有時間與空間的限定，並產生一些神祕的解說。《禮記‧月令》曰：「冬祀行」，祀行是冬季的例行祭儀。雲夢睡虎地秦簡《日書》載有

「行行祠」曰：

行行祠，行祠，東行，南，祠道左。西、
北行，祠道右。其歌曰：大常行，合三
土皇，耐為四席，席輟，其後亦席三，
輟，其祝曰：母王事，唯福是司，勉飲
食，多投福！ ❸

「道左」、「道右」的空間規定與東、南行
和西、北行的方向相配，以及神歌祝咒的
應用，都使「行祠」帶上了神祕的氣氛。

在《廣玉匣記》中，有各月出行吉日
的推算法，並有「上元將軍」、「中元將軍」、
「下元將軍」分別所管的四孟月、四仲月、
四季月的吉凶圖，名之為「諸葛武侯選擇
逐年出行圖」（圖 4-1）。其所列判詞有：

金堂日出行者，貴人相遇，財利通達，
詞訟有理，此日用之大吉。
寶倉日出行者，利見大人，求財遂心，

百事如意，衣錦還鄉，大吉。
天陽日出行者，求財得財，求婚得婚，
百事和合，此日用之大吉。
天倉日出行者，見官得喜，財穀豐盈，
凡事順利，此日用之大吉。
白虎頭日出行者，主宜遠行，求財必得，
去處通達，此日大吉。
青龍肋日出行者，求財遂心，凡事滿意，
東南西北，任行大吉。 ❹

所謂金堂日指四孟月（正月、四月、七月、
十月）的初五、初九、十五、二十一、二
十七，寶倉日指四孟月的初六、十二、十
八、二十四、三十，天陽日指四仲月（二
月、五月、八月、十一月）的初六、十四、
二十二、三十，天倉日指四仲月的初八、
十六、二十四，白虎頭日指四季月（三月、
六月、九月、十二月）的初二、初十、十
八、二十六，青龍肋日指四季月的初七、
十五、二十三。以出行圖擇日是祖道信仰
繁縟化的產物。

古時行路有帶甲馬求神行之俗，❺ 而
現代民間仍偶見「路神」紙馬之用，或求
生者行旅平安，或祈死者冥途順利（圖 4-
2）。除平地之旅，山行亦有道祭，古稱為

❶ 晉嵇含《祖賦序》：「祈請道神謂之祖。」
❷ 見《戰國策・燕策三》。
❸ 轉引自王子今：《中國古代交通文化》，三
　環出版社，1990 年，頁 134。
❹ 語出《廣玉匣記》，卷上。
❺ 詳見陶思炎：《中國鎮物》，臺北東大圖書
　公司，1998 年，頁 228～229。

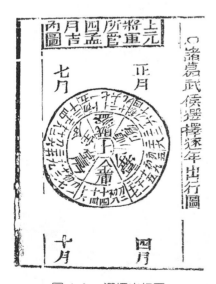

圖 4-1　選擇出行圖

圖 4-2　路神（雲南紙馬）

圖 4-3　日本的道祖神

「軷」。《說文・車部》曰：

> 軷，出將有事於道，必先告其神，立壇
> 四通，樹茅以依神為軷。既祭犯軷，轢
> 牲而行為範軷。

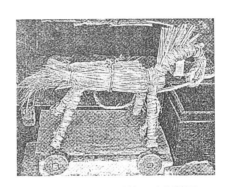

圖 4-4　日本祭道祖神的藁馬

另《周禮・夏官・大馭》曰：「馭下祝，登受轡，犯軷遂驅之。」鄭玄注：「行山曰軷。犯之者，封土為山象，以菩芻棘柏為神主。既祭之，以車轢之而去，喻無險難也。」可見，軷祭是排除行山險難的祖道儀典。

在日本有道祖神的祭祀，其像多為男女執手、相擁或交合的石雕（圖4-3），祭用稻草紮成的藁馬（圖4-4），同中國樹茅依神的「軷」當有聯繫。此外，在朝鮮半島，路道邊立有「天下大將軍」、「地下女將軍」的將軍標（圖4-5），亦是道神的一種形式。

道神在信仰中有護路道、助行旅、化

圖 4-5　韓國的天下大將軍、地下女將軍

險難之功，故奉為吉神，並長存於民間吉禮中。

指南針

指南針作為中國古代四大發明之一，在陸上和海上交通中曾發揮過巨大的作用。

傳說，早在黃帝時便發明了「指南車」。宋高承《事物紀原》載：

> 《黃帝內傳》曰：玄女為帝製司南車當其前。《志林》曰：黃帝與蚩尤戰於涿鹿之野，蚩尤作大霧，彌三日，人皆惑。帝令風后法斗機作指南車，以別四方。

此外，還有周公造指南車送肅慎回還的傳說。這些傳說雖不可信，但反映了指南車在軍事與行旅中的重要。

指南針的先型，是戰國末期出現的「司南」。司南由「方盤」和一「湯匙」構成，湯匙可轉動，其柄端總是指向南方。方盤又稱「地盤」，四周刻有八天干（甲、乙、丙、丁、庚、辛、壬、癸）和十二地支（子、丑、寅、卯、辰、巳、午、未、申、酉、戌、亥），加上四維（乾、坤、巽、艮）共二十四向，與湯匙柄配合，可表現出方向位置。❻《韓非子‧有度》曰：「先王立司南以端朝夕。」漢王充《論衡‧是應》曰：「司南之杓，投之於地，其柢指南。」司南的發明是對磁石與地磁的發現與應用。

指南針在北宋已廣為使用，沈括《夢溪補筆談‧藥議》載：「方家以磁石磨針鋒，則銳處常指南。」當時已有四種安置磁針的方法，即水浮法、縷懸法、指甲法和碗唇法。在宋代還出現了「指南魚」和「指南龜」，即在木魚和木龜的腹中放入磁針，讓它漂浮水面並指南。

指南針的發明使風雨冥晦時的水上航行成為可能，其方向竟能毫釐不差。北宋朱彧《萍洲可談》曰：「舟師識地理，夜則觀星，晝則觀日，陰晦則觀指南針。」吳自牧《夢粱錄》卷 12 載：「自入海門，便是海洋，茫無畔岸，其勢誠險……風雨晦冥時，惟憑針盤而行，乃火長掌之，毫釐不敢差誤，蓋一舟人命所繫也。」

指南針不僅使鄭和完成七下西洋的偉大使命，溝通了中國與亞非的聯繫，而且在 12 世紀傳入中亞與歐洲，推進了人類文明的發展。它雖屬科技的發明，仍不失為一件行旅祥物。

楊柳

楊柳易生、性柔、多枝、形美，自古被視作嘉木珍樹而受盡歌詠。晉傅玄《柳賦》曰：

> 美允靈之鑠氣兮，嘉木德之在春。
> 何滋柳之珍樹兮，稟二儀之清純。
> 受大角之禎祥兮，生濛汜之遐濱。
> 參剛柔而定體兮，應中和以屈伸。

❻ 參見吳少華等：《器物文化紀趣》，「司南‧指南魚‧羅盤」，上海古籍出版社，1990 年。

可見，楊柳是清純、剛柔、中和、禎祥之物。

古有折柳送別的行旅風俗，柳條成了表達友情，寄託相思的象徵。《詩經·小雅》中有「昔我往矣，楊柳依依」之句，以柳枝的裊娜迴盪，比喻離情的綿綿不絕。自南朝以來，文人多以《折柳詩》表達自己的離愁別緒。梁簡文帝《折柳詩》有「曲中無別意，併是為相思」句，就直接說出了折柳送別的主題是「相思」。他另有《詠柳詩》曰：「花絮時隨鳥，風枝屢拂塵」。因柳枝的擺蕩若拂塵狀，故成了掃塵上路的行別象徵。此外，梁元帝也寫有《折柳詩》，其詩云：

　　巫山巫峽長，垂柳復垂楊。
　　同心宜同折，故人懷故鄉。
　　山似蓮花豔，流如明月光。
　　寒夜猿鳴澈，遊子淚沾裳。

詩中的楊柳是遊子懷鄉的憑物和寄託同心的表達。

楊柳作為給行人的贈物，帶有淒楚的離情。李白有「美人結長想，對此心淒然」句。金元好問《結楊柳怨》詩云：「可憐楊柳千萬枝，看看盡入行人手」、「朝攀暮折何時了，不道行人暗中老。……柳色年年歲歲青，關人何事管離情。」古人何以用柳贈別呢？除了有依依惜別、拂塵上路的寓意，《白玉蟾集》還釋曰：

古人之所以隱於柳者，蓋欲彰其溫柔謙

遜之志也。❼

柳的「溫柔」、「謙遜」成為一種品質，是其「剛柔」、「中和」之性的具體化，也是作為嘉木珍樹的內在成分。

楊柳的形象所凝聚的文化象徵，使其在遠行贈別風俗中帶有撫慰、寄情、叮嚀、抒懷的溫馨人意，營造出春意融融的嘉瑞氣氛。

二、 橋梁祥物

橋梁是跨越河川的通道，它能打破人們空間生活的自然阻隔，使險境成為坦途。橋梁是人類的文化創造，作為智慧、勞動與意志的體現，反映了人類對自然的改造。

橋梁有實在的、也有虛擬的，前者是有形的交通，後者則為無形的交通，即用以同天界或冥界的通連。橋梁給人們的生產、生活帶來了便利，也給天地交通的信仰觀以依託，故成為祥瑞的象徵。

八仙橋

有一首叫《小放牛》的歌謠，在民間廣為流傳。其歌曰：

　　趙州石橋什麼人修？
　　什麼人騎驢橋頭過，
　　壓得橋頭向西扭？
　　什麼人推車橋上走，
　　車輪子碾了一道溝？

趙州石橋魯班修。

張果老騎驢橋上過，

壓得橋頭往西扭。

柴王推車橋上走，

車輪子碾了一條溝。

這民歌唱出了一則八仙造橋的傳說。

傳說講，河北趙州橋是魯班一夜之間造成的。消息轟動了各州各縣，八仙中的張果老聽說了，就牽上他的烏雲蓋頂毛驢，在驢背上的褡褳裡，左邊裝了太陽，右邊裝了月亮，又邀上柴王爺，推上金瓦銀把獨輪車，載上四大名山，來到了趙州橋邊。張果老問魯班：「我們過橋，它吃得住嗎？」魯班一聽，哈哈大笑道：「大騾子大馬只管過，還在乎一頭毛驢、一架小車！」張果老、柴王爺微微一笑上了橋，頓時橋身直晃，眼看要坍。魯班一見不好，連忙上前用雙手托著橋梁，總算把橋保住了。說來也怪，橋身經這麼一壓反而更結實了，只是南邊橋頭被壓得向西扭了一丈多遠。直到現在，趙州橋上還有張果老驢子的七八個蹄印和柴王爺留下的一條三尺多長的車溝。❽

除了趙州橋與八仙相關外，黃山北麓的八甲橋、衡山華嚴湖邊的玉溪橋、上海浦東橫沔鎮的八仙橋、泰山腳下王母池邊的八仙橋等，也均留下八仙造橋的傳說。

橋梁為何與八仙結下了不解之緣？這與橋連接兩岸、兩界的文化認識相關。河川分開了兩岸，彼此難以交通，於是產生了隔界的觀念。橋梁則把此岸與彼岸、此界與他界聯繫起來。由於仙人是「遷人」，能轉移生存空間，同橋梁一樣被視作兩界聯繫的中介，故仙人與橋梁往往相提並論，而八仙又是民間最為熟知的吉仙，因此，八仙橋出現在各地也就不足為奇了。

天橋、冥橋

天橋和冥橋都是虛擬的精神之橋，專用於人神交通或人鬼交通。天橋的典型是鵲橋，而冥橋的典型則為奈河橋。

鵲橋，僅存在於神話傳說中和風俗觀念裡，是七夕風俗中最動人的事物之一。其實，牛郎、織女二星本隔河相望，毫不相干，自漢代《淮南子》提出「烏鵲填河而渡織女」之說，鵲橋便成了天人相會的津梁。《歲華紀麗》卷3引《風俗通》云：

織女七夕當渡河，使鵲為橋。

可見，在東漢時，已有「鵲為橋」和「七夕」相會的明確說法。在唐代有「鵲橋已成，織女將渡」之述，❾鵲橋一詞已出現於詩文之中。

所謂烏鵲，即西王母座前的「青鳥」。作為西王母化身的王母娘娘，既用簪子劃出天河把神、人隔開，又讓自己的神使──烏鵲來「填河」，反映出她交織著專橫與悲憐的雙重性格。

❼ 引自汪灝等：《廣群芳譜》，卷76。

❽ 參見山曼：《八仙信仰》，第9章「八仙與名勝」，學苑出版社，1994年。

❾ 見唐韓鄂：《歲華紀麗・七夕》。

鵲橋的架設，除了王母娘娘的背後驅遣，也因鵲在七月裡脫毛所引發的幻想。宋羅願《爾雅翼》卷 13 載：

> 涉秋七日，鵲首無故皆髡，相傳是日河鼓與織女會於漢東，役烏鵲為梁以渡，故毛皆脫去。

七夕前後，牛郎、織女二星徹夜閃亮，而此時烏鵲處換毛期，於是物象、天象被幻想地統一起來，天橋便有了合理的解說。

烏鵲也就是「喜鵲」，在後世的船、橋圖中，常見有喜鵲當空的構圖，隱含著「天人合一」的吉祥意義（圖 4-6）。

如果說「天橋」是用以人、神交通的話，那麼，「冥橋」則用以引導亡靈和人、鬼交通。在喪祭禮俗中，民間多以長條櫈、長白布或紙紮橋梁模擬「奈河橋」，並作為引導亡靈前往他界的象徵（圖 4-7）。在土家族巫師「下陰」的巫法中，有「出十二

圖 4-7　冥用紙橋

門」、「走十二街」、「過十二橋」的儀式，並伴有相關的巫歌。❿ 巫儀中這虛擬的「十二橋」，實際上成了人、鬼交通的憑依。道士在做道場、超度亡靈時，要吟唱《度仙橋》的歌謠，「橋」也是施法的核心。

不論是人神交通的天橋，還是人鬼交通的冥橋，其實，都是對人的信仰與心理的疏導，以幫助人們更好地面對人生。

吉祥橋

橋是通達彼岸的捷徑，有化險峻為平易之功，歷來被人們視作祥物。橋梁各有名稱，大多有一個吉祥的涵義。

江南水多橋多，自然留下了許多吉祥橋名。例如：福壽橋、金仙橋、壽星橋、吉利橋、善福橋、延慶橋、福寧橋、保安

圖 4-6　小橋與喜鵲（木雕）

橋、望仙橋、豐樂橋、長生橋、萬壽橋、安定橋、洪福橋、知樂橋、眾安橋、回龍橋、祥符橋、八仙橋、萬生橋、放生橋、香花橋、桃花橋、柳翠橋、臥龍橋、聚龍橋、鶴舞橋、龍翔橋、烏鵲橋、醒獅橋、烏龜尾橋、獅虎橋、日暉橋、彩雲橋、寶帶橋、星橋、登雲橋、楓橋、虹橋、皓波橋，等等。❶❶

拿南京來說，也是一個山青水綠、橋梁處處的古城。白居易有詩云：「綠浪東西南北水，紅欄三百九十橋。」南京古有大小橋梁約 400 座，其中亦不乏吉祥橋名，諸如：中和橋、五龍橋、九龍橋、長干橋、賽虹橋、三山橋、石城橋、淮清橋、利涉橋、白鷺橋、朱雀橋、四象橋、文德橋、武定橋、飲虹橋、大中橋、玄津橋、珍珠橋、進香橋、蓮花橋、文昌橋、五老橋、壽星橋、太平橋、娃娃橋、升平橋、天津橋、文津橋、望仙橋、鴿子橋、惠民橋、獅子橋、金川橋，等等。❶❷

鄉村正月十五有「走三橋」的婦女風俗，所走之橋也專選吉祥橋名。在蘇州同里鎮，婦女們所走的三橋是太平橋、長慶橋和吉利橋。

中國古橋多取單孔，即一孔橋、三孔橋（圖 4-8）、五孔橋，直到數十孔橋，如蘇州寶帶橋竟多達五十三孔！單數為「陽」，橋孔取單，以兆得陽納吉之祥。

第二節
舟車祥物

舟車祥物，指以舟船、車馬為交通工具的祥物類型。作為人類的文化造物，它具有技術的與應用的背景，服務於當時的經濟活動與社會生活，並以其地域的、功能的特色而時時展露著民俗的風情。舟車祥物相對路橋祥物來說，是動態的祥物系統，正是這類交通工具的實際使用，才帶來便利和恩惠。

一、車馬祥物

車馬祥物是以車輛、牛馬、轎子、爬犁、雪橇等交通工具所構成的一個類型體系，不論是以動物牽引，還是以人力推動，它都因便捷、實用而改善了人們的生產、生活，推動了社會的文明與發展。車馬不僅是交通的工具，也是文化表達的對象，

圖 4-8　三孔橋（木雕）

❶❶　參見劉克宗等：《江南風俗》，江蘇人民出版社，1991 年，頁 153。

❶❷　參見季士家等：《金陵勝跡大全》，「金陵古橋」，南京出版社，1993 年。

❶⓪　詳見彭榮德：《花巫術之謎》，第 4 章，學苑出版社，1994 年。

它常常融入社會禮俗之中而顯露其祥瑞的意義。

獨輪車

中國自商代發明了車輛，多用牛馬牽引，其種類繁多，形式不一，從漢前大墓的陪葬品和漢畫像石中，我們可以領略到它的丰姿（圖4-9）。

車輛在窮鄉僻壤的普及，歸功於獨輪車的創制。獨輪車大約出現於漢代，東漢許慎《說文解字》釋「車」為「一輪車」。此外，在四川成都揚子山漢墓中出土的畫像石上，以及在四川渠縣甚家村、蒲家灣的漢代石闕上，都見有獨輪車的圖樣，被稱為最早的獨輪車形象資料。❸

獨輪車，又稱「鹿車」、「羊角車」、「雞公車」，俗稱「小車」。其輪較大，選用硬質木料製作，裝於車肚當中，車後有一對木把手，左右兩邊裝有木框，既能載貨，又能坐人。小車除了手推，還可在車前配一條厚布帶，供人背拉（圖4-10）。一輛獨輪車一般可載貨五、六百斤，若載人，可供兩個成人乘坐。

獨輪車可在鄉間小路、田埂陌頭行駛，十分便捷。由於它首先用於經濟活動，故歷來被當作發財得寶的象徵（圖4-11），並衍生出「推車進寶」一類的吉祥圖畫，甚至成為「車神」紙馬的中心構圖（圖4-12）。

獨輪車舊時還用於婚嫁迎親的禮俗。這時，小車要用大紅的氈毯覆蓋，小車的兩邊用長竹竿高高挑起兩盞大紅燈籠，作為迎親的標誌和吉星高照的象徵。上車如上轎，新娘坐上獨輪車後例不下車，路上行人相遇則主動讓道，碰到路道缺口，由推車和拉車人抬起跨過。❹

獨輪車拓展了鄉野的經濟活動，又方便了鄉人的生活，故被視同吉物。

圖4-10　獨輪車（年畫）

圖4-9　車馬圖（漢畫像石）

圖4-11　發財還家（年畫）

圖4-12　車神（民間紙馬）

轎子

轎子，又稱「肩輿」、「竹輿」，係由人力抬運的交通工具，多則八抬，少則兩抬，在平地和山路均可乘用。

轎子之名大約五代時已有，並見於宋人著錄中。宋王銍《默記》載：

> 藝祖（趙匡胤）初自陳橋推戴入城，周恭帝即衣白襴，乘轎子，出居天清寺。

趙匡胤是大宋的開國君主，可見，宋前轎子不僅在使用，而且有了至今未改的定稱。

轎子因使用對象及功用的不同，又另有各自的名稱。文官出巡所乘的大轎，威嚴華貴，並配有儀仗，稱之「官轎」。婚禮迎親時，專供新娘乘用的五彩大轎，稱作「花轎」或「四明彩轎」，而兩抬的迎娶小轎，則俗稱「接人轎」。朝山進香或登山覽勝所乘的兩抬小轎，叫「竹轎」或「藤轎」。官紳內眷或大家閨秀所乘之轎裝有纓絡、明角，稱作「撐陽轎」。葬禮中，用白布全蒙的素轎，叫作「魂轎」；用白布半蒙的半素轎，叫作「客轎」。此外，煙花女子乘坐綠呢或綠布小轎，死因赴刑場則坐無頂小轎。❶⑤出廟會時，安放神像或神位的大轎，稱作「神輿」；燃點香火的轎亭，叫作「香亭」或「香轎」。立春日迎春東郊，縣老爺所乘的木轎稱作「明轎」。

轎子系列中數花轎最富情趣。花轎一般雕花紮彩，圍以繡簾，吊掛大紅彩球，轎頂或為麒麟送子燈，或為鳳凰形，或為「送子娘娘」像（圖4-13）。轎之四角，有懸仙鶴、喜鵲、鳳凰、金雞燈盞的，亦有掛太平錢、吉祥花錢的，也有垂掛盤長結和紅流蘇的。花轎的圍幔多繡「龍鳳呈祥」、「麒麟送子」、「和合二仙」、「娘娘送子」、「牡丹富貴」一類的圖案。

花轎不僅裝飾著一身吉祥圖案，所到之處也伴隨著喜歌彩話。流傳在徐州地區的一首《花轎到門》喜歌唱道：

❶③　參見金維新等：《器物文化紀趣》，「戰車・人坐車・獨輪車」，上海古籍出版社，1990年。

❶④　參見楊問春等：《江海風情》，「水復路重志車舟」，大眾文藝出版社，1999年。

❶⑤　同❶④。

圖 4-13　花轎

花轎落門臺，眾位親友兩邊排。
王母娘娘端米斗，攪轎姑娘隨後來。
攪轎姑娘施下禮，我請新人把身抬。
撕轎門來，請貴人，轎裡端坐俏佳人。
珠冠一頂頭上戴，喜見新人下轎來。
我請新人出轎門，月裡嫦娥起來迎。
躬身施下文明禮，敬請新人下轎來。
我請新人下轎來，天仙玉女兩邊排。
伸出描花手，請出貴人來。
請新人，踏金階，朵朵荷花就地開，
一朵荷花雙結子，天仙傳下一代來。❿

這首「攪轎歌」，以彩話吉語烘托傳宗接代的婚禮主題，並同花轎的吉祥紋飾相輝映。

轎子，尤其是花轎，充滿著濃濃的喜慶與嘉瑞的氣息。

泥橇、雪橇

橇，是借助人力，或用狗、鹿、牛、馬等動物拖拉的滑行式交通工具。其在泥上乘行者，稱為「泥橇」；在雪地上滑行者，則稱作「雪橇」，又叫作「爬犁」。

橇的發明與使用當在車之前，《史記·夏本紀》有「泥行乘橇」之載。唐張守節《史記正義》釋曰：

> 橇形如船而短小，兩頭微起，人曲一腳，泥土擿進，用拾泥上之物。今杭州、溫州海邊有之也。

可見，橇是木製，其形如船，兩頭微翹，靠人腳蹬踏泥土而向前滑行，專用於在泥水上交通或作業。

橇，古時又寫作「毳」。《史記·河渠書》有「泥行蹈毳」之句，《漢書·溝洫志》則有「泥行乘毳」之載。這類前狹後寬、平底的交通工具，又叫「泥馬」、「泥踏」、「橇板」。⓱

用於北方雪原的雪橇，一般用狗牽引，少則一條，多則十幾條，跑起來飛快，有「雪上飛車」之稱。《吉林地志》載：

> 以數犬駕舟，形如橇，長十一二尺，寬尺餘，高如之。雪後則加板於下，鋪以獸皮，以釘固之，令可乘人，持篙刺地，上下如飛。⓲

昔時，東北地區的女真、肅慎、錫伯、鄂

倫春、赫哲等民族，常用動物拖拉雪橇，在漢族地區還有人拖的「爬犁」，都可用以載人、載物，極大地方便了雪原上的居民。

由於泥橇、雪橇能在惡劣的地理、氣象條件下往來交通、運糧運物，故成為灘塗和雪原人民的幫手和依靠，並被視作祥瑞的象徵。

二、舟船祥物

舟船祥物係水上交通工具，它們形制不一，功用各異，名稱不同，或乘人，或載貨，或敬神，或交遊，滿足著人們的交通、交換、交際的各種需要。有一副春聯曰：「生意興隆通四海，財源茂盛達三江」，舟船可通達五湖四海三江，為人們帶來滾滾財源，故有「福船」、「寶船」之謂。舟船與財富的聯繫，衍生出「滿載而歸」的語彙，並見之於吉祥花錢（圖4-14）。舟船中的神舟、螺舟、鴉船、罟船、轎船、燈船等，無不帶有吉祥的成分。

圖 4-14　吉祥花錢

罟船

江南吳地為魚米之鄉，各類漁船數不

勝數。經常出沒於長江、太湖及其他河湖的漁船就有魚秧船、舴艋、放鳥船、尖網船、扒螺螄船、旋網船、撒網船、扛網船、抄網船、挾網船、張網船、刺網船、蝦籠船、麥釣船、釣魚船、搖網船、拖網船、箭網船、網罟、鉤船、罟船等等。其中，「以船為家」者，以「罟船」為最大。

罟船，又稱「六桅船」，俗呼「七扇頭」，係淡水漁船中最大的一種。據《太湖備考》載，罟船「不能傍岸，不能入港，篙櫓不能撐，專候暴風行船。」據說，此船長八丈四五尺，面梁闊一丈五六尺，落艙深丈許。船上共有六桅：中立三大桅，五丈高者一，四丈五尺者二；提頭桅一，三丈許；梢桅二，各二丈許。罟船捕魚作業時，往往聯四船為一幫，兩船牽大繩前導以驅魚，兩船牽網隨之。由於船體厚重，故無大風不得行駛，專候風縱浪作業。

傳說，罟船為范蠡遺制。《香山小志》載：

六桅，相傳為范蠡泛湖遺制，船身長八丈四五尺，梁寬一丈五六尺，落艙深丈許。中立三大桅，五丈高者一，四丈五尺高者二。提頭一桅高三丈許，梢桅二，皆高二丈許。以四船相聯為一幫，而以

⑯ 引自《徐州民間文學集成》下，江蘇文藝出版社，1991年，頁139。
⑰ 參見田久川：《古代舟車》，上海古籍出版社，1996年，頁74。
⑱ 轉引自曹保明：《神祕的關東奇俗》，學苑出版社，1994年，頁55。

梢桅分左右為雌雄。無槳櫓行動。泊湖心，不近岸，專候暴風駛帆……風暴多，其年大豐。❶

可見，不畏風暴的「眾船」，作為湖上的巨型漁船，在惡劣的氣候下反能帶來豐漁的吉兆。清朱彝尊《眾船竹枝詞》云：

村外村連灘外灘，舟居反比陸居安。
平江漁艇瓜皮小，誰信眾船萬斛寬。
……
黃梅白雨太湖棱，錦鬣銀刀牽滿罾。
盼取湖東販船至，量魚論斗不論秤。
……

眾船居安獲豐的祥物特點，在這首《竹枝詞》中得到了形象的概括與描述。

鴉　船

鴉船又稱「放鳥船」、「魚鴉船」，是畜養鸕鷀，載以捕魚的小型漁舟。它船身瘦窄，划行輕捷，由船主一人駕駛，每船載鸕鷀幾隻或十幾隻，穿行於河湖之上，用以獵獲各種魚類（圖4-15）。

鸕鷀，一名「鷀」，又叫「魚鷹」、「魚鴉」，江蘇人謂之「水老鴉」，❷四川人俗呼「烏鬼」。此外，它還有「慈老人」之稱。《正字通》曰：

鸕鷀，俗呼「慈老人」，畜之以繩，約其嗉，才通小魚，其大魚不可下。時呼而取之，復遣去。

圖4-15　鴉船

這是對鸕鷀捕而不食、捕而不倦的戲稱，也說出了利用鸕鷀捕魚的方法。

受過訓練的鸕鷀才被帶到水上作業，其頸上被繫上了一個繩扣，使其捕得大魚吞咽不下，由漁人捏其頸或倒提之，令其吐出。

鴉船及鸕鷀捕魚之術在漢代當已普及，在漢畫像石上留下了一些鸕鷀捕魚的圖景（圖4-16）。杜甫《遣悶》詩中有「家家養烏鬼，頓頓食黃魚」句，可見，唐時鸕鷀捕魚已十分興盛。由於鸕鷀捕魚省力可靠，且「取魚勝於網罟」，並能「易錢無數」，故其畜養往往伴有神祕的巫儀，諸如「設牲酒於田間」、「操兵大噪」等。❸

鴉船有單船捕魚者，亦有集群作業者。山東微山湖漁民集體作業時，出動鴉船五

圖4-16　鸕鷀捕魚圖（漢畫像石）

至十艘，並有帶船、打船、觖船之分，分別指揮、傳令、取獲。鸕船是漁人的依靠，自然也是豐漁的吉兆。

轎　船

轎船，又叫「轎子船」、「花轎船」、「彩船」，是蘇北里下河地區用以迎娶新娘的船隻。

轎船一般選用有船頭、船艙和船艄的中型木船，並以運載接新娘的花轎而得名。普通人家的轎船只租用一條，盡可能打扮得新鮮華麗，而富裕人家至少動用三條船：第一條船叫樂蘇船，是吹鼓手們坐的；第二條船叫轎船，船上停放披紅掛綠的花轎；第三條船叫嫁妝船，用以裝載新娘的嫁妝。

轎船主要以彩綢或彩紙裝飾。中艙往往用紅綢結成一朵碩大的繡球，懸於艙門中間的頂部，繡球飄帶分披中艙兩邊。從船頭、中艙到後艄都要貼上大紅的「囍」字，艙門上還照例貼有喜聯。常見的轎船喜聯有：

鸞鳳雙棲桃花岸
鶯燕對舞豔陽舟

橫批為「乘風破浪」。其他喜聯也多為點畫環境、烘托氣氛的吉祥語句。

迎娶的轎船上要有火把、火盆，並供上背插金花、身披紅布的「喜神」，船艙兩邊掛上紅燈籠，一只燈籠上貼著金色的「囍」字，另一只燈籠上標明男方的姓氏和堂名。火把、火盆兆家業火紅、人丁興旺，而一尺來高的木雕或泥塑的「喜神」俗稱為「公侯老爺」，取其諧音為「恭賀老爺」。

轎船由男方挑選四人撐篙，一人掌舵，撐篙者用力，掌舵者用心。船上另載新郎和「三媒六證」共十人，取意「十全十美」。行船用篙，忌用槳、櫓，因槳為「僵」、櫓為「奴」，而篙，取「高中」、「高升」、「高就」、「步步登高」等吉祥寓意。

轎船在水上為大，大凡農船、漁船、商船、手藝船都會在相遇時禮讓三分，甘走下風，甚至懂得鄉風土俗的清官也會主動讓道。如果是兩條轎船在水上不期而遇，則雙方不會相讓，而是比氣力、比技巧、比機智，努力搶佔上風，俗信，得上風者，婚姻順暢和滿。在里下河地區的西北鄉村，至今仍用轎船迎親，既使本莊青年迎娶本莊姑娘，也用轎船繞著莊邊彎彎曲曲的河道轉上幾圈，以作炫耀。❷

轎船依存於特定的地理環境和民俗氛圍，因直接服務於婚嫁儀典，故自然而然帶有喜慶、吉祥的氣氛。

⓳　轉引自楊曉東：《燦爛的吳地魚稻文化》，「漁船」，當代中國出版社，1993 年。

⓴　段玉裁《說文解字注》：「鸕鷀，今江蘇人謂之水老鴉，畜以捕魚。」

㉑　語出《邵氏聞見錄》，詳見陶思炎：《中國魚文化》，「鸕鷀捕魚」，中國華僑出版公司，1990 年。

㉒　參見朱道平：《水鄉轎船及迎親習俗》，載陶思炎主編之《青苗集》(資料本)，1996 年印。

神　舟

神舟，即傳說中神仙們下水入海的交通工具，以及民間宗教活動中獻給尊神的實物的或繪畫的小船。

在有關秦始皇的傳說中，宛渠國的「螺舟」就是一虛擬的神舟。據晉王嘉《拾遺記》卷4載：

> 始皇好神仙之事，有宛渠國之民乘螺舟而至。舟形似螺，沉行海底，而水不浸入，一名「淪波舟」。其國人長十丈，編鳥獸之毛以蔽形。始皇與之語及天地初開之時，了如親覩。曰：「臣少時蹻虛卻行，日遊萬里，及其老朽也，坐見天地之外事。臣國在咸池，日浴之所，九萬里，以萬歲為一日。

宛渠國似在天外，其民身長壽高，本為神仙，而所乘類似今日潛水球的螺舟，自然也就是神舟了。

在民間小廟中，大凡水神，有配神舟之制。譬如，在江西、皖南、蘇南一帶鄉民祭祀的「楊泗菩薩」，本為鄱陽湖上的水神，其廟中常見神舟的配置，以作為他水上巡視的交通工具（圖4-17）。

在江西省吉安地區，舊有繪製的神舟，並形成正月十五祭祀，十六送舟的信仰風俗。據清道光四年十二卷本《萬安縣志》載：

> 「元旦」至望日，謂之「元宵」。懸所畫神舟，日間祀以牲醴，曰「叩神」。夜間群執歌本曼聲唱之，曰「唱船」；持橈執旗回旋走，曰「划船」；每次加吉祥語，曰「贊船」；金鼓爆竹不絕於耳，既乃飲而罷。百嘉、窯頭兩市，自十三日起有所謂「裝船」，穿袍靴，戴神頭面，遊行各廟，划船三次，極熱鬧；而尤莫盛於城內之兒郎燈，每一神護燈、鼓吹者輒數十人。百嘉則有男船、女船之分，裝女船者不戴頭面，扮以雜戲，觀者若狂。……少年扮燈者，或擎而為龍，或跨而為馬，每到一村，先至神舟所，曰「參神」。罷之日，繞村一周，然後焚燈卸裝，曰「收攝」。其神舟則於十六日送之，是夜以靜寂為吉兆。❷

萬安縣的神舟作為元夕的節物，既有遊樂的功用，又有信仰的意義，而且主要作為民間宗教的法具在發揮接神送神、樂神娛人的交通作用。

在江西省宜春地區的清江縣，神舟又稱作「神船」、「彩舟」。清施閏章《神船詞·

圖4-17　楊泗菩薩廟中的神舟

序》云：

> 清江縣舊俗，上元賽會，舁彩舟行地上，羅載百神，服飾甚盛。鼓吹三日夜，乃送而焚之江滸。

這「羅載百神」的「彩舟」，顯然就是神舟。它「船中恍惚天帝居」，「使我百穀皆堅好」，鄉民信能憑此渡神護農，喜兆豐年。

❷❸ 轉引自丁世良等：《中國地方誌民俗資料彙編》（華東卷），書目文獻出版社，1995年，頁1155。

五

禮儀祥物

禮儀祥物，係指在人生禮儀及其他社會風俗中應用的祥物體系。它包括：婚戀祥物、乞子祥物、壽誕祥物等類型，協調著此人與他人、個人與社會、成員與家庭的相互關係，成為人們生活理想的特殊表達、生活情趣的自然展現和吉祥氛圍的積極營造。它以人為主，因物入俗，為人所用，始終保有入世樂生的基調。

第一節
婚戀祥物

婚戀祥物，是在戀愛與婚嫁過程中被俗民們所習用的祥物支系，它包括戀情祥物和婚嫁祥物兩個基本類型，藉以表達兩情相悅、永結同心、百年好合、子孫滿堂的祈望與追求。婚戀永遠是人生的最大樂事，而一切佑助戀愛與婚姻的物事，無疑總受到人們的最大珍視，並被賦予嘉慶、吉祥的性質。

一、 戀情祥物

戀情祥物，是在乞愛求偶過程中或明或暗地加以使用的一類祥物。它以自然物、人工物中的一些有特徵性的事物為象徵，賦予它們征服異性或寄託相思的神能。戀情祥物包括愛符、媚藥、紅豆、青鳥、五色縷、求偶船等具體事象，既有巫風氣息，又有文化內涵，構成祥物體系中最富情趣的類型之一。

媚 藥

媚藥，即致愛靈物，屬求歡巫物。它選用自然物、身之物或人工物製成，以神祕的巫術方式予以加工和使用。

媚藥的功用不在於療疾，而是藉以獲得征服異性的魔力，令人相愛，求得歡合。它的構成材料，主要有草木、禽蟲、毛髮、月水、泥灰、耳鐺、帕子等，或放置，或佩帶，或服用，既可用於男求女，亦可用於女媚男。媚藥不同於春藥，並非實用的房中藥物，而是一種以接觸或感應而產生法力的巫具。

就草木媚藥而言，在中國古代就有蓍草、無風獨搖草、桃朱朮、相憐草、桃枝等。在中國古籍中，多有此類媚草的載述。

《山海經・中次七經》曰：「又東二百里，曰姑媱之山。帝女死焉，其名曰女尸，化為蓍草，其葉胥成，其華黃，其實如菟丘，服之媚於人。」

《歲時廣記》卷 22 引《本草拾遺》曰：「無風獨搖草，帶之使夫妻相愛。生嶺南，頭如彈子，尾若鳥尾，兩片開合，見人自動，故曰『獨搖草』。」

《本草拾遺》曰：「桃朱朮，取子帶之，令婦人為夫所愛。喜生園中，細如芹花，紫子作角，以鏡向旁敲之，則子自發。五月五日收之。」

周密《癸辛雜識續集》卷下曰：「南丹山中有相憐草，媚藥也」，「草著其身，必相從不舍。」

除了植物類媚藥，禽蟲一類的動物也

是媚藥的材料。唐劉恂《嶺表錄異》載：

> 紅飛鼠，多出交趾及廣、管、瀧州，背腹有深毛茸茸，惟肉翼淺黑色，多伏紅蕉花間，采捕者若獲一，則一不去。南中婦人買而帶之，以為媚藥。

昆蟲中的吉丁蟲、䏶顆蟲、叩頭蟲、砂俘等，也用作媚藥。陳藏器云，䏶顆蟲出自嶺南，「狀似屁盤，褐色身扁，帶之令人相愛也。彼人重之。」南朝劉敬叔《異苑》卷3載：

> 叩頭蟲，形色如大豆，咒令叩頭，又令吐血，皆從所敬。殺之不祥。佩之令人媚愛。

至於吉丁蟲，陳藏器《本草拾遺》曰：

> 吉丁蟲，甲蟲也。背正綠，有翅在甲下，出嶺南賓、澄諸州。人取帶之，令人喜好相愛，媚藥也。

砂俘又稱作「砂挼」。《太平廣記》卷479引陳藏器《本草》云：

> 砂俘，又云「倒行拘子」，蜀人號曰「浮郁」。旋乾土為孔，常睡不動。取致枕中，令夫妻相悅。

另，清周亮工《書影》卷5曰：

湯若士《武陵春夢》詩：「細語春情惜夜紅，妨人眠睡五更風；明朝翡翠洲前立，拾取砂挼置枕中。」陳藏器《本草》：砂挼子生砂石中，形如大豆，背有刺，能倒行，常睡不動。生取之，置枕中，令人夫妻相悅。

媚藥也用毛髮、指甲、月水等身之物充當。《延齡方》曰：「取之爪、髮燒作灰，與彼人飲食中，一日不見如三月。」敦煌《祕法》曰：「凡男子欲求婦人私通，以庚子日，取自身右腑下毛，和指甲，燒作灰，泥署自口」；「凡欲令婦人愛，取苦楊和目中毛，燒作灰，和烟自服，即得驗。」

月水、月布，帶婦人血汗，亦成為身物類媚藥。《淮南萬畢術》曰：「赤布在戶，婦人留連。取婦人月事布，七月七日燒為灰，置楣上，即不復去。勿令婦人知。」張華《博物志》則說：「以月布埋戶限下，婦人入戶則自淹留不去。」此外，《堅瓠廣集》卷1《娼家魘術》引祝枝山《志怪錄》言及娼家以月水留客的媚術：

> 一少年狎一娼，娼以其年少，又美且富也，趨奉甚謹。少年惑之，留其家已經歲。一日，偶倚樓閒望，見娼自攜一魚以入，私念何不使婢僕而必自持？因密察之。娼持魚徑入廁中，少年益怪焉。諦窺之，見娼置魚於空尿器中，頃之，又將一器物注尿器中，若水而色赤。亟前視之，乃月水也。乃大恨而別。

此外，娼家還用人工物施媚術，例如用針刺過的帕子，在蒙過白眉神之後拋到用情不專者的臉上，再讓他從地上拾起這塊手帕，就能讓他不生去意。明沈周《白眉神詞》云：「禱眉神，掩神面，金針刺帕子，針眼通心願。」可見，帕子是「通心願」的巫具，也是用以致愛的媚物。❶

媚藥、媚物係非實驗性的巫物，它以相歡相合為追求，滿足著人們乞愛的心願，其結果雖說虛幻，但能讓人得到心理的撫慰，故被視同祥物。

愛　符

愛符是以文字為主體的表愛、乞愛的法物，或作為巫物，或作為道符，在民間流傳。

在敦煌文獻中，載有多種借助文字乞愛的「愛符」。例如，伯二六一〇《攘女子婚人述祕法》曰：

> 凡欲令婦人愛敬，子日取東南引桃枝，則作木人，書名，安廁上，驗。
> 凡欲令婦人自來愛，取東南引桃枝，書女姓名，安廁上，立即得驗。
> 凡欲令女愛，以庚子日，書女姓名，方圓□□，無主，即得。
> 凡男欲求女婦私通，以庚子日，書女姓名，封腹，不經旬日，必得。
> 凡男欲求女私通，以庚子日，書女姓名，燒作灰，和酒服之，立即密驗。❷

上述數例，不論是「安廁上」、「封腹」，還

是「和酒服之」，均以「書女姓名」為中心環節，從而使之帶上符籙的性質。

類似的愛符，在其他文獻中亦可見之。古醫書《龍樹方》載：

> 心中愛女無得由者，書其姓名二七枚，以井華水東向正視，日出時服之，必驗。密不傳。

此外，《陶潛方》曰：「戊子日書其姓名，著足下，必得。」❸ 如果說，將書有女子之名的愛符吃下或踩在腳下，是為了鎮壓和攝取心上人的靈魂，達到歡合的目標的話，那麼，「井華水」、「東向正視」等規定，則為了渲染神祕的巫術氣氛。

愛符的成熟形式是道符化，不再書寫

圖 5-1　愛符　　　　圖 5-2　夫婦合和符

所愛之人的姓名，而是以文圖交並的樣式從應用的單一化而變為通用化。民間有多種道符化的愛符，例如，敦煌的床符用以貼在合歡床上，其上有「此符夫妻相愛，紫羅黃羅」之語（圖5-1），點畫出它的相歡相愛的主題。此外，還有雙人飲用的夫婦合和符，符上有「夫婦心合意合」的中心詞語，同樣有鮮明的合歡的主題（圖5-2）。

愛符能使夫妻相愛、夫婦心合意合，自然成了吉祥喜慶之物。

紅　豆

紅豆，又稱「相思豆」、「相思子」、「美人豆」，或呈朱紅色，或體紅而首烏，其形似心臟，而果殼堅實，故被視作堅貞愛情的象徵。唐王維《相思》詩云：

> 紅豆生南國，春來發幾枝。
> 願君多采擷，此物最相思。

可見，當時紅豆已成為兩情長久、寄託相思的祥物。

紅豆出自紅豆樹，這類豆科植物又有海紅豆、相思子等品種。海紅豆樹高可達二十餘公尺，夏季開花，秋季果熟，花色銀白，果實朱紅。相思子則株大枝白，其葉似槐。唐李匡乂《資暇集》卷下載：

> 豆有圓而紅其首烏者，舉世呼為相思子，即紅豆之異名也。其木，斜斫之則有文，可為彈博局及琵琶槽。其樹也，大株而白枝，葉似槐，其花與皂莢花無殊，其子若稊豆，處於甲中，通身皆紅。李善云，其實赤如珊瑚，是也。

其實，相思木、相思子之名均與一則思婦的悲怨傳說相關。梁任昉《述異記》云：

> 昔戰國時，魏國苦秦之難。有以民從征戍秦，久不返，妻思而卒。既葬，冢上生木，枝葉皆向夫所在而傾，因謂之「相思木」。

此外，李時珍《本草綱目》載：

> 《古今詩話》云：相思子，圓而紅。故老言：昔有人歿於邊，其妻思之，哭於樹下而卒，因以名之。

相思木帶有化生神話的意味，而相思子則表對忠貞愛情的昭示與追念。

紅豆在古代是男女的定情之物和相思之物，並用作戒指、項鍊、手鐲上的裝飾，它久存不腐，色澤永在，故被人們所珍視。唐詩人韓偓《玉合》詩有「中有蘭膏漬紅豆，每回拈著長相憶」句，紅豆因能喚起

❶ 參見胡新生：《奇異的求愛巫術》，《民間文化》，1999年第3期。
❷ 參見高國藩：《中國民俗探微》，第5章第2節，河海大學出版社，1989年。
❸ 同❶。

男女「長相憶」的思戀情結，而成為吉祥的信物。

求偶船、有情樹

求偶船是海州海邊大齡男女青年的婚戀祥物。每年三月初三，那裡有放船與守船的求偶活動。

所謂求偶船，並非實用的船隻，而是由求偶的女青年用海產的梭子蟹蓋殼或大烏賊魚的脊骨製成的。在其船體內安裝有舵、桅、杆、順風旗、桅篷等，與真船相仿。另用魚骨、螺殼、魚眼、魚鱗等拼製成仙鶴、小雞、盤龍等，作為信物放在船上。三月三日這天，女青年拿著自製的小船，到山上密林深處，不讓別人看見，把小船放在澗溝溪水上，任其向下游海裡淌去。求偶的男青年，這天天一亮，就到澗溝下游的海邊去守船。當地有一條俗規，男的不准到山上，女的不准到山下，男女不得見面，誰守到了船，憑船上的信物請媒人到女家提親。只要女方驗證信物是真的，親事就會定下來。一些相好的男女，會私下約定放船的時間和船上的信物樣式，以避免錯亂。❹

放船與守船的求偶風俗發生在三月初三，並非偶然。三月三日，古稱「上巳節」，是婦女入水祓禊，乞愛乞子的特殊節日。古有婦人水中浮棗之戲、浮卵之戲，及男子曲水流觴的雅會，包含著求偶乞子的主題。海州海邊的求偶船是祓禊活動的變異，但仍沿襲著傳統的主題。它作為談婚論嫁的開端，自然是歡愉喜慶的吉兆。

所謂有情樹，又稱作「淫樹花」，是提示男女相合、治癒虛損的戀情類祥物。清陸壽名《續太平廣記》「花木部」載：

> 遜頓國有淫樹，花如牡丹而香，種有雌雄，必二種並種乃生花。去根尺餘，有男女形陰，以別雌雄。種必相去勿遠。二形晝開夜合，故又以「夜合」為名，又謂之「有情樹」。若各自種，則無花也。雌實如李而差大，雄實如桃而小。男食雌實，女食雄實，可以愈虛損。

有情樹不僅有雌雄，且各具「男女形陰」，能「晝開夜合」，似有風情。而雌實供男子採陰，雄實供女子補陽，從表面上看，可「愈虛損」，而實際上，它暗示有情樹能助情愛、益交合。作為增進戀情之物，有情樹也自然歸入了祥物之列。

二、婚嫁祥物

婚嫁祥物是在婚嫁禮俗中應用的祥物類型，它包括食品、用品、器具、文字、動物等形態，均具有與儀典相貼合的象徵意義。《白虎通·嫁娶》曰：「男女之交，人倫之始。」婚嫁祥物主要作為社會文化的產物，亦具有人倫的意味。此類祥物十分浩繁，各地所用不一，在此且選實物數例，以略加探究。

紅線

紅線，又稱「赤繩」，是締結良緣的象

徵，民間素有「千里姻緣一線牽」的俗說。❺ 與紅線相關聯的花線、五色縷、通心巾等，也均為結緣、連愛的吉物。

赤繩結成夫妻之說，見於唐代李復言的《續玄怪錄》卷4「定婚店」。故事說，杜陵韋固在宋城旅店見一老人「倚布囊坐於階上」，老人向月檢閱「天下之婚牘」，杜陵「思早娶婦」，便問：「囊中何物?」老人答道：

> 赤繩子耳，以繫夫妻之足。及其生則潛用相繫，雖仇敵之家，貴賤懸隔，天涯從宦，吳楚異鄉，此繩一繫，終不可逭。

可見，赤繩是結緣、定親的法物。

與赤繩相類的五色縷，亦有連愛的功用。晉葛洪《西京雜記》卷3載：

> 至七月七日，臨百子池，作于闐樂。樂畢，以五色縷相羈，謂為「相連愛」。

五色縷當為赤繩的變體，不過它不是冥冥中的相拴，而是有形的相羈，且在「百子池」畔，其「連愛」有歡合生子的神祕隱意。

在江淮民間有「翻花線」的遊戲。翻花線，又稱作「翻單被」，由兩人共同遊戲，先一人用兩手把棉線翻成花樣，另一人再接手翻成別種花樣，兩人邊翻邊唱點題的小曲。其唱詞有：

> 翻單被，疊單被，

> 新娘新郎哪樣睡?
> 並蒂蓮，一頭睡，
> 又摟腰來又扳腿。
> 新郎騎上新娘身，
> 新娘往新郎嘴裡擠奶水，
> 來年養個小寶貝。 ❻

翻花線仍是強調花線的連愛作用，並有性交的提示作用。

在湖北省，新郎、新娘入洞房後，有共同給一根針穿線的風俗，新娘穿線，新郎在另一頭接線，俗稱「姻緣一線牽」。在這裡，線不僅有結緣連愛的意義，同時也是性交的暗示。

古代婚禮中的牽巾，所用為紅綠彩錦，又稱作「通心錦」或「合歡梁」，與赤繩具有相近的寓意，是紅線在婚儀中的衍化。褚人穫《堅瓠續集》引《戊辰雜鈔》曰：

> 女初至門，婿迎之，相者授以紅綠連理之錦，各持一頭然後入，俗謂之「通心錦」，又謂之「合歡梁」，言夫婦自此相通如橋梁也。三日後命工分作二褲，夫婦各穿其一，謂之「永諧褲」。

❹ 參見劉兆元：《海州民俗志》，卷2，江蘇文藝出版社，1991年。

❺ 語出明張四維：《雙烈記》，「就婚」，其文曰：「豈不聞月下老人之事乎? 千里姻緣一線牽。」

❻ 引自李暉：《江淮民間的性交合崇拜》，《民俗研究》，1993年第2期。

通心錦即連心錦，連心即連愛，合樂即合歡，因此，連理之錦如同五色縷、花線一樣，在婚嫁禮俗中點畫著喜慶的氣氛。

子孫桶

子孫桶是舊時嫁妝中必不可少的物件，又稱「子桶」、「馬桶」。在南京，嫁女人家所陪送的子孫桶中，放的是一包棗子和一把筷子，取意：「早生快養」，以盼女兒早日得子，在婆家盡快立足。在皖南，子孫桶中裝有瓜子、桂圓、棗子、栗子、花生和一雙染紅的筷子，亦有同樣的祈祝意義。

子孫桶不單是裝穢物的便桶，還包括盛食物、放衣物的木桶。它們大小不一，可桶桶相套，均用大紅油彩漆刷，作為嫁妝，往往層層累疊於洞房之內（圖5-3），以表吉兆。

圖5-3　子孫桶

子孫桶在迎親隊列中，要有專人抬送，在進夫家、進洞房中由擔者唱《挑子桶擔歌》，以烘托婚禮的喜慶氣氛。在江蘇句容縣亭子鄉，流傳著這樣的挑「子桶」歌謠：

一步一花開，二步走進來，
走進大門亮堂堂，二面放著金水缸，
日間裝的千擔水，夜間裝的萬擔糧。
千擔水，萬擔糧，世代兒孫在朝綱。
說得好，道得巧，說得圓，
東家快點發喜錢，說得快，把得快，
把一個，來一雙，千畝糧田共倉房，
南倉房來了六十六，北倉房來了九十雙。

站在門前亮堂堂，四只窗閣象鳳凰，
鳳凰不落無寶地，貴人出在他府上。

站在堂前亮堂堂，八仙桌子配成雙，
兩條金凳分左右，四張仙椅放毫光。

子桶挑在肩膀上，不知繡房在哪方，
我抬起頭來望一望，望見繡房在東方。
小小門簾七尺長，「百子千孫」在當上，
兩個鬍子分左右，四個金魚在當央。

一進房門紅彤彤，橋上有水橋下空，
文武百官當中坐，當今皇帝打一躬。

子桶挑在地板前，低頭拾下太平錢，
太平錢上七個字，千代兒孫萬萬年。❼

這些吉祥語詞和祝頌，不僅渲染了婚禮的

氣氛，更道出了子孫桶的祥物性質。

喜　被

　　喜被，又稱「五子被」，俗呼「子孫包」，它一般作為嫁妝由女方準備，婚前一日送入新房，由一位有父母、有丈夫、有兒女的「全福奶奶」在婚床上把喜被套起來。全福奶奶邊套邊唱出這樣的喜話：

> 　全福奶奶喜洋洋，貴府明天迎新娘。
> 　今日請我來套被，紅線牽來福壽長。

　　喜被四角往往不縫合，人們習慣於在被角處放入紅棗、花生、白果、栗子、桂圓等子實類果品，讓壓床的童子摸食，以作「五子登科」之兆。

　　在蘇錫地區，子孫包內要塞進一包紅蛋。嫁妝到男家後，要由新郎的舅舅將子孫包背進洞房，並當眾將捆好的子孫包打開，讓眾人爭搶裡面的紅蛋，俗信得蛋者得好運。

　　在海州地區，喜被的四角各裝入兩枚棗子、兩枚栗子、兩枚桂圓和兩顆花生，寓意為：早立子、男女花著生、生兒中狀元。套喜被時，要放鞭炮、說喜話。套喜被的喜話有：

> 　八個栗，八個棗，八個小小滿床跑。
> 　四個去當官，四個去趕考。
> 　趕考中狀元，當官坐花轎。❽

喜話凸現了喜被的吉祥主題，使之成為婚

嫁禮俗中最富特色的事物之一。

雁鴨雞鵝

　　雁、鴨、雞、鵝，或為野鳥，或為家禽，都曾作為婚嫁祥物在民間禮俗中廣泛習用。

　　雁，是古代「六禮」中的納采之物。議婚時，男方請媒人帶上一隻雁去女家作為采擇之禮。提親何以用雁呢？古籍中多有載述。漢班固《白虎通·嫁娶篇》釋曰：

> 用雁者，取其隨時南北，不失其節，明不奪女子之時也。又取飛成行，止成列也，明嫁娶之禮，長幼有序，不逾越也。

此外，明郎瑛《七修類稿》卷45曰：

> 雁，諸書止言知時鳥也。行有先後，故以之執贄，以之納采。

雁因知時有節、守位有序而成為勸促允嫁的象徵和信守不渝的標誌。

　　在蘇北農村，有各種送鴨禮俗。在訂婚以後的一段日子，男女雙方便會商定結婚的期日，在婚禮正日之前的一個傳統節日，男方要再次送禮到女方家中，稱之為「追節」。追節禮中必有一對交頸鴨。這對

---

❼　郭雲鴻演唱，田順之記錄：《句容的傳說與歌謠》（資料本），1989年印，頁434～435。

❽　同❹，卷2「套喜被揣喜枕」。

鴨子放在一只小竹簍中，簍口用線網束小，只留一對鴨子頸項的空隙，這樣，簍中的鴨子左右晃動，常會作出交頸狀，以預示婚期的即將到來。結婚那天，新娘的陪嫁物品中有一對結髮鴨，它們的頸部用新娘的長頭髮連結著，以作為結髮夫妻百年好合的吉兆。同時，「鴨子」的諧音為「壓子」，隱含著早生貴子的祝福。

雞在婚禮中也是求吉的祥物。舊時迎親中，有讓男童抱紅公雞隨花轎接親的風俗，而女方也會準備一隻肥母雞與之相配，俗稱長命雞。兩隻長命雞先同拴在桌腿上，待發轎時再讓男方帶回，故又稱「鴛鴦雞」。俗信這對雞既表恩愛，又兆長命。

鵝及鵝蛋也是婚嫁祥物。在揚州地區，男女訂婚後，每逢節日要去女家送禮，無論禮物厚薄，非有鵝、藕不可。當地人把鵝作為女婿忠厚老實的象徵，而對它的「嘎哦，嘎哦」的叫聲，則作「嫁我，嫁我」的諧音理解，至於藕，則表示「路路通順」。在湖南，姑娘出嫁，娘家要備一雙鵝蛋，因「鵝」諧「和」，取夫妻和睦之意。這兩只蛋在婚後要切成片給全家人分食，以祈全家和睦。

雁、鴨、雞、鵝同婚嫁中其他用物一樣，無不帶有吉祥、喜慶的意義。

瓶、鞍

舊時婚嫁，花轎到夫家後，新娘有抱瓶跨鞍之俗，以表「平安到家」。

在南京，新婦所抱的寶瓶由娘家準備，瓶上蒙有紅布，並用紅線三繞其口，以提醒新娘在婆家要守口慎言。在其他地區，亦有新娘下轎時，向新人拋寶瓶之俗，不論她接到與否，均有吉祥的說法。例如，在徐州有這樣的《接寶瓶壺歌》：

> 寶瓶壺兒亮晶晶，俺請新人抱懷中，
> 寶瓶在你懷中抱，平安無事保太平。

萬一新人沒有接住，則唱「破解歌」，歌曰：

> 寶瓶壺兒落了地，主大吉來主大利。
> 寶瓶壺兒拾起來，吉和利來是雙喜。 ❾

至於寶瓶、馬鞍的意義與由來，清褚人穫《堅瓠廣集》曰：

> 今人家娶婦，皆用鞍與寶瓶，取平安之意，其來久矣。

抱瓶跨鞍除「平安」之意，還有多生子、兒做官的寓意。民間有「新娘跨馬鞍，養兒做高官」、「新娘跨馬鞍，一氣養十三」的俗說，體現了又一重吉祥意義。

跨鞍或坐鞍的婚俗被看作北朝胡人的遺風。唐蘇鶚《蘇氏演義》卷上載：

> 婚姻之禮，坐女於馬鞍之側，或謂此北人尚乘鞍馬之義。夫鞍者，安也，欲其安穩同載者也。《酉陽雜俎》云：「今士大夫家婚禮，新婦乘馬鞍，悉北朝之餘風也。今娶婦家，新人入門跨馬鞍，此蓋其始也。」

跨馬鞍的風俗雖來自北方胡人，但其「安穩同載」的追求與漢民族意取吉祥的心理相通，故融入了漢族婚俗之中，成為共同的傳統。瓶、鞍在婚嫁禮俗中是非實用的俗信物品，儘管應用在社會風俗之中，但其功用主要在精神與心理的層面上表達對美好生活的熱愛，並豐富了婚禮的形式與主題。

第二節
乞子祥物

求子祈嗣是人生禮俗中一個十分突出的類型，它涉及圖騰崇拜、生殖崇拜、宗教觀念、巫術法則及各種神祕信仰，在人口增衍的追求中，表達出對生命及生命延續的期盼。求子祈嗣的目標藉助某些物象或事象而展現，並始終充滿著吉祥的氣息。求子祥物的構成分自然物和人工物兩個主要支系，另有部分身之物，使用中均伴有文化觀念、社會風尚及個人情感的因素，使它們的物性同人性併合，並建構起由物及人的文化邏輯。

一、自然物

自然物用之不禁，取之不絕，是乞子祥物賴以生成的深厚基礎，尤其是花草、果木、蔬菜、穀物、動物、石頭、雨水等，常取為乞子之用。自然物成為乞子祥物，靠文化的識解、信仰的支撐、情感的投入

和風俗的背景，即它們已非原本獨立的外在之物，而是經歷了有形或無形的文化改造，融入了一定的社會生活，成為特定的禮儀標誌。

| 葫　蘆 |

葫蘆，又稱「壺盧」、「蒲蘆」、「匏」、「瓠」、「瓠蘆」、「瓢」、「瓢瓠」等，被古人視作瓜類植物。在七千年前的河姆渡文化遺址中已見有葫蘆和葫蘆種子，而對葫蘆的崇拜在原始社會末期即已盛行。

許多民族都把葫蘆與人類起源和洪水泛濫的神話傳說聯繫在一起。中國的漢、彝、怒、白、哈尼、納西、拉祜、基諾、苗、瑤、畬、黎、水、侗、壯、布依、高山、仡佬、德昂、佤等民族，都有族祖來自葫蘆的傳說。不論是伏羲女媧，還是其他的一對兄妹，他們都從葫蘆中出來繁衍後代，成為人類的始祖。周初《詩經・大雅・緜》中的「緜緜瓜瓞，民之初生」之句，成為記錄葫蘆生人神話的最早文獻。

葫蘆是藏人傳種的載體，也是賦予生命的器官，成為母體，即子宮的隱祕的象徵。葫蘆與生育的聯繫，使之被視作誘生的祥物，從而進入乞子的風俗。孟元老《東京夢華錄》載：

八月秋社，人家婦女皆歸外家。晚歸即外公、姨舅，皆以新葫蘆兒、棗兒為遺。

❾ 見《中國歌謠集成・江蘇卷》，中國 ISBN 中心，1998 年，頁 151。

父親以葫蘆、紅棗送給出嫁的女兒，兄弟也以此為贈禮獻給回家探望的姊妹，均為她們祈祝懷孕生子。

在民間美術作品中，有不少將葫蘆作為乞子祥物的題材，並被投之於實際的應用之中。例如，作為窗花、禮花的剪紙作品，在陝西便有「葫蘆生子」的圖樣（圖5-4），鮮明地表達出它的乞子功能。在苗族剪紙作品中，有「姜央造人」的構圖，姜央坐在葫蘆裡躲過洪水的災難，並降伏放洪水的惡神雷公，用泥巴重新造了人。圖中，姜央坐葫蘆之中，左下角是用以造人的泥土（圖5-5）。

大葫蘆與小葫蘆以藤相連的圖案，被稱作「子孫萬代」或「瓜瓞綿綿」（圖5-6），常作為婚床上的木雕及帳幃繡品的中心構圖，寄寓著繁衍眾多，傳宗接代的祝願。

此外，紅漆小葫蘆掛件，合巹禮上新婚夫婦一同飲用的葫蘆交杯（分為兩半，合而為一），以及新房家具中的各類葫蘆圖像（圖5-7），無不點畫出葫蘆的乞子主題。

圖5-6　瓜瓞綿綿

圖5-4　葫蘆生子圖

圖5-7　家具上的葫蘆圖像

圖5-5　姜央造人（苗族剪紙）

石　榴

石榴，又稱「安石榴」、「若榴」、「海

榴」，又名「金罌」、「金龐」、「天漿」，為落葉灌木，係張騫從西域安石國帶回。晉張華《博物志》載：「漢張騫出使西域，得涂林安石榴種以歸，故名安石榴。」另，晉陸機曰：「張騫為漢使外國十八年，得涂林安石榴也。」❿

石榴花紅果甘，被晉潘尼稱為：「天下之奇樹，九州之名果。」⓫石榴在古人詩賦中屢受歌詠。梁元帝《詠石榴詩》曰：

> 涂林未應發，春暮轉相催。
> 燃燈疑夜火，連珠勝早梅。
> 西域移根至，南方釀酒來。
> 葉翠如新翦，花紅似故栽。
> 還憶河陽縣，映水珊瑚開。

此外，晉潘尼《安石榴賦》云：

> 遙而望之，煥若隨珠耀重洲；詳而察之，灼若列星出雲間。十房同膜，千子如一。⓬

石榴多子的特點已被點明。宋祁有「烟滋黛葉千條困，露裂星房百子均」的詩句，而陸游亦有「露重榴房初拆縛，風拆安榴子滿房」之詠，石榴作為多子的祥物早已成為一種文化情結。

石榴與乞子關聯的記述，最早見於《北史·魏收傳》：

> 齊安德王延宗納趙郡李祖收女為妃，後帝幸李宅宴，而妃母宋氏荐二石榴於帝

前。問諸人莫知其意，帝投之。收曰：「石榴房中多子，王新婚，妃母欲子孫眾多。」帝大喜，詔收：「卿還將來。」

從諸人「莫知其意」可知，石榴作為乞子祥物才剛剛啟用。到唐代，則已漸成風俗。

石榴兆多子的母題在後世民歌和年畫中亦反復出現。陝北有「石榴坐牡丹，兒女生下一大攤」、「男枕石榴女枕蓮，榮華富貴萬萬年」的謠諺，而民間年畫和吉祥圖案中多有「榴開百子」之類的題材（圖5-8），點明了石榴的象徵意義。

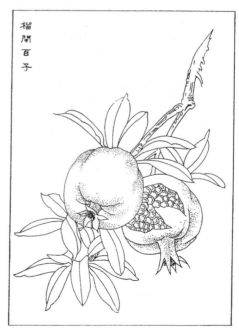

圖 5-8　榴開百子

❿　見唐歐陽詢：《藝文類聚》，卷 86。
⓫　語出晉潘尼《安石榴賦》。
⓬　引自《廣群芳譜》，卷 59。

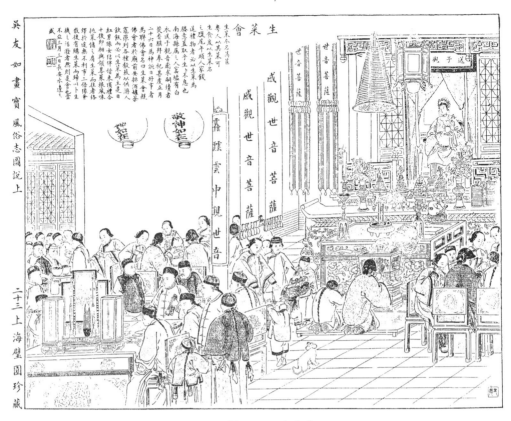

圖 5-9　生菜會

生　菜

　　生菜，又叫「萵苣」，是舊時廣東人的乞子祥物。生菜乞子往往與觀音信仰聯繫在一起。《民俗》第38期《觀世音菩薩之研究》載：

　　廣州俗例以二月二十四為送子觀音誕日。各鄉男女集於一處，此會名「生菜會」。「生菜」與「生仔」，其音相同。赴會者多持生菜歸，以為生子之兆。此會設一小池，預先放下許多蜆與螺，赴會者探手水中，摸得螺者生子，得蜆者生女。

　　生菜會往往在觀音廟中舉行。在清代《吳友如畫寶・風俗志圖說》中，不僅有生菜會的畫幅（圖5-9），且載有如下的文字：

　　生菜，本名「萵苣」，粵人以其菜可生食，愛以「生菜」名之。臘尾年頭人家餽送禮物者，必以生菜為膦，意蓋取乎生生不息也。南海縣屬之人，窯墟有白衣送子觀音廟，求嗣續者焚香膜拜，奉禮甚虔。正月二十六日為神誕日，好事者為聯佛會，名曰「生菜會」。趕佛會者於廟前安排酒壚茶灶，羅列各種肴蔬以供，遊人飲飫而必以生菜為主。紅男綠女結伴偕來，頂禮合十後，即相與領略菜根

風味。挑菜備之肩生菜而往者，絡繹於
途，無不利市三倍。緣會散後，有購生
菜而歸，以卜生機之活潑者。然則，是
會也，當不亞三月三日長安水邊之盛。

生菜所兆之「生」，因與「送子觀音」相關，
則為生子添丁之徵。

　　在廣東順德，新娘在出嫁前的當天早
上，要吃生菜粥；人們到蓮花池拜過觀音
後，要吃生菜包，均取生生猛猛和生子添
丁之意。

萱草

　　萱草，又稱「忘憂草」、「宜男」、「療
愁」，俗呼「黃花菜」、「金針菜」。《太平御
覽》引《述異記》曰：「萱草，一名『紫萱』，
又名『忘憂草』，吳中書生謂之『療愁』。」
　　萱草既名「宜男」，被古人視作得子生
男之象，並進入乞子風俗。晉張華《博物
志》有「婦女不孕，佩其花則生男」之載，
萱草成了兆男之吉物。萱草是婦人的佩物，
也是女郎值得關心的花種。宋方信儒《南
海百詠·花山寺》詩云：

　　　萬花春老正紅酣，不是叢林優鉢曇。
　　　山下女郎來問訊，未曉萱草解宜男。

在民間吉祥圖案中，常把萱草與石榴同繪，
其名為「宜男多子」（圖5-10），點明了祈
兒祝子的主題。
　　無子婦佩萱草可宜男，懷孕婦也以它
注男。《草本記》云：「婦女懷孕，佩其花

圖5-10　宜男多子

必生男。」萱草能使婦女觸而生子，故在風
俗中曾被廣泛應用，並奉為吉物。
　　無獨有偶，另有一名為「水蔥」的花
草，與萱草有異曲同工之妙。《續太平廣記》
載：

　　水蔥出始興，花葉皆如鹿。蔥
　　花有紅、黃、紫三種。婦人懷妊佩其花，生男。
　　交廣人之極驗。[13]

可見，萱草一類的乞子祥物自有其被認同、
泛化的深厚基礎。

蓮花

蓮花，又稱荷花，另有芙蕖花、水芙蓉、
水芝、水芸、澤芝、水旦、水華、玉環等

[13]　見清陸壽名：《續太平廣記》，「花木部」。

名。蓮花的品質自古被人看重，並有「花中之君子」之稱。《廣群芳譜》卷29載：

> 凡物先華而後實，獨此花實齊生，百節疏通，萬竅玲瓏，亭亭物表，出淤泥而不染，花中之君子也。

蓮花的品種很多，有重臺蓮、並頭蓮、一品蓮、四面蓮、灑金蓮、衣缽蓮、千葉蓮、黃蓮、金蓮、紅蓮、睡蓮、四季蓮、佛座蓮、金鑲玉印蓮、斗大紫蓮、碧蓮、白蓮、錦邊蓮等，舊時在蘇州府學前還有名為「百子蓮」者。⓮

由於蓮花「花實齊生」、「百節疏通」，「陰結其實，陽發其花」⓯，而蓮蓬中又將實相連，因此人們把蓮花看作陰陽相感、結實多子的象徵，並衍成乞子的祥物。佛教把蓮花當作神聖之物，而中國民間則始終把它納入世俗的範疇。在民間剪紙圖案中有許多「蓮生貴子」的構圖：有的讓小兒踩藕扶蓮（圖5-11），表陰陽相就，生兒育女；有的為小兒踩蓮戲燕，兆生子得男（圖5-12）；有的兒在蓮中，人、蓮合體，

表蓮子化兒（圖5-13）。它們均有明顯的祝子意義。

在民間年畫中，也有一些「蓮生貴子」圖（圖5-14），以及表現洞房花燭夜景象的新娘抱蓮圖（圖5-15）等，「得子連科」成為其祈祝的主題。

蓮子長在蓮花中，故蓮花有似子宮，成為女陰原型的一種曲折表達形式。由於這種潛在的生殖觀念的推動，蓮花作為一種符號進入了中國的乞子風俗之中。

圖5-12　蓮生貴子（剪紙）

圖5-11　蓮生貴子（剪紙）

圖5-13　蓮子化兒

圖 5-14　蓮生貴子（年畫）

圖 5-15　新娘抱蓮圖

靈石

在民間求子風俗中，常有對靈石的崇拜，各類石頭能因信仰的投射而化作乞子的祥物。

范仲淹《百花洲圖》詩有「彩絲穿石節」句，其自注云：「襄鄧間舊俗，正月二十一日，士女遊河，取小石通中者，以彩絲穿之，帶以為祥。」這個「祥」，即指得子之祥。這一風俗在清俞正燮《癸巳存稿》卷 11 中點明了乞子的主題：

> 江水中多出穿心石，土人春時競水中摸之，以卜子息。

「小石通中者」即「穿心石」，實為女陰的象徵。

各地還有所謂的「乞子石」，是靈石崇拜在生殖風俗中的體現。《太平御覽》卷 52 引《郡國志》曰：

> 乞子石在馬湖南岸，東石腹中，出一小石；西石腹中，懷一小石。故僰人乞子於此，有驗，因號「乞子石」。

《太平寰宇記》曰：

⑭　《廣群芳譜》卷 29 曰：「蓮花種最多，惟蘇州府學前者，葉如傘蓋，莖長丈許，花大而紅，結房，曰『百子蓮』。」

⑮　語出晉傅玄《芙蕖》詩。

（乞子石）在（宜賓）南五里，兩石夾青衣江對立，如夫婦相向。故老相傳，東不從西，乞子將歸。故風俗云，無子者祈禱有應。

《佩文韻府》引《月令廣義》曰：「成都三月有海雲山摸石之遊，求子得石者為男，得瓦者女。」

在湖南常寧縣東橋鄉一座凹形石山上有一口石井，當地人叫它「求子洞」，求子婦女先在井前燒香焚紙，跪拜祭祀，然後用竹竿或木杆插入井裡，上下抽動數次，最後喝石井中的水，信能懷孕得子。❶⑥

在河北龍門峽小溪河東側，有一大石，名叫「立兒石」，石面上有長二尺、高一尺、深一寸的石孔，每年正月十五新婚夫婦來到石前，向孔中投石三塊，投中則為得子之兆。

在廣東羅浮山有陰陽谷，「陽谷」狀如男根，頂上石縫中有泉水流出，而「陰谷」則形似女陰。每年正月初一，乞子婦們取「陽谷」之水潑灑「陰谷」，俗信可得貴子。

在江蘇連雲港將軍崖有男根石和女陰石，現女陰石猶存，亦為舊時婦女的乞子對象。

把山峰、鐘乳石等視作男根，把山溝、山洞、石隙、凹槽等視作女陰，是普遍的文化現象，從石頭到性器的聯想，是它們作為靈石的基礎，也是楔入乞子風俗的動因。靈石雖被投射了人類情感，但沒有失去作為自然物的身分，僅打上了祥瑞的文化印記。

其他靈物

糧食、果實常作為乞子物見之於民間風俗。在吳地，人們把穀穗掛於新人的床簷，稱作「生子穀」或「結子穀」，以稻穗籽實的眾多，表達早生多養的祝福。

楝樹也是多籽植物，魯南地區又稱之為「楝子樹」，當地鄉民選用楝子樹做婚床，以討「連子」之吉。楝樹在吳歌中還是託物寄情之物，有一首清代吳歌唱道：

結識私情隔條河，手攀楝樹望情哥，
娘問嬡嗯你望啥，我望楝樹頭頂上花結果。

歌中的「楝樹」具有比興的作用，以表達鄉村待嫁女子對婚合與育子的期盼。

紅棗在古代上巳節的祓襖活動中，也是乞子祥物。當時婦女有三月三入水爭食紅棗，以兆得孕生子的風俗。梁蕭子範《三月三日賦》有「灑玄醴於沼沚，浮絳棗於洮池」句；庾肩吾《三日侍蘭亭曲水宴》有「踴躍赬魚出，參差絳棗浮」語；陳江總《三日侍宴宣猷堂曲水》詩曰：「醉魚沉遠岫，浮棗漾清漪」；而後漢杜篤亦有《祓襖賦》云：「浮棗絳水，酹酒醲川。」可見，紅棗是祓襖的重要風物，隱含著乞子的追求。

栗子、白果作為婚禮用物，也含乞子之意。在漣水縣高溝鄉流傳著這樣的喜歌：

栗子生來扁又圓，出生山西果木園，

圖 5-16　送瓜祝子

新郎新娘吃兩個，當年生下小狀元。

白果生來兩個尖，外面白，裡面鮮，
新郎新娘吃兩個，明年生下女狀元。⑰

　　此外，瓜，尤其是南瓜，常作為乞子
祥物。舊有婦女於中秋月夜「摸秋」之俗，
以偷得瓜豆為「宜男」之兆。另有好事者，
摘瓜乘轎，吹吹打打地送往不孕婦家，名
之為「送瓜祝子」（圖 5-16）。在民間剪紙
中，還見有小兒拖瓜，手中握旗子，瓜上
站喜鵲的「送瓜祝子」圖樣（圖 5-17），旗
子諧音為「乞子」，喜鵲表「有喜」，南瓜
表「得子」，全圖的寓意可釋讀為：乞子得

圖 5-17　送瓜祝子（剪紙）

⑯　參見力木：《略述楚地求子風俗與性崇拜
　　遺存》，《巫風與神話》，湖南文藝出版社，
　　1988 年。
⑰　引自《中國民間文學集·漣水縣》（資料
　　本），1987 年印。

子，喜上眉梢。

動物也能構成乞子祥物。《龍魚河圖》曰：「懸文虎鼻門上，宜官子孫，帶印綬。懸虎鼻門中，周一年，取燒作屑，與婦飲之，二月中便有兒，生貴子。」此說，虎鼻可用於乞子。

蟾蜍因肚大腰圓、滿身痱磊、產卵眾多，也成多子之兆。在蘇中農村，人們在八月十五捉蟾蜍，與茄子放在一起，用紅紙包裹後扔到新婦的床上。茄子也是多子之物，故有祝子之意。在民間藝術構圖中，有「金鐘扣蛤蟆」的題材（圖5-18），並有蓮藕作配飾。金鐘同其他器皿一樣，為子宮的象徵，蓮花表「連子」，蟾蜍表多子，可見，該圖係乞子祥物的迭加運用。

蛋，也是上巳節婦女乞子遊戲的道具。晉張協《楔賦》有「浮素卵以蔽水，灑玄醪於中河」之句，晉潘尼《三日洛水作詩》則云：「羽觴乘波進，素卵隨流歸。」「素卵」同「絳棗」一樣，同為婦人水中爭食的得子祥物。在民間，孩子出生後第三天，用熟雞蛋滾嬰兒臉，再讓不孕婦吃掉，信能相感而得子。另，生後第六天，用熟蛋祭天生婆婆，無子婦往往到祭壇竊食以祈孕。蛋除了與「誕」諧音，與「玄鳥生商」一類的卵生神話也有關聯。中國的創世神盤古生於「雞子」（宇宙）之中，在域外神話與石雕藝術中也有「卵生人」的母題（圖5-19），蛋成為人類生育的共同象徵。

桃杏花，在古代是乞子藥物。唐韓鄂《四時纂要》春令卷2「二月」載：

桃杏花，此月丁亥日收，陰乾為末，戊子日用井花水服方寸匕，日三服，療婦人無子，大驗。又此月乙酉日日中時，北首臥，合陰陽，有子即貴。

桃杏花已成乞子巫藥。此類巫藥還有立春節的雨水。陳藏器曰：立春節雨水，「夫妻各飲一杯還房，當時有子，神效。」此外，

圖5-18　金鐘扣蛤蟆（剪紙）

圖5-19　卵生人（域外石雕）

李時珍《本草綱目》也載：

> 《醫學正傳》云，立春節雨水，其性始，
> 是春升生發之氣，故可以煮中氣不足、
> 清氣不升之藥。古方：婦人無子，是日
> 夫婦各飲一杯，還房有孕，亦取其資始
> 發育萬物之義也。⑱

「立春節雨水」雖是巫藥，但與得孕有子
的信仰相聯，同樣被古人視作乞子的自然
靈物。

二、人工物

人工物，指人類的文化創造，諸如工
具、用品、服飾、建築、食品、符圖，以
及其他藝術造物等。它們在一定的社會氛
圍中都具有禮儀的功用。人工物因其形象、
質地、風俗背景、文化邏輯、巫術信仰而
進入乞子禮儀，構成此類祥物的又一支系。
它們經歷了由巫術信仰向宗教民俗的化
變，但大多沒有神聖的光暈，仍作為俗物
在民間承傳，且逐步顯露出藝術化的趨向。

摩睺羅

摩睺羅，又寫作「磨喝樂」、「魔合羅」、
「摩孩羅」、「摩睺羅孩兒」，又叫「化生」、
「巧兒」，近代泥塑藝人呼之為「果子男」。
摩睺羅，本出自佛經，其梵文為 Rāhula，
為釋迦氏俗時之子，但出家後六年才生，
母為耶輸陀羅，後成「十大弟子」之一。⑲
摩睺羅在唐代被做成嬰兒之狀，並與

七夕風俗相聯，成為婦人的求子祥物。據
《歲時紀事》載：

> 七夕，俗以蠟作嬰兒，浮水中以為戲，
> 為婦人生子之祥。謂之「化生」。

摩睺羅經歷了由「聖」而「俗」的轉變，
在中國風俗中主要作為「生子」的象徵。

在宋代，摩睺羅多為泥塑，又稱作「土
偶」，還配有欄座、衣飾等。孟元老《東京
夢華錄》卷8載：

> 七月七夕，潘樓街東宋門外瓦子，州西
> 梁門外瓦子，北門外、南朱雀門外街及
> 馬行街內，皆賣磨喝樂，乃小塑土偶耳。
> 悉以雕木彩裝欄座，或用紅紗碧籠，或
> 飾以金珠牙翠，有一對值數千者。禁中
> 及貴家與士庶為時物追陪。

宋金盈之《醉翁談錄》卷4曰：

> 京師是日多博泥孩兒，端正細膩，京語
> 謂之「摩睺羅」。小大甚不一，價亦不廉，
> 或加飾以男女衣服，有及於華侈者。南
> 人目為「巧兒」。

⑱ 見《古今圖書集成》，「曆象彙編‧乾象
典」，卷80。
⑲ 參見張道一等：《美在民間》，北京工藝美
術出版社，1987年，頁336。

吳自牧《夢粱錄》卷4載：

七月七日，謂之「七夕節」。……內庭與
貴宅皆塑賣磨喝樂，又名「摩睺羅孩兒」。
悉以土木雕塑，更以造彩裝欄座，用碧
紗罩籠之，下以桌面架之，用青綠銷金
桌衣圍護，或以金玉珠翠裝飾尤佳。

周密《武林舊事》卷3載：

圖 5-20　摩睺羅瓷枕

小兒女多衣荷葉半臂，手持荷葉，效顰
摩睺羅。大抵皆中原舊俗也。七夕前，
修內司例進摩睺羅十卓，每卓三十枚，
大者至高三尺，或用象牙雕鏤，或用龍
涎佛手香製造，悉用縷金珠翠。衣帽、
金錢、釵鐲、佩環、真珠、頭鬚及手中
所執戲具，皆七寶為之，各護以五色縷
金紗廚。製閫貴臣及京府等處，至有鑄
金為貢者。

摩睺羅的製作材料有泥、木、牙、香、瓷、
蠟等，並配以絲帛、金銀、珠玉、七寶等，
然有大有小，有簡有繁，有廉有昂，以滿
足不同階層之需。在造形上，有偶人式，
亦有器用式，如摩睺羅瓷枕在宋代亦極為
流行，它作小兒擎荷葉的構圖（圖5-20），
以供乞子婦枕用。

　　摩睺羅的信仰也見於古代詩歌中。南
宋許棐《泥孩兒》詩云：

牧濆一塊泥，裝壞恣華侈；
所恨肌體微，金珠載不起；

雙罩紅紗廚，嬌立瓶花底。
少婦初嘗酸，一玩一心喜；
潛乞大士靈，生子願如爾。
……

　　在近代乞子風俗中，有「扣百子」、「拴
泥娃」等事象，所用的泥娃、紙娃與摩睺
羅有相通的地方。清李慶辰《醉茶志怪》
卷3曰：

津中風俗，婦人乏嗣者，向寺中抱一泥
娃歸，令塑工捏成小像如嬰兒，謂之壓
子。

所抱泥娃俗呼「娃娃大哥」（圖5-21），與
泥塑的摩睺羅（圖5-22），實無本質區別，
均以巫術方式，通過接觸而獲「宜子之祥」。
　　摩睺羅作為七夕節物，屬宗教民俗物
品，同時也是民間工藝美術品，它豐富了
古代節日文化的內涵，增添了祥瑞的生活
氣息。

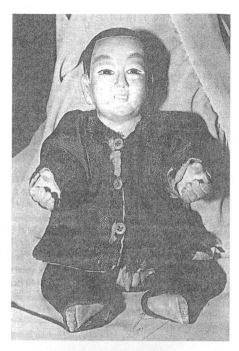

圖 5-21　娃娃大哥

圖 5-22　摩睺羅

石　祖

尖銳的山峰作為自然物，曾被當作男

根的象徵而受到崇拜，而由人工打製與磨製的石主或石祖，則體現了文化的創造。

石主與石祖作為原始宗教的崇拜對象，均取形男性生殖器，表達著對人丁繁衍的追求。關於石主的形狀及製法，《宋史‧禮志》載：

> 社稷不室而壇，當受霜露風雨，以達天地之氣，故用石主，取其堅久。……社以石為主，形如鐘，長五尺，廣二尺，剡其上，埋其半。

這種如鐘之石，頂部削尖，其質堅硬，正是對男根的模擬。

至於直接服務於生殖崇拜的石祖，早在原始社會已有製作。在江蘇省贛榆縣徐福故里徐福村南的新石器時代文化遺址中，就出土了一根石祖，現存放於徐福祠文物陳列廊中。該石祖為圓柱形，高 146 公分，直徑約 25 公分，頂端約 28 公分長的一段呈饅圓形，似一巨大的龜頭。龜頭下有一道深紋，龜頭與圓柱連接處有人工打製成的圓形深槽，使龜頭部分稍顯突出。從表面看，石柱較為粗糙，係用天然石打製而成，但龜頭部分卻極為光滑，其全貌酷似男根。原石立於村外古堆上，不孕婦於正月初七人日凌晨天朦朦亮時，趁路上沒有行人，來此摸摸石祖，不掉頭逕直跑回房中，信能得孕生子。❷⓪

❷⓪　參見鬱青：《石祖探祕》,《民間大觀》，第 6 期，1993 年 5 月印。

石祖崇拜是一世界性文化現象。希臘、羅馬的主婦和少女，常佩帶著男性生殖器形狀的紀念章和珠寶飾物，據說，這有利於生育。**㉑**在希臘、羅馬不僅有多種男根飾品（圖5-23），也有碩大的石祖雕件或男根與雞頭、人身合一的石雕（圖5-24）。在日本，男根崇拜亦頗普及，在道祖神、性神等石雕上見有男根刻紋，一些神社中亦有木雕男根供人祈拜。

由於男根是陽性的象徵，故又用作鎮物。在江西省贛江邊有高大的鐵祖矗立於地，具有以陽驅陰，逐退洪水的取意（圖5-25）。

石祖的崇拜伴隨著父權制的確立而興盛，除了誇耀男子的偉壯，更為了表現男丁對人口生產的決定作用。正因為如此，石祖在傳承中被奉為乞子的祥物。

圖5-25　鐵祖（江西贛州）

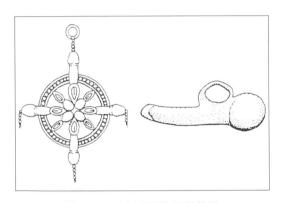

圖5-23　古羅馬的男根飾品

圖5-24　古希臘的雞頭石祖

乞子食、乞子符

在婚嫁禮俗、生誕禮俗中的一些食品，往往被賦予了生育的功能，成為人造的乞子祥物。這類食品包括「兒女湯」、「子孫餃」、「洗兒果」、「開口糕」（玉片糕）等，其種類亦頗紛繁。

所謂兒女湯，是晉東南新婚之夜的新人食物，它是用棗子、花生、芝麻等做成的疙瘩湯，當地人稱作「兒女湯」，以表生兒育女之祥。

所謂子孫餃，又稱「子孫餑餑」，也是夫婦入洞房後的吉祥食品。因餃子本是「交子」的諧音，故產生交而生子的聯想。子孫餃一般不能煮得太熟，盛給新人後，有人會問：「生不生？」新人要高聲回答「生！」以討生兒之吉。

杭州舊時逢小兒滿月要辦「洗兒會」，先煎香湯於銀盆，盆中再放洗兒果。所謂洗兒果，即栗子、棗兒之類，少婦們往往爭而食之，以為生男之徵。

在蘇北農村，有新婚之夜新娘吃開口糕之俗。所謂開口糕，即「玉片糕」，又稱「雲片糕」。開口糕由娘家先備好，由新娘帶入洞房，待客人散盡，戳窗投筷之後，拿出與新郎同食。新娘食時不能言語，讓新郎開口，新郎先開口則兆生男，若新娘先開口則兆生女，故開口糕成了乞子的祥物。在漣水縣高溝鄉流傳的喜歌中，有關於「玉片糕」的唱段：

> 玉片糕來四角長，一半麵來一半糖，
> 新郎新娘吃兩口，生下兒子狀元郎。

玉片糕與乞子的聯繫已通過吉語祝詞表現出來了。

乞子符亦有多種形態，最典型的是道符形式。在敦煌符籙中，有一符上為兩個「山」字，下為「尸」字，再下為九個「子」字，另書有六字曰：「此符無子吞了」（圖5–26）。可見它是一張「乞子符」。「九」為最大的陽數，九個「子」乃意取多子之吉。

在閩浙地區有所謂的雀雀符，是乞子

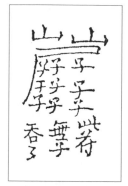

圖5-26　乞子符

圖5-27　送生娘娘

符的又一種形態。在「送子娘娘」或「送生娘娘」（圖5–27）廟中，往往有一些泥塑的或木雕的男童。在浙江麗水，不孕婦偷取泥塑小男童生殖器上的粉末，用紙包回家沖水喝，信能懷孕得子。在福建長汀縣的朝斗岩的一個岩穴中有一尊「雨漏佛」，佛旁有一尊石雕的裸體男童神，被稱作「吉祥哥」，不孕婦進香後就來到吉祥哥前口中念道：

㉑　參見劉錫誠等：《石與石神》，學苑出版社，1994年，頁91。

吉祥哥，吉祥哥，聰明伶俐福氣多。

請你勿在廳中坐，保佑我女生個靚阿哥。

邊念邊伸手摸吉祥哥的「雀雀」（生殖器），並刮下一些粉末，用紅紙裹著帶回去沖茶喝，據說就可以生育了。在閩西山鄉的吉祥哥大多為木頭雕刻，身高一尺餘，穿著紅色花衣的開襠褲，胸前掛一個香袋（實為錢袋）。久婚不孕的婦女敬香時須先塞進一個紅包，然後大聲禱念，摸摸雀雀，亦信能得孕。㉒

雀雀符作為乞子符，實際上是介於靈物與靈藥間的又一人工巫物。

乞子雜物

乞子雜物是對眾多人工乞子物的統括類歸，它包含木椿、鐵矛、門釘、花錢、衣冠、褲帶、紙龍、紙花、麻布袋、馬桶蓋等，其材料不一，形制駁雜，但有著共同的功用。

在民間有「送椿」、「偷椿」的祝子、乞子之俗。送椿一般在正月初六晚，人們取風車底座的蕊椿或拴牛用的木椿，用紅紙包裹，敲鑼打鼓，走過三座橋，送到不孕婦家。木椿因是堅硬的木棒，被當作男性生殖器的象徵。送椿時人們念唱《送椿》歌謠：

一掛小鞭兩丈長，送椿的隊伍排成行；
送椿送到張家墩，觀音送子下凡塵；
送椿送到東家舍，麒麟送子送成對；
送椿送到你的家，早生貴子笑哈哈；

煮籃紅蛋把喜報，外婆樂得哈哈笑。㉓

送椿要走過三橋，橋多為拱形，擬指孕婦之腹，三為陽數，隱含祝生男兒之意。由於「椿」、「磚」諧音，又有「送磚」、「偷磚」的乞子風俗，且專偷橋磚，顯露了二者的聯繫。

鐵矛、鐵錨等尖銳的硬物，也是乞子祥物。《金陵瑣志·炳燭里談》卷中曰：

中秋月夜，小家婦女結伴出遊，謂之「走橋」。錢廠橋有大鐵矛，無子者摸之，云可宜男。故諺稱中秋為「女兒節」。

另《同治上江兩縣志》卷5載：

（鍾山書院背後有御賜堂，大門外）有二鐵錨，二叉陷於土，一叉在上，相傳馬三寶下西洋故物。婦人中秋撫之可以生子，俗曰「摸秋」。

這鐵矛、鐵錨亦均為男根的象徵。

城門、陵門、廟門的門釘因形似男性生殖器，也成了乞子之物（圖5-28）。明劉侗、于奕正《帝京景物略》錄有《元宵曲》曰：

姨兒妗子此門推，問著前門佯不知。
籠手觸門心暗喜，郎邊不說得釘兒。

該曲形象地描繪出少婦們摸釘乞子的情狀。

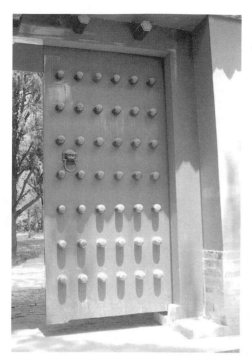

圖 5-28　裝有門釘的大門

圖 5-29　多子多孫（花錢）

圖 5-30　五子登科（花錢）

丈夫的衣冠也曾作乞子之用。張華《博物志》卷 10 曰：

> 婦人妊娠未滿三月，著婿衣冠，平旦左繞井三匝，映詳影而去，勿反顧，勿令人知見，必生男。

這也是一種交感巫術，其中「婿」、「左」、「三」這些概念均與「男」相聯，故有「必生男」之說。

花錢也是乞子祥物，其中一些圖案與銘文較直接地表明了它的這一功用。諸如「維熊維羆，多子多孫」錢（圖 5-29），「五子登科」錢（圖 5-30），「連生貴子」錢（圖 5-31），「五男二女」錢等，都用作祝子乞子。

紙龍在長沙亦用於求子。據胡樸安《中華全國風俗志》下編載：「婦女多年不生育者，每放龍燈到家時，加送封儀，以龍身圍繞婦人一次，又將龍身縮短，上騎一小孩，在堂前繞行一周，謂之麒麟送子。」《長沙新年紀俗詩》有云：

㉒　參見葉明鑒：《中國護身符》，花城出版社，1993 年，頁 24。

㉓　同❾，頁 160。

圖 5-31　連生貴子（花錢）

婦女圍龍可受胎，痴心求子亦奇哉。
真龍不及紙龍好，能作麒麟送子來。 [24]

此外，紙花、紙燈也是常見的乞子祥物。

較為離奇的是，產婦的褲帶和馬桶蓋也能用以乞子。在鄉村裡，有誰家媳婦生了兒子，無子婦就到她家去賀喜，坐在產婦的淨桶上吃紅蛋，吃完後跟產婦換一根褲帶，以討「帶子」的吉兆。至於生有兒子人家的馬桶蓋，晾在外面時常被人偷走，因蓋上有一個銅扣子，故被認作「一同有子」。 [25]

乞子圖

乞子圖是以木版年畫或吉祥圖案形式寄託祈子願望的圖畫。其題材豐富多彩，

各有象徵。常見的乞子圖有四喜人、連生貴子、金玉滿堂、麒麟送子、百子圖、瓜瓞縣縣、送瓜祝子等。

四喜人，以兩頭四身疊合的形式，通過縱觀橫看，可見四個孩童並存同在的身姿（圖 5-32）。在民間，有「喜」表懷孕，四兒表多子，因此，所謂四喜人實為祝子圖。

金玉滿堂乃指兒女雙全。其構圖多為兒童戲金魚（圖 5-33），並以「金魚」諧「金玉」，以「金玉」指男女，以祝兒女眾多。

麒麟送子，原為麒麟送「滋」，具有報春的性質。因「滋」、「子」諧音，遂訛為「麒麟送子」。其圖多以小兒騎麟，一手拿牡丹、一手托蓮蓬之像，表現「得子連科，

圖 5-32　四喜人

圖 5-33　金玉滿堂（年畫）

圖 5-34　麒麟送子

榮華富貴」的主題（圖 5-34）。

　　百子圖，則以百兒群戲的歡快圖景，作為「多子多福」的祥瑞之象。此外，以大小葫蘆、南瓜等所構成的「瓜瓞緜緜圖」、「送瓜祝子圖」等，亦均為寓意明確的乞子圖畫。

　　乞子圖不同於其他的乞子祥物，沒有質材、造形的象徵意義，而以藝術的構思凸現其應用的主題。

第三節 壽誕祥物

　　中國自古有「五福壽為先」之說，《尚書·洪範》曰：「五福，一曰壽，二曰富，三曰康寧，四曰修好德，五曰考終命。」人們把長壽看得比發財、無病、行善、老死

等更為重要，認作最大的幸福。同時，人們還把壽與德、善、孝等觀念相提並論，使壽觀帶上了倫理道德的因素和社會的價值判斷。在民間壽誕禮俗中，少不了祥物的應用，或為食物用物，或為壽神壽仙，或為文字圖畫，它們總是烘托著壽誕的主題，並傳導著祥瑞的意義。

一、賀壽禮物

　　《莊子·盜跖》曰：「人，上壽百歲，中壽八十，下壽六十。」人屆六十，才談得上「過壽」。民間較隆重的壽禮正是從六十歲開始的，一般要布置壽堂，準備壽筵，接受親朋好友的賀拜。作為賀壽的禮物，形式多樣，有衣帽鞋襪，有魚肉糕點，有酒茶補藥，有壽詩壽聯，還有祝壽圖幅等，其中既有實用之物，又有精神象徵，或二者兼備，大多能突出壽誕的主題。

壽桃、壽麵

　　壽桃、壽麵既是壽堂上的供品，也是人們祝壽賀壽的禮品。

　　所謂壽桃，係用麵粉蒸製，形似桃子，其尖端染成紅色，其下部略染綠色，儼然鮮桃一般。供在壽堂裡的壽桃，共放三盤，每盤九個，以取陽數之吉。賓客賀壽，或

❷❹ 引自胡樸安：《中華全國風俗志》下編，河北人民出版社，1986 年，頁 329。

❷❺ 參見招俊鮮等：《送子習俗種種》，《鄉土》，1987 年第 4 期。

攜壽桃以為賀拜之禮，或由壽星用作回贈之物，讓賓客討得祥瑞。

壽桃作為誕儀祥物，乃基於桃能延年益壽，桃本神仙食物的文化理解。《神異經·東荒經》載：

> 東方有樹，高五十丈，葉長八尺，名曰桃。其子徑三尺二寸，和核羹食之，令人益壽命。

此外，《神農經》也載曰：

> 玉桃，服之長生不死。若不得早服，臨死服之，其尸畢天地不朽。

桃能使生者延年益壽，也能使死者亡而不朽，可見，它具有內在的、永恆的生命力。這種生命力，按神話傳說講，乃源於它本身的漫長的生長週期，並有「三千年一生實」和「萬歲一實」的不同說法。張華《博物志》卷8曰：

> 漢武帝為仙道。時西王母遣使乘白鹿告帝當來。七月七日夜漏七刻，王母乘紫雲車而至於殿西，青氣郁郁如雲。有三青鳥，如烏大，使侍母旁。王母索七桃，大如彈丸，以五枚與帝，笑曰：「此桃三千年一生實。」

王嘉《拾遺記》卷3則曰：

> 扶桑東五萬里有螃蟣山，上有桃樹百圍，其花青黑，萬歲一實。

正是這些千年萬歲的桃子，使模擬型的麵桃成了賀壽的最好禮物與象徵。

壽麵作壽禮，亦有吉祥的涵義。用作壽禮的麵條一般長度在三尺以上，每百根為一束，並盤疊為塔形，上面放有印著吉祥圖案和賀壽吉語的紅綠紙，以作長命百歲、步步登高的祝頌。

麵條作為壽禮，還有其他的解說。麵條多根併合，在碗中盤疊起來，有似吉祥圖案之一的「盤長紋」，意取「幸福無邊」。此外，傳說東方朔在言及仙人彭祖何以活到八百歲時，說是因為彭祖臉長。因「臉」又稱「面」，「臉長」也就是「面長」，因此長長的麵條便成了壽禮。

壽桃、壽麵的吉祥意義來自神仙傳說和對長壽的祝頌，並通過壽誕儀典而從尋常食物上升為禮儀祥物。

壽　食

壽食，包括祈壽食物、延壽食物和慶壽食物，有野食、菜蔬，亦有葷腥、酒水。

就祈壽食物而言，在孩子周歲時已進入相關儀典。在有些地區，當小孩「抓周」時，外婆有送「長壽粽」和「五代饅頭」的風俗。所謂長壽粽，是兩只特別長而大的粽子，用紅繩繫縛，以祈祝小兒長大長生。所謂五代饅頭，是五對由小到大，分級而製的饅頭，其中最大的一對做成「壽桃」形，以表代代相傳，長命百歲的祈祝之意。

至於延壽食物，在古代神異小說或筆記文學中多有載錄，諸如大穀、菊水、枸杞水等。陸壽名《續太平廣記》「花木部」載有一延年益壽的自然食物——「大穀」。其文曰：

> 始興令楊應隆，柳州人。言其遠祖掘地種竹，忽地中鏗然有聲，得一石瓮。發之，有物數百個，長三寸餘。見其上下膚如穀形，去膚熟之，真是大米，香美異常。後食者壽皆百二三十歲，飲其汁者壽亦八九十。嘗讀《歲經》云：「太古之世，穀長五六寸，人壽皆數百歲。」又《圖經》稱：「昆侖之墟有木禾，食者得壽。」豈其餘粒耶？

大穀或因其大，而被古人信為延壽之食。此外，祝穆《古今事文類聚》前集卷45載：

> 東坡云，舊說南陽有菊水，水甘而芳，居民三十餘家飲其水，皆壽或至百二三十歲。蜀青城山老人村，有見五世孫者。道路險遠，生不識鹽醯，而溪中多枸杞，根如龍蛇，飲其水故壽。近歲道稍通，漸能致五味，而壽亦益衰。

菊水、枸杞水之益壽帶有人們對靈藥的信仰觀念。

在慶壽食物方面，除了壽桃、壽麵，還有麵作的壽龜和「九九餑餑」。慶壽要辦壽宴，慶壽的酒筵各有名稱：六十歲稱「甲子酒」，七十歲稱「古稀酒」，八十、九十歲稱「耄臺酒」，一百歲稱「期頤酒」。在壽筵上，各菜餚一般也有特定的吉祥意義。例如，在青海河湟等地，壽宴上必備八種食物，稱作「八仙菜」。它們是：

1. 全雞，取終身吉祥之意。
2. 韭菜爆肉，以韭的根深、肉的滋補，表福壽綿長。
3. 八寶紅棗粥，取老來運紅，晚年生活甜蜜之意。
4. 蓮藕炒肉，象徵生命綿長、路路通暢。
5. 竹筍炒肉，表有壽有節。
6. 葛仙湯，又稱「神仙湯」，又叫「醬油湯」，以色紅象藥，兆長生不老。
7. 餛飩，取混沌是自然與人類的母胎，表反璞歸真，永葆真元。
8. 長壽麵，表生命久長，祝老人長生長樂。㉖

壽食因其明確的功用和寓意而成為壽誕祥物。

詩詞聯額

詩詞、聯句、匾額也是常見的賀壽禮物，又分別稱作壽詩、壽詞、壽聯和壽匾。

壽詩在唐代已見於壽誕賀儀，因「在心為志，發言為詩」，獻壽詩是表心跡、寄情感的最好禮物。民間素有「君子贈人以言，小人贈人以財」之說，故獻壽詩能顯示君子的風雅，也是十分得體的賀壽方式。

㉖ 參見葉大兵等：《中國風俗辭典》，上海辭書出版社，1990年，頁232。

在此且列壽詩數首，以窺其情志：

壽王太守（宋劉辰翁）
八千秋與八千春，此語由來未識真。
曾共麻姑擗麟脯，笑看滄海幾揚塵。

椿萱齊壽（元沈夢麟）
靈椿已種八千歲，萱草叢生鸑鷟毛。
春在庭闈煩定省，花緣兒女愛劬勞。
老人天祿燃藜杖，阿母瑤池賜玉桃。
早晚登堂介眉壽，未應老客擅詩豪。

另有明代無名氏壽詩云：

一尺鮫綃五彩鮮，雲孫織就不知年。
殷勤當數長生祝，乞與蓬萊頂上仙。

以上三首一祝男壽，另一祝雙壽，再一祝女壽，均以神仙傳說入詩，讓祝福帶上祥瑞的氣息。

壽詞在宋代極為興盛，黃庭堅、秦觀、米芾等名人均填過壽詞。且錄宋人壽詞兩首於後，以觀其趣：

鷓鴣天・獻汲公相國壽（宋米芾）
暖日晴烘候小春，際天和氣與精神。靈臺靜養千年春，丹灶全無一點塵。壽彭祖，壽廣成。華陽仙裔是今身。夜來銀漢清如洗，南極星中見老人。

生查子・姚母壽席（宋洪適）
碧澗有神龜，千歲遊蓮葉。七十古來稀，

壽母杯頻接。繡衣牽彩衣，喜慶相重疊。
龜紫看孫曾，鶴髮何須鑷。

這兩首壽詞分別賀男壽、女壽，或引壽神壽仙，或引神仙靈物，均使祝頌突出長生的主題。

壽聯也有男壽、女壽、雙壽不同之用。壽聯的紅紙上往往灑有金粉、銀粉或隱約的金色圖案，並裱成長軸，作為賀壽的禮物而高掛壽堂。男壽聯有：

身似西方無量佛
壽如南極老人星

慶他白髮頭中滿
祝喜青雲足下生

延齡人種神仙草
紀算翁開甲子花

女壽聯有：

萱草千年綠
桃花萬樹紅

瑤池春不老
壽伶日開祥

雙壽聯有：

堂上椿萱誇茂盛
壺中日月慶雙輝

丹鳳迎來王母使
青牛駕付老君書

此外，對不同的年齡還以不同的壽聯相賀。

在有些地方，賀壽的禮物是匾額。匾額上往往寫上四個大字，諸如：洪福齊天、福如東海、松鶴延年、海屋添籌、龜鶴獻杯、福壽齊全、蘭桂齊芳、南山之壽、乃福乃壽、椿萱並茂、延年益壽、壽山福海等。同時，也有男壽與女壽之分。男壽用的壽匾，其題額為：天地為壽、椿庭日永、庚星耀彩、以介眉壽、人壽年豐、永享遐年、九如詩誦、眉壽未艾、壽考康強、星輝南極、晚景堪娛、共頌期頤等。女壽星的匾額則有：蟠桃獻壽、福祿來崇、瑤池春水、壽域天祥、萱庭日麗、寶婺星輝、萱草長妍、榴花獻瑞、慈緯長春、北堂永壽等。❷❼

用作壽禮的詩、詞、聯、額，無不以吉祥語詞的迭用而點畫出壽誕禮俗的喜慶祥瑞的主題。

慶壽圖、祝壽錢

在壽誕禮俗中，慶壽圖也是常見的賀壽禮物，並用以裝飾廳堂和居室，渲染著喜慶氣氛。

慶壽圖有版印、手繪、刺繡、機織等多種加工製作方式，其題材多選吉神靈仙、祥瑞動物、名果瑞草、吉祥文字等，並大多以神話傳說為基礎。

慶壽圖中常見的作品有：以拄杖老人

圖 5-35　麻姑獻壽（年畫）

為中心構圖的「壽星圖」，由年輕女子捧壽桃、靈芝的「麻姑獻壽圖」（圖 5-35），以八仙為主要人物的「八仙慶壽圖」（圖 5-36），以老者扛桃枝為構圖內容的「東方朔盜仙桃」（圖 5-37），以一百個字體各異的壽字所組成的「百壽圖」，以老貓、飛蝶相戲為構圖的「耄耋圖」，以靈芝、仙鶴、壽桃、祥雲為構圖的「靈仙祝壽」（圖 5-38）等。

由於慶壽圖均選用吉神祥物入圖，又為壽誕所用，故其本身就顯示了祥物的性質。

至於「祝壽錢」，是用於祝壽的吉祥花錢，它以錢面所鑄的吉文吉語或靈仙神物，

❷❼　參見徐華龍：《中國吉祥文化論》，《廣西民族學院學報》，1999 年第 1 期。

圖 5-36　八仙慶壽（年畫）

圖 5-38　靈仙祝壽（南京雲錦）

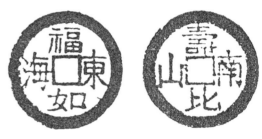

圖 5-39　福如東海，壽比南山（花錢）

圖 5-37　東方朔盜仙桃

圖 5-40　龜鶴齊壽（花錢）

表達對長生長壽的追求與祝願。祝壽錢上常見的銘文有：福如東海、壽比南山（圖 5-39），長命富貴，福壽雙全，富貴壽考，長樂未央，一門吉慶、四季平安，龜鶴齊壽（圖 5-40），一人有慶、萬壽無疆，長命富貴、金玉滿堂等。帶圖像的祝壽錢有：福祿壽喜、松鶴仙龜（圖 5-41）、鹿鶴同春、十二生肖等。

圖 5-41　松鶴仙龜（花錢）

慶壽圖用於貼掛，而祝壽錢主要用於賞玩，它們以不同的方式融入壽誕禮儀之中，多層面地渲染「長壽」的主題。

祝壽歌

在民間壽誕儀典中，舊有唱禮生唱出各種祝壽歌謠，代表拜壽的子孫及前來致賀的賓客獻給過壽者，以作為一份特殊的壽禮。

祝壽歌有傳統的唱詞，亦有即席而唱的，後者往往總是從所見的壽堂擺設唱起。由民歌傳承人唐春娣講唱的一首《祝壽歌謠》，就著重描繪壽堂內的場景：

> 天降麒麟增福壽，壽星福祿下雲天，
> 先有壽童來上壽，壽曲唱到壽堂前。
> 壽臺一張擺壽堂，壽香壽燭擺臺前，
> 壽燭上寫金福壽，壽燭當中壽香點。
> 壽糕壽糰放兩邊，當中供起長壽麵，
> 壽肉壽魚臺中供，壽童敬酒壽星前。
> 壽軸一幅掛壽廳，左右兩邊壽對聯，
> 福壽福壽福福壽，萬壽無疆福無邊。㉘

這首祝壽歌共十六句，竟用了二十八個壽字，可謂無句不帶「壽」，具有強烈的烘托氣氛的效果。

在江蘇大豐縣也流傳著名為《祝壽堂》的歌謠：

> 壽星高，壽日長，
> 壽筵開，壽酒香，
> 壽比南山不老松，
> 一對喜燭映壽堂。
> 壽堂上，喜洋洋，
> 敬祝爹爹福壽長，
> 彭祖過到八百歲，
> 你比彭祖壽數長。
> 長生不老余老君，
> 你與太君常談家常，
> 談的是福壽祿財喜，
> 祝賀君府上福子福孫福滿堂。㉙

這首歌謠把對長壽的祝福引到「福壽祿財喜」和子孫滿堂上，表現了世俗的功利追求。

與祝壽歌相關，自古還有「長壽歌」流傳，在傳布養生長壽祕訣的同時，也把長壽作為終極的理想。三國魏應璩寫有《三叟長壽歌》曰：

㉘ 引自《常州歌謠諺語集》，中國民間文藝出版社，1989 年，頁 179。

㉙ 引自舒翔主編：《大豐縣民間歌謠集成》（資料本），1987 年印，頁 44。

古有行道人，陌上見三叟。

年各百餘歲，相與鋤禾莠。

駐車問三叟：何以得此壽？

上叟前致辭：內中嫗貌醜。

中叟前致辭：夜臥不覆首。

下叟前致辭：量腹節能受。

要哉三叟言，所以得長久。

他們或因妻醜，或因不蒙頭而睡，或因能節制飲食而長壽。近世又有《十叟長壽歌》流傳，其歌曰：

一叟拈鬚曰：我弗嗜烟酒；

二叟笑莞爾，淡泊甘蔬糒；

三叟整衣袖，服勞自動手；

四叟拄木杖，安步當車久；

五叟摩巨鼻，清氣通窗牖；

六叟撫赤頰，沐日令顏黝；

七叟穩回旋，太極朝朝走；

八叟理短鬢，早起亦早休；

九叟頷首頻，未作私利求；

十叟軒雙眉，坦坦無憂愁。❸

歌中雖歷數各種保健、修煉的妙法，但潛在的主題仍是對長壽的追求與祝頌。正因為如此，儘管此類長壽歌不直接用於壽誕禮俗，但與獻給壽者的祝壽歌卻有異曲同工之妙。

二、壽神壽仙

壽神、壽仙是一類特殊的壽誕祥物。它們作為人類的精神創造，被賦予了無處不在、無所不能、生命無限、法力無邊的神能，並作為「鬼」的對立面而被視為「全陽」之物。壽神、壽仙亦有自己的系列，包括西王母、壽星、南斗星君、麻姑、八仙、東方朔、安期生、彭祖等。他們的圖像與名稱反復出現在各類慶壽圖和祝壽歌中，成為壽誕祥物的構成因素和益壽延年的文化象徵。

西王母

西王母，又稱「西王金母」（圖5-42），本是中國神話中的西方大神，主刑殺、生死。《山海經‧西次三經》載：

圖 5-42　西王金母

西王母其狀如人，豹尾虎齒而善嘯，蓬髮戴勝，是司天之厲及五殘。

《山海經・大荒西經》另稱她為「人面虎身文尾」之神。「虎齒」、「虎身」與西王母的關聯，透露出四神配置中西方為「虎」的祕密：虎口為地獄之門，能化生為死，故西方之神能主生死。古人將空間與時間對應，方位與四時相配，有東春、南夏、西秋、北冬之說。因此，古人所謂「秋後論斬」、「秋後算帳」、「西門處決」，均與西王母司刑殺相關。

同時，西王母又能注生賜壽。她有三千年一實的蟠桃和不死之藥，因此又是益命延年的賜壽之神。《淮南子・覽冥訓》曰：

羿請不死之藥於西王母，姮娥竊以奔月，悵然有喪，無以續之。

此外，另一漢代作品，張衡《靈憲》亦曰：

嫦娥，羿妻也。竊西王母不死之藥服之，奔月。

以上典籍均稱「不死之藥」來自西王母，她早在漢代就已成為人人仰慕的壽神。至於西王母處「三千年一生實」、「大如彈丸」的桃，也是「不死之藥」，東方朔因三盜此桃，被世人謂為「神仙」。[31] 在傳說中，昆侖山有名為「王母桃」的仙桃，據北魏楊衒之《洛陽伽藍記》載：

又有仙人桃，其色赤，表裡照徹，得霜即熟，亦出昆侖山，一曰「王母桃」也。

可見，這「仙人桃」也出自西王母。

在傳說和神魔小說中，王母在蟠桃成熟時在瑤池舉辦「蟠桃勝會」，廣邀各路神仙，於是為西王母慶壽又成為民間藝術的表現題材。其實，在漢畫像石中就見有「西王母祝壽圖」（圖5-43）。此外，《穆天子傳》寫周穆王到昆侖山拜見西王母，傳說他後來活了一百多歲。穆天子上昆侖的事跡，顯然帶有向王母乞壽的成分。從眾多的文獻看，西王母作為壽神乃有著深厚的信仰基礎。

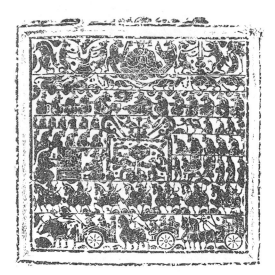

圖 5-43　西王母祝壽圖（漢畫像石）

[30] 見李谷鳴：《從三叟、五叟到十叟長壽歌》，《揚子晚報》，1999年4月16日，轉載《新安晚報》文。

[31] 參見晉張華：《博物志》，卷8。

壽 星

壽星，又稱「老人星」、「南極老人星」、「南極仙翁」。早在周代，就有秋分時節在南郊祀壽星的制度。

據《爾雅》說，壽星為二十八宿中的角、亢二星。東方蒼龍七宿位序為角、亢、氐、房、心、尾、箕，其中「角」、「亢」二宿列於首位，故有「數起角亢，列位之長」之說。列於首位，也就是排行老大，老大則年長，年長則為有壽。這是角、亢二宿成為壽星的文化邏輯。

漢起以南極老人星為壽星，並認為它與人壽、國命相聯繫。唐張守節曰：

> 老人星，在弧南，一曰南極，為人主占壽命延長之應。見，國命長，故謂之壽昌，天下安寧；不見，人主憂也。

另，唐司馬貞也曰：

> 壽星，蓋南極老人星也。見則天下理安，故祠之，以祈福壽。❸❷

由於管「壽命延長」兆「國命長」，為「壽昌」之象，故老人星被奉為「壽星」，受人祈祠。

到明代，壽星雖退出朝廷的祭祀，但在民間卻廣為流傳，其圖像以版畫、瓷畫、刺繡、雕刻等形式處處出現。典型的壽星形象是一額頭碩大，皺紋道道，慈眉善目，鬍鬚過腰，手捧鮮桃，拄著拐杖，杖頭掛著寶葫蘆，旁有松、鶴、蝠、鹿等相伴的圖樣（圖5-44）。

壽星作為吉祥圖畫在民間禮俗中廣為應用，人們已不再把他當作「壽神」祈拜，而僅作為長壽吉祥的象徵將他融入了俗民生活之中。

圖 5-44　壽星

麻 姑

麻姑，又稱「梅姑」，《古今圖書集成》引《太平清話》說麻姑又叫「黎瓊仙」，是一個修道有成，飛升入仙的女子。傳說，其年十八九，本是一「頂上作髻，餘髮散垂至腰」的美人（圖5-45）。

據葛洪《神仙傳》說，麻姑是東海建昌人，她的哥哥王方平精通「天文圖讖河洛之要」，入山修道而成仙。麻姑身著繡衣，手爪似鳥，隨兄修煉也成了仙人。她能穿著木屐在水上行走，還能把白米撒出去變

圖 5-45　麻姑

為丹砂。另據《列仙全傳》講，麻姑是後趙將軍麻秋之女。麻秋生性殘暴，殺人如麻，民間稱之為「麻胡」，有說他長著大鬍子，有說麻秋為北方胡人之故。直到今天，江淮一帶仍有人用「麻胡來了」嚇唬哭鬧的孩子，讓其安靜。麻胡曾驅趕民夫築城，晝夜不止，只有雞鳴時才能稍稍歇一會兒。麻姑同情這些民夫，於是就半夜學雞叫，她一叫，群雞齊鳴，民夫們得以早點收工。不久麻秋知道了，就要懲罰女兒，麻姑便躲入仙姑洞學道，終飛升成仙。

麻姑與「壽」的關聯，一是因為她說自己已看見東海三次變為桑田，滄海桑田之變一次要千萬年，因此麻姑已壽高無比；再一就是傳說她每年在三月三日王母誕日，在絳珠河畔用靈芝釀酒，以獻給王母作為壽禮，故有「麻姑獻壽」之說。

「麻姑獻壽圖」是民間獻給女壽星的

壽禮，此外人們還點演「麻姑獻壽」的劇目。麻姑歷來被民間視作壽仙，並成為壽誕禮俗中最常見的祥物之一。

安期生

安期生，又稱「安期先生」，又呼作「千歲翁」，是一術士或仙人，其事跡載於劉向的《列仙傳》中：

> 安期先生者，琅琊阜鄉人也。賣藥於東海邊，時人皆言「千歲翁」。秦始皇東遊請見，與語三日三夜，賜金璧度數千萬。出於阜鄉亭，皆置去，留書以赤玉舄一雙為報，曰「後數年求我於蓬萊山。」始皇即遣使者徐巿，盧生等數百人入海，未至蓬萊山輒逢風浪而還。立祠阜鄉海邊十數處云。[33]

秦始皇曾與安期生傾談三晝夜，後又派人入海尋找他，並為安期生在海邊立神祠十數座，乃因安期生自稱生活於蓬萊山這一仙島上。在秦始皇看來，安期生就是仙人。

秦始皇為何屢屢派人入海尋找安期生，並盼望再次見到他呢？因為安期生有一種能使人延年益壽的寶物——大棗。據《史記·封禪書》載，漢朝一個活了幾百歲的方士李少春自稱曾見過安期生，吃了安期生給他的一個「大如瓜」的大棗。他

[32]　轉引自蘇克明：《壽·壽禮·壽星》，四川人民出版社，1994 年，頁 44。
[33]　見《列仙傳》，卷上。

對漢武帝說：

> 臣嘗遊海上，見安期生，安期生食臣棗，
> 大如瓜。安期生仙者，通蓬萊中，合則
> 見人，不合則隱。

可見，早在《列仙傳》前一、二百年，已有安期生為「仙者」之說，並說其有棗「大如瓜」，這棗同西王母的蟠桃一樣，實為仙人之食。

安期生大棗有何神效呢?《駢字類編》卷 191 載：

> 《賈氏說林》：昔有人得安期大棗，在天河之南，煮三日始熟，香聞十里，死者生，病者起。其人食之，白日上升。

這大棗能起死回生，除病免疾，當然也就能延年益壽了。

王嘉《拾遺記》卷 3 所載的「黑棗」，也是一種能益壽的大棗。其文曰：

> 黑棗者，其樹百尋，實長二尺，核細而柔，百年一熟。

這長二尺的大棗當然也是「大如瓜」了，其「百年一熟」，正如蟠桃「三千年一生實」一樣，表生命聚集，有益壽之功。

安期生有大棗，才是秦始皇建神祠祭拜的真正動因，因為這大棗就是不死藥，也是秦始皇畢生所夢寐以求而終不可得的至寶。安期生同麻姑、彭祖等一樣，作為吉祥的象徵而歸入了壽仙的隊列。

六

天地祥物

在古人看來，天地是陰陽兩儀分化的產物。《河圖括地象》云：「易有太極，是生兩儀，兩儀未分，其氣混沌。清濁既分，伏者為天，偃者為地。」❶天地是太極的體現，也是人類所見的最大的物象，故《易大傳·繫辭上》有「法象莫大乎天地」之說。天地由天體雲氣和山川地物構成，由於它們與太極、兩儀的生成關係，而成為祥物的構成材料。

第一節
天體祥物

天體祥物包括太陽、太陰、吉星、祥雲等天空中存在之物，由於它們能發光，能運動，運行有常，高不可及，而又萬世永在，被古人視作神物。它們的圖像與信仰早在原始社會就已十分興盛，它們不僅作為光明與溫暖的象徵，也成為定方位、記歲時、生息興作的主要憑依。「三光日月星，三才天地人」，天體對人的生存與精神具有決定性的意義，並是一切祥瑞觀念的基礎。

一、太陽太陰

太陽、太陰是最為顯見的地外之物，又各稱作「日」、「月」。它們不僅作為晝夜的象徵，並被賦予了哲學的與社會的內涵而進入文化創造和風俗生活。《京房易傳》曰：「日月大光，天下和平，上下俱昌，延

年益壽，長世無極。」❷日、月成了決定社會、人生的標誌，是和、昌、壽、長等吉祥因素的基礎。日、月及其獸體形態、出入之所、載體與內物等，均成為祥物的構成材料。

太陽鳥

所謂太陽鳥，又稱「踆烏」、「三足烏」、「朱雀」等，它或作為太陽的獸體形象，或作為太陽行天的載體。

《廣雅》曰：「日名朱明，一名耀靈，一名東君，一名大明，亦名陽烏。」

《淮南子·精神訓》曰：「日中有踆烏」，高誘注云：「踆，猶蹲也，謂三足烏。」

以上文獻所說的「陽烏」、「踆烏」、「三足烏」，都是指太陽的化身，即太陽的獸體象徵。

關於烏為太陽的載體之說，見於《山海經·大荒東經》：

大荒之中，有山名曰孼搖頵羝，上有扶木，柱三百里，其葉如芥。有谷曰溫源谷。湯谷上有扶木。一日方至，一日方出，皆載於烏。

三足烏的圖像在新石器時代的仰韶文化彩陶上已經出現（圖6-1），而日、鳥疊合的藝術構圖，同樣在新石器時代已見於一些原始雕飾上，例如，在浙江河姆渡文化遺址出土的骨匕上（圖6-2），在安徽含山縣淩家灘文化遺址出土的「玉鷹」上（圖6-3），都見有鳥的構圖，而鳥身上刻有日

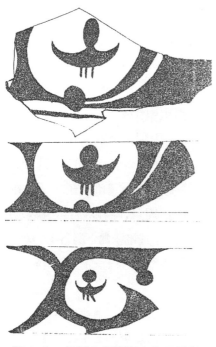

圖 6-1　仰韶文化彩陶上的三足烏

圖 6-2　河姆渡文化骨匕上的鳥日紋

圖 6-3　帶日紋的玉鷹

圖 6-4　金烏載日圖

圖 6-5　印第安人的太陽鳥

紋，表現了鳥、日相化或日載於鳥的文化認識。

在中國，鳥為「陽物」的認定由來已久，《經籍纂詁》卷 47 引《楚辭・自悲》「鳥獸驚失群兮」注云：「鳥者，陽也。」鳥之「陽」有兩層涵義：其一，為太陽的精魂和載體；其二，鳥頭似男根，作為陽具的象徵，故男性生殖器又俗稱作「鳥」、「麻雀」、「雀雀」之類。由於與陽氣相聯，故日、鳥成為祥瑞的象徵，成為長生或化生的象徵。在漢畫像石中有大量的「金烏在日」或「金烏載日」的圖像，以陽氣長在之象表安魂誘生（圖 6-4）。

無獨有偶，鳥、日疊合的圖像也見之於美洲印第安人中。印第安人的太陽鳥也有「蹲日」和「載日」兩種基本構圖（圖 6-5），透露出印第安文化與中國遠古文化

的驚人相似，不能不使人推測同源播化的可能。

正是有太陽鳥的幻想，才產生「羿射九日」的神話，並以鳥死羽墜表太陽的熄滅。❸ 太陽與鳥的併合，首先是原始人類

❶　轉引自《藝文類聚》，卷 1「天部上・日」。
❷　同❶。

用神話的思維對太陽天際運行所作的合理性解釋，太陽東升西落，無翼而飛，於是幻想它是被一隻無形之鳥所載負，或其本身就是一隻鳥。其次，人類最初的生存空間是原始荒原，到處是茂密的叢林，林木遮住了地平線，於是太陽的東升西落，有如鳥兒在枝頭起落。再次，烏鴉有知歸之性，每日晨去暮歸，而太陽運行有常，正如知歸之鳥，守時有信，故以「鳥」相比附。最後，鳥以頭頸似男根而被視為陽物，而太陽以光熱、升騰表陽氣，陰陽與性別的對應認定，將鳥、日聯結起來，並成為太陽鳥幻想的又一基礎。

太陽鳥作為祥物曾有廣泛的應用，它在不同的原始文化類型中曾反復出現，它神祕古奧、播化久遠，可以說是最早、最重要的祥物之一。

太陽樹

太陽樹，為太陽棲息之樹，又稱作「宇宙樹」。太陽樹的虛構，乃出於神話的創造，係前邏輯思維的產物。在中國神話體系中，扶桑、若木、建木等，均作為太陽樹而千古流傳。

扶桑，又叫「扶木」。《山海經·海外東經》曰：

> 湯谷上有扶桑，十日所浴，在黑齒北。居水中，有大木，九日居下枝，一日居上枝。

扶桑為十日所居，顯然是一棵「太陽樹」。

湯谷為日浴之所，其地也打上了「太陽」的標記。此外，《山海經·大荒東經》所載的「湯谷上有扶木，一日方至，一日方出」，這「扶木」就是「扶桑」，此說強調了太陽輪番次第而出的規律。

扶桑在中國古典詩文中屢見載錄。屈原《離騷》中有「飲余馬於咸池兮，總余轡乎扶桑」句，而《淮南子·天文訓》則曰：「日出於暘谷，浴於咸池，拂於扶桑，是謂晨明」。「咸池」為「湯谷」的具體化，是與扶桑相聯的浴日之所。晉張載有詩曰：

> 白日隨天回，曒曒圓如規。
> 蹐躍湯谷中，上登扶桑枝。

此外，傅玄有「湯谷發清曜，九日棲高枝」的詩句，均言扶桑為太陽之樹。

至於扶桑的形狀名稱，《海內十州記》載：

> 扶桑在碧海之中，地方萬里，上有太帝宮，太真東王父所治處。地多林木，葉皆如桑，又有椹樹，長者數千丈，大二千餘圍，樹兩兩同根偶生，更相依倚，是以為扶桑。

「東王父」即太陽王，扶桑還是與太陽相關。《淮南子·地形訓》另有「扶木在陽州，日之所曬」之載，「扶木」還是與「陽」、「日」相提並論。

此外，建木、若木、桑榆等，也均與太陽相關，構成太陽樹的系列。

太陽樹的圖像以宇宙樹的形式出現在戰國時的半瓦當上（圖6-6），在苗族剪紙中有「姜央射日圖」，日月掛於樹端，透露出太陽樹或宇宙樹的信息（圖6-7）。太陽樹的崇拜是一世界文化現象，在埃及第18王朝的一份草紙上就有太陽樹的圖像（圖6-8），表明了太陽樹信仰的久遠與普遍。

太陽樹作為一種符號，與陽氣、光明相聯，與神主、仙人相通，故始終帶有吉祥的意義。

圖6-6　戰國半瓦當上的宇宙樹

圖6-7　姜央射日

圖6-8　古埃及的太陽樹

天　馬

天馬又稱天駟、神馬，是太陽的又一個動物象徵。《白虎通·封公侯》曰：「馬，陽物。」這除了說馬健壯、有陽剛之氣外，也與馬為日精的神話認識相關。《左傳》曰：

> 魯莊公新作延廄，凡馬日中而出，日中而入。

馬、日的對應建築在馬、日相感的神話基礎上。張衡《東京賦》有「龍雀蟠蜿，天馬半漢」之句，稱「天馬」為行空的神獸。此外，葛洪《抱朴子》曰：「騰黃之馬，吉光之獸，皆壽三千歲也。」其「吉光」，即陽光，作為陽光之獸，馬實際上就是陽光的形象比擬。漢代《天馬歌》曰：

> 太一貺，天馬下。
> 沾赤汗，沫流赭。
> 志俶儻，精權奇。
> 躡浮雲，晻上馳。
> 體容與，迣萬里。
> 今安匹，龍為友。　❹

可見，這「躡浮雲」、「龍為友」的「天馬」，是與「太一」等天體相聯的天際之物。從

❸　《淮南子》曰：「堯時十日並出，草木焦枯，堯命羿仰射十日，中其九，烏皆死，墮羽翼。」參見《古今事文類聚》，卷2。

❹　同❶，卷93。

圖 6-9　天馬（漢畫像石）

圖 6-10　聯璧天馬紋（唐代織錦）

漢代另一首《天馬歌》中的「天馬來，從西極」、「經千里，循東道」之句，可看到「天馬」與「太陽」的趨同。

其實，天馬的幻想來自古人對太陽的觀察：太陽東升西落，日行萬里，陽光穿透雲層，瞬間即至，其行天與快捷使人們聯想到飛馳的駿馬，故產生天馬的比附。

天馬的形象往往帶有一對翅膀或三根「飛毛」，以表行空得陽。例如，漢畫像石上的天馬，除有飛翼，更有飛毛，毛取三根，尾為三絡（圖6-9）。數字「三」使人聯想到「三足烏」，天馬也就透露出日精的

寓意。在唐代的織錦圖案中有聯璧天馬紋，飛馬下有祥雲（圖6-10），表明了這一天體祥物在當時已進入了凡俗生活，並潛含著納吉迎陽的文化意義。

日月之象

日、月的圖像或分繪，或同繪，最初都帶有神話的和原始宗教的印記，它們同生殖崇拜、農業活動、生死觀念等相聯繫，被視作誘生助長的吉祥符號。

在原始彩陶、岩畫上，出現了多種太陽圖案，其中大多突出了它的發光特點（圖6-11）。而「太陰」月亮的圓缺變化及夜晚發光之性也早就受到普遍的注意，其圖像及相應的崇拜活動見之於世界各地。

在中國，有蟾蜍伏月、嫦娥奔月、玉兔在月、老牛望月（圖6-12）等吉祥圖畫。在域外，美索不達米亞有月紋錢幣（圖6-13），亞述人有帶翼的月亮和三種形態的聖月樹（圖6-14），埃及人有月舟，克里特人有聖月樹神廟（圖6-15），等等。月亮的信仰豐富多趣，古奧神祕。

日、月為陽、陰兩極的基礎，它們相

圖 6-11　陰山岩畫上的太陽紋

圖 6-12　老牛望月（花錢）

圖 6-13　美索不達米亞錢幣

圖 6-14　亞述人的聖月樹

圖 6-15　克里特人的聖月樹神廟

圖 6-16　伏羲女媧（漢畫像石）

圖 6-17　唐墓中的伏羲女媧

反相成，互為依靠，常常同圖出現，表陰陽轉合、生死相聯。在漢墓畫像石、畫像磚的構圖中，有多種伏羲女媧執規矩、捧日月的圖像，以日月、男女、方圓的對應、同在，作為化生長生的吉祥符號（圖 6-16）。在新疆吐魯番唐墓出土的「伏羲女媧圖」，雖未直接繪出日月，但有規矩、男女之身、星象圖，且上下各有一輪，這重輪實際上就是日、月的象徵（圖 6-17）。

重輪齊慶、日月同輝，不僅作為吉語祥圖用於民間禮俗之中，同時也作為宗教藝術的題材，使之帶有神聖的意味。在雲岡石窟第五十窟，其窟頂繪畫中便有舉日月、騎鳳鳥的菩薩構圖（圖6-18），表現出日、月在聖、俗兩方面均有吉祥的意義。

日月代表著空間與時間的有序更替、陰陽男女的相分相合、明暗冷暖盈虧的規律性變化，而這些對立因素的和諧統一，正是一個祥和世界的存在基礎。從這一意義上說，文化闡釋中的日月之象，都是經歷了哲學化、宗教化、藝術化的特殊祥物。

圖6-18　日月鳳鳥圖

月中之物

月，古稱「夜光」，被視作「太陰之精」或「陰精之宗」。月在神話傳說中是一個清冷的世界，它只有嫦娥、桂樹、吳剛、蟾蜍、玉兔等神仙神物，似乎是一個單調的、空蕩的天地。不過，月中之物的存在都貼合著月亮本身的特性，擁有一個共同的吉祥主題——「不死」。

月有圓缺變化，循環往復，永不停息，使人聯想到它有再生之力，不死之功。屈原《天問》中的「夜光何德，死則又育」之句，正是對月的「不死」之性所表現出的困惑。月是不死之境，月中之物也都為不死之物。

嫦娥飛升不死之境月宮，乃因偷食了不死之藥。《淮南子·覽冥訓》曰：

> 羿請不死之藥於西王母，姮娥竊以奔月，
> 悵然有喪，無以續之。

高誘注云：「姮娥，羿妻。羿請不死之藥於西王母，未及服食之，姮娥盜食之，得仙，奔入月中為月精也。」「姮娥」亦作「恒娥」，「恒」、「常」同義，因避漢文帝劉恒之諱，後作「嫦娥」。嫦娥吃了「不死之藥」，已成不死之仙，而不死之仙只能安排在不死之境，故嫦娥奔往月亮，成了月精。嫦娥因不死而成吉仙，於是「嫦娥奔月圖」成了民間所喜愛的吉祥圖畫（圖6-19）。

蟾蜍作為月精，在古代墓畫中多有所見。漢張衡《靈憲》曰：

> 月者，陰精之宗，積而成獸，象蛤兔。

又曰：「姮娥奔月，是為蟾蜍。」❺按此說法，蟾蜍為嫦娥的形變或化身，儘管美女成了癩蛤蟆，但因能「不死」而成為祥物。蟾蜍與月的相聯，還由於古人對其生存規律的誤解。蟾蜍有冬眠春甦，似乎也能做「生——死——生」的無限循環，這正投合了月的「死則又育」之性，從而成為月中之物或月之象徵。

圖6-19　嫦娥奔月

圖6-20　月中搗藥圖

玉兔也是月中之物，與蟾蜍往往相提並論。玉兔、蟾蜍可能是古人對月面亮處與暗處（陰影）的形象附會。晉傅咸《擬天問》有「月中何有？白兔搗藥，興福降祉」之句，白兔所搗之藥當為「不死之藥」，故成為「興福降祉」之徵。在古代圖像中，搗藥是白兔和蟾蜍的「合作項目」，或雙雙共搗，或白兔搗藥，蛤蟆丸藥（圖6-20），頗有情趣。

吳剛、桂樹也因不死之性而與月亮聯結在一起。段成式《酉陽雜俎》載：

> 舊言月中有桂，有蟾蜍，故異書言：月桂高五百丈，下有一人，常斫之，樹創隨合。人姓吳名剛，學仙有過，謫令伐樹。

吳剛能在月中伐樹，看來學仙雖「有過」，但仙已學成，因此只能打發他到不死之境去受永久的懲罰。而「樹創隨合」的月桂樹則是一棵「不死樹」，它能不斷癒合創口，正吻合月的「死則又育」之性。

月中之物，包括嫦娥、蟾蜍、白兔、吳剛、桂樹等，無不體現了月的不死主題，並因這一主題而成為吉祥的象徵。

二、吉星祥雲

星辰雲氣作為自然之物，自古被視作與人息息相關、有吉凶利害的徵兆之物，其中以布恩施澤，得陽佑生為主，構成又一類天體祥物。星辰有「萬物之精」、[6]「日分為星」之說，[7]古人視其與人有一種對應關係。袁景瀾曰：「萬物之精，上為列星，陽光發榮，水液騰精，金流散氣，石結成

---

[5]　同[1]，卷1「天部上・月」。
[6]　《說文》曰：「萬物之精，上為列星。」
[7]　《春秋說題辭》曰：「陽精為日，日分為星。」

形。……在野象物，在朝象官，在人象事。」❽至於雲，《禮統》曰：「雲者，運氣布恩普也。」❾由於「在人象事」、「運氣布恩」，故星、雲圖像多具有祥物的意義。

二十八宿

二十八宿是環赤道的星座體系，它在戰國後期及秦代已經形成。在1975年湖北省雲夢睡虎地出土的竹簡上，已見有二十八宿的宿名，它們是：角、亢、氐、房、心、尾、箕；斗、牽牛、須女、虛、危、營室、東辟；奎、婁、胃、卯、畢、觜、參；東井、輿鬼、□、七星、張、翼、□□。❿

二十八宿按東南西北的分區，各為七個星座，並以四神之名而冠之，即：

東方七宿（蒼龍）：角、亢、氐、房、心、尾、箕；

北方七宿（玄武）：斗、牛、女、虛、危、室、壁；

西方七宿（白虎）：奎、婁、胃、昴、畢、觜、參；

南方七宿（朱雀）：井、鬼、柳、星、張、翼、軫。

古人稱星所居曰次、曰舍，並視二十八宿為「日月次舍」，而二十八宿亦另有名稱或職司。《吳郡歲華紀麗》卷6曰：

二十八宿，為日月次舍。東方蒼龍，析木之津，壽星角亢，箕為傲客。房實農

祥，心為大火。氐屬天根，尾聚九星，後宮燕息，西方咸池。五車三柱，奎為封豕，妻主眾聚，胃實天倉，畢洩雲雨，昴象旄頭，觜為軍旅，參橫上將，體成白虎。南方朱鳥，三光之廷。咮謂之柳，鶉火通耀。鬼為天目，星主繡文。翼軫鶉尾，宰輔勢成。天廚在張，黃道倚井。北宮之武，虛次玄枵。南斗爵祿，東壁文章。女主布帛，牛系關梁。危為天府，營室告時。

這些名稱與職司既有形象的附會，也有文化的理解，並由此帶上吉祥的意義。

二十八宿因有文化的取意而用於星占活動，在《增補玉匣記通書》、《廣玉匣記》等書中就有用二十八宿趨吉避凶的判詞。例如，有關張宿的判詞是：

張星日好造龍軒，年年便見進庄田。
埋葬不久陞官職，代代為官近帝前。
開門放水招財帛，婚姻和合福綿綿。
田蠶大利倉庫滿，百般利意自安然。
（圖6-21）

有關井宿的判詞是：

井星造作旺蠶田，金榜題名第一先。
埋葬須防驚卒死，忽癲瘋疾入黃泉。
開門放水招財帛，牛馬豬羊旺莫言。
寡婦田塘來入宅，兒孫興旺有餘錢。
（圖6-22）

圖 6-21　張宿圖

圖 6-22　井宿圖

圖 6-23　軫宿圖

更有為官沾帝寵，婚姻龍子出龍宮。

（圖 6-23）

有關斗宿的判詞是：

斗星造作主招財，文武官員位鼎臺。
田宅錢財千萬進，墳塋修築富貴來。
開門放水招牛馬，旺蠶男女主和諧。
遇此吉星來照護，時交福慶永無災。

（圖 6-24）

二十八宿還用來占風雨陰晴，《增補玉匣記通書》、《管窺輯要》等書輯錄了與二十八宿相關的四時占驗歌訣。其歌曰：

⑧　見《吳郡歲華紀麗》，卷6。
⑨　同❶，卷1。
⑩　見《雲夢睡虎地秦墓》，文物出版社，1981年，圖版頁121～123。

有關軫宿的判詞是：

軫星臨水造龍宮，代代為官受勅封。
富貴榮華增福壽，庫滿倉盈自昌隆。
埋葬文星來照助，宅舍安寧不見凶。

圖6-24　斗宿圖

春季

虛危室壁多風雨，若遇奎星天色晴。

婁胃鳥風天冷凍，昴畢溫和天又明。

觜參井鬼天見日，柳星張翼陰還晴。

軫角二星天少雨，或起風雲傍嶺行。

亢宿大風起沙石，氐房心尾雨風聲。

箕斗濛濛天少雨，牛女微微作雨聲。

夏季

虛危壁室天半陰，奎婁胃宿雨冥冥。

昴畢二星天有雨，觜參二宿天又陰。

井鬼柳星晴或雨，張星翼軫又晴明。

角亢二星太陽見，氐房二宿大雨風。

心尾依然宿作雨，箕斗牛女遇天晴。

秋季

虛危壁室震雷驚，奎婁胃昴雨淋庭。

星觜參井晴又雨，鬼柳雲開客便行。

星張翼軫天無雨，角亢二星風雨聲。

氐房心尾必有雨，箕斗牛女雨濛濛。

冬季

虛危壁室多風雨，若遇奎星天色晴。

婁胃雨聲天冷凍，昴畢之期天又晴。

觜參二宿半時晴，井鬼二星天色黃。

莫道柳星雲霧起，天寒風雨有嚴霜。

張翼風雨又見日，軫角夜雨日還晴。

亢宿大風起沙石，氐房心尾雨風聲。

箕斗二星天有雨，牛女陰凝天又晴。

占卜陰晴真妙訣，仙賢祕密不虛名。

掌上輪星天上應，定就乾坤陰與晴。

從墓室天文圖到民間占驗，可見二十八宿能化生死、定吉凶、占風雨，為人們生產、生活所用，故被視作吉星。

北斗南斗

北斗七星、南斗六星在中國早就受人祈拜，被當作能通天地、注生死的吉星。道教把北斗、南斗收入自己的神系，稱為「北斗星君」、「南斗星君」，並將其母稱作「斗姆」，或叫「紫光夫人」。

北斗在星辰崇拜中，地位頗高，它因是天皇大帝、紫微大帝的兄弟，故常與天帝、人祖聯繫在一起。北斗七星形似斗杓，又像車座，在漢畫像石中就有天帝乘斗車出巡的圖畫（圖6-25）。東漢《河圖始開圖》則說：「黃帝名軒轅，北斗神也。」北斗與天帝、人祖的聯繫，表明了它在信仰體系中的特殊地位。

至於北斗七星的名稱，《春秋運斗樞》曰：

圖 6-25　天帝乘斗車

北斗七星，第一天樞，第二旋，第三機，第四權，第五衡，第六開陽，第七搖光。第一至四為魁，第五至七為標，標合為斗，居陰布陽，故稱北。⓫

《玉清無上靈寶自然北斗本生真經》則稱北斗七星之名為：貪狼、巨門、祿存、文曲、廉貞、武曲、破旱。

　　北斗信仰雖帶有神話的與宗教的印痕，但人們對北斗的觀察卻常常出於定歲時、分季節的需要，有「斗柄在東，天下皆春；斗柄在南，天下皆夏；斗柄在西，天下皆秋；斗柄在北，天下皆冬」的規律。⓬人們還用北斗星來尋找北極星，並在夜行與航海中定方向。北斗七星予人恩惠，自然被視作吉星。

　　南斗與北斗相提並論，稱一個「注生」，一個「注死」，見於《搜神記》中的管輅故事。《搜神記》卷 3 載：

管輅至平原，見顏超貌主夭亡。顏父乃求管輅延命。輅曰：「子歸，覓清酒一榼，鹿脯一斤，卯日，刈麥地南大桑樹下，有二人圍棋次，但酌酒置脯，飲盡更斟，

以盡為度。若問汝，汝但拜之，勿言。必合有人救汝。」顏依言而往，果見二人圍棋。顏置脯斟酒於前。其人貪戲，但飲酒食脯，不顧。數巡，北邊坐者忽見顏在，叱曰：「何故在此？」顏唯拜之。南邊坐者語曰：「適來飲他酒脯，寧無情乎？」北坐者曰：「文書已定。」南坐者曰：「借文書看之。」見超壽止可十九歲。乃取筆挑上，語曰：「救汝至九十年活。」顏拜而回。管語顏曰：「大助子，且喜得增壽。北邊坐人是北斗，南邊坐人是南斗。南斗注生，北斗注死。凡人受胎，皆從南斗過北斗。所有祈求，皆向北斗。」

向北斗祈求乃為增歲延壽，北斗又成為與人壽相關的吉星。在民間花錢中，有一些以「福鹿」為題材的圖案和銘文，常鑄上北斗七星的星座圖，表現出北斗與「福（蝠）祿（鹿）」相聯，合成了「福祿壽」的主題（圖 6-26）。花錢上北斗七星的選用，本基於北斗信仰所固有的吉祥意義。

圖 6-26　福鹿星花錢

⓫　同❶，卷 1「天部上‧星」。
⓬　參見馬書田：《全像中國三百神》，「北斗星君」，江西美術出版社，1992 年。

天　河

天河，又稱天漢、河漢、星漢、銀河、星河、靈河等，體現了中國古人對宇宙中璀璨群星的觀察、想像與概括。

天上有水，星空為河，水浮天載地，天河、地川相通的神話觀念早在新石器時期已見端倪。在蘭州白道溝坪仰韶文化遺址出土的星河紋彩陶碗（圖6-27），就直觀

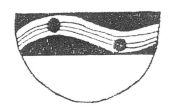

圖 6-27　星河紋彩陶碗

地展示了星、河間的同位對應關係。儘管所謂「星」紋可能是魚紋圖案化後的高度濃縮，但與星在天河的神話認識一脈相通。《山海經・大荒西經》中有「風道北來，天乃大水泉」之說，《黃帝書》則言：「天在地外，水在天外，水浮天而載地者也。」關於天地之水的相連，古人亦多有所論。葛洪《抱朴子》曰：

河者，天之水也，隨天而轉入地下過。

《孝經援神契》曰：

河者，水之伯，上應天漢。

此外，清周亮工《書影》卷7載：

天河兩條：一條經南斗中，一條經東斗中過。兩河隨天轉入地……地浮於水，天在水外……

天河、地川互應互連，故魚成為信仰中的能登天入地的引導神。在戰國銅匜上多見有巫師祭天的圖畫，匜口繪有天河，河上有兩魚或三魚之像（圖6-28），以表天地交通。

天河作為神界與人間的區分，以牽牛、織女二星的神話最為著名。《詩經・小雅・大東》最先將織女、牽牛二星相提並論，其詩云：

維天有漢，監亦有光。
跂彼織女，終日七襄。
雖則七襄，不成報章。
睆彼牽牛，不以服箱。

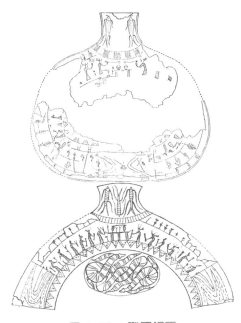

圖 6-28　戰國銅匜

在詩中，他們是勞而無功之星，相互並無情感的聯繫。他們的悲劇性愛情是從漢代的《古詩十九首》發端的：

> 迢迢牽牛星，皎皎河漢女。
> 纖纖擢素手，札札弄機杼。
> 終日不成章，涕泣零如雨。
> 河漢清且淺，相去復幾許？
> 盈盈一水間，脈脈不得語。

在漢代畫像中出現了牛郎、織女的人形星象圖，（圖6-29）映襯著《古詩十九首》所描寫的二人欲語不得的苦戀。以天河隔絕牛女的星圖，從漢代開始人形化，逐步被賦予了愛情的糾結，並傳入了鄰國高句麗，在紀年為永樂八年（409年）的德興里壁畫墓中，亦出現了牛郎、織女隔河而立的圖畫（圖6-30）。在魏曹植的《九詠》中，已有「牽牛為夫，織女為婦」的定說。

圖6-29　牽牛織女星座（漢畫像石）

圖6-30　高句麗壁畫墓中的牽牛織女圖

由於天河與牛郎、織女二星的神話傳說相關，故民間七夕風俗中，與天河相關的乞巧用「陰陽水」、乞美用「牛女淚」等，都成了昔日婦女們所熱望的祥物，以盼獲得織女之巧和天孫之美，並得到人間男子的鍾愛。

祥　雲

雲，為自然之氣，因其運動而稱作雲。《說文》釋曰：「雲，山川氣也。從雨，雲象回轉之形。」《春秋說題辭》曰：「雲之為言運也，觸石而起謂之雲。」[13] 雲能運動回轉，又能降雨布恩，故《周易》有「雲從龍」之說，並被視作瑞應。

雲紋圖像早在新石器時代已作為裝飾圖案出現在陶器上。近年在江蘇金壇三星村遺址出土了距今 5500～6500 年的雲雷紋陶豆，其紋樣與布局與商周青銅器紋飾十分相似，可稱為雲雷紋的濫觴。[14]

在秦代瓦當中，有多種雲紋圖案，諸如卷雲紋、連雲紋、S 形雲紋、羊角形雲紋、蘑菇形雲紋等（圖6-31）。在漢畫像石

圖6-31　秦代雲紋瓦當

[13] 見祝穆：《古今事文類聚》，卷3。
[14] 見庾康等：《長江下游遠古文明璀璨奪目》，載《新華日報》1998 年 6 月 11 日。

圖6-32　羽人祥雲圖（漢畫像石）

圖6-33　祥雲松鹿圖（明石雕）

圖6-34　福壽祥雲

中，雲紋常與神仙羽人相伴，從而展露出祥瑞的氣息（圖6-32）。在明代石雕祥圖「松鹿圖」上，刻有羊角形雲紋，以添加其吉祥意義（圖6-33）。在後世的吉祥圖案中，雲紋常作為配飾烘托以圖文表達的吉祥主題（圖6-34）。

雲氣何稱祥雲呢？楚荀況《雲賦》稱，雲「圓者中規，方者中矩，大齊天地，德厚堯禹，精微於毫毛，充盈於天宇。」此言雲能方能圓、能巨能微，有行有德。曹植《吹雲贊》則曰：

天地變化，是生神物。
吹雲吐潤，浮氣翁鬱。

雲被視作天地之間的神物。祥雲由自然而社會，由其充盈天宇而成「太平之應」，[15] 故為「大齊天地」的祥物。

第二節
地物祥物

所謂地物祥物，係指地上的非生命的自然之物，包括高山、河流、土地、石頭、島嶼、泉水等，它們既有實在的，又有虛擬的，往往以神話傳說作為其存在的文化基礎，並由此傳導出祥瑞的意義。

一　神山靈石

山因高峻雄奇、難以登攀而被幻想為神仙的居處，這在世界神話體系中是一共

同的母題。就中國吉祥文化而言，昆侖山、三神山（或五神山）、扶桑山、度朔山、嶗嶸山、釣影山、昆吾山、洞庭山等，都被賦予了神異色彩，也均被視作吉山。石頭本出自山上，靈石的虛構實際上是山石崇拜被誇飾的結果，同神山一樣，可統歸於地物祥物之列。

昆侖山

昆侖山在中國神話和神仙傳說中，是西王母和其他神仙們的居處。《山海經·大荒西經》曰：

> 赤水之後，黑水之前，有大山，名昆侖之丘，有神，人面虎身，有尾。

同西王母的形像相仿，昆侖之神是人獸的合體。

在神仙傳說中，昆侖山為仙人所居，並產仙物，能使人成仙。《葛仙公傳》曰：

> 昆侖，一曰玄圃，一曰積石瑤房，一曰閬風臺，一曰華蓋，一曰天柱，皆仙人所居也。

昆侖山不僅為仙所居，還產讓人成仙、不畏水火、白刃的仙食。東方朔《神異經》載：

> 昆侖山上有柰，冬生子碧色，須玉井水洗之，方可食也。刀味核生南荒中，樹形，高五十丈，實如棗，長五尺，金刀

剖之則甜，若竹刀剖之則飴，木刀剖之則酸，蘆刀剖之則辛。食之地仙，不畏水火、白刃。

昆侖山之重要，還因「四角大山」、❶❻其泉東南而流，位處「地之中也」。❶❼昆侖作為中國大河的源頭，而備受景仰。《博物志》曰：

> 昆侖從廣萬一千里，神物之所生，聖人神仙之所集，五色雲氣，五色之流水，其泉東南流入中國，名為河也。

來自昆侖的河水滋潤著中華大地，哺育了芸芸眾生，昆侖因此被稱作「水之靈府」。郭璞《昆侖丘贊》曰：

> 昆侖月精，水之靈府。
> 惟帝下都，西羌之宇。
> 嶸然中峙，號曰天柱。

稱昆侖為「天柱」，乃因「帝」緣其上下，實乃天梯。

昆侖山還被古人幻想為「山有九層」，每層「相去萬里」，「群仙常駕龍乘鶴遊戲其間」，每層各有寶物，例如，第六層有五

❶❺　孫氏《瑞應圖》曰：「景雲者，太平之應也。」見《藝文類聚》，卷1。
❶❻　語出《海內十洲記》。
❶❼　《水經》曰：「昆侖墟在西北，去嵩高五萬里，地之中也。」見《藝文類聚》，卷7。

色玉樹，第三層有禾穟、枲，第五層有神龜，第九層有五色石等。❶昆侖山有神仙實物，能立地通天，以河潤華夏，在人們的觀念中自然便成了聖域和祥物。

三神山、五神山

三神山與五神山也是神話傳說中神仙的居處，與昆侖山不同的是，它們不是在西邊的地中，而是東邊的海上。

所謂三神山指蓬萊、方丈、瀛洲。據《史記·秦始皇本紀》載：

> 齊人徐市等上書，言海中有三神山，名曰蓬萊、方丈、瀛洲，仙人居之。

又《封禪書》曰：

> 自威、宣、燕昭，使人入海求蓬萊、方丈、瀛洲。此三神山者，其傳在渤海中，去人不遠；患且至，則船風引而去。蓋嘗有至者，諸仙人及不死之藥皆在焉。其物、禽獸盡白，而黃金、銀為宮闕。未至，望之如雲；及到，三神山反居水下。臨之，風輒引去，終莫能至云。

三神山是凡人難至的神祕境界。山中的「不死之藥」，使東海的三神山與西方的昆侖山，以及東王公與西王母聯繫起來。在沂南漢畫像石上便有東王公、西王母各居三山之上，東王公山下有龍，表位在東方；西王母山下有虎，表位在西方，山上各有搗藥的羽人、羽獸（圖6-35），同產「不死

之藥」。從海中三神山與西方三神山的對應，可見三神山的吉物性質。三神山圖像在銅鏡、瓷盤（圖6-36）、盆景、園池步石等方面多有運用，成為又一類來自神話題材的民間祥物。

五神山指岱輿、員嶠、方壺、瀛洲和蓬萊，據《列子·湯問》載，「其上臺觀皆金玉，其上禽獸皆純縞。珠玕之樹皆叢生，華實皆有滋味，食之不老不死。」可見，五神山也是一個專產不死之藥的聖地。袁珂先生指出，「五神山之說當即本於三神山而

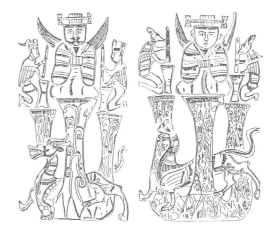

圖6-35　三神山與西王母、東王公（漢畫像石）

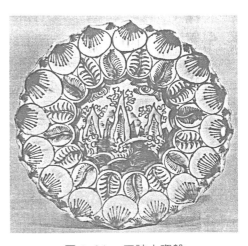

圖6-36　三神山瓷盤

又有所增飾」，❶因此，五神山同三神山一樣，作為神仙之島而被視同祥物。

神島仙洲

在中國神話傳說中有不少神島仙洲，那裡有各種神異之事和祥瑞之物，是古人祈望盼求的遇仙成仙之境。

現援引數例以解說：

《神異經》曰：「大荒之東極，至鬼府山臂、沃椒山腳巨洋海中，升載海日，蓋扶桑。山有玉雞，玉雞鳴則金雞鳴，金雞鳴則石雞鳴，石雞鳴則天下之雞鳴，悉鳴則潮水應之矣。」

《海內十洲記》曰：「滄海島在北海中，地方三千里，去岸二十一萬里，海四面繞島，各廣五千里，水皆蒼色，仙人謂之滄海也。島上俱是大山，積石至多，石象八石、石腦、石桂、英流、丹黃子、石膽之輩百餘種，皆生於島。石服之，神仙長生。」

漢郭憲《洞冥記》卷 2 曰：「峨嵋山，山臨碧海上，萬年一實，如今之軟棗，咋之有膏，膏可燃燈，西王母握以獻帝。……神女留玉釵以贈帝，帝以賜趙婕妤，至昭帝元鳳中，宮人猶見此釵。黃謙欲之，明日示之，既發匣，有白燕飛升天。後宮人學作此釵，因名『玉燕釵』，言吉祥也。」

至於「仙洲」，實例亦頗多，現再舉數例：

《神異經》曰：「東海滄浪洲生強木焉。洲人多用作舟楫，其上多以珠玉為戲物，終無所負。其木方一寸，可載百許斤，縱石鎮之，不能沒矣。」

《海內十洲記》曰：「生洲，在東海丑寅之間，接蓬萊十七萬里，地方二千五百里，去西岸二十三萬里。上有仙家數萬，天氣安和，芝草長生，地無寒暑，安養萬物，亦多山川、仙草、眾芝，一洲之水味如飴酪，至良洲者也。」

《海內十洲記》又曰：「鳳麟洲，在西海之中央，地方一千五百里，洲四面有弱水繞之，鴻毛不浮，不可越也。洲上多鳳麟，數萬各為群。又有山川、池澤及神藥百種，亦多仙家煮鳳喙及麟角，合煎作膏，名之為『續弦膠』，或名『連金泥』。此膠能續弓弩已斷之弦，刀劍斷折之金……」

上述神島仙洲有一個共同點，即產靈異之物，諸如玉雞、長生石、玉燕釵、不沉木、飴酪水、續弦膠等，或感應自然，或滋養人生，均被視作吉祥之物。「神島仙洲」往往被安置在遙遠的「巨洋海中」，凡人無法尋探，從而為其增添了神祕色彩。此外，山島與海水相連，取山水對應之意，即山為陽，水為陰，山水相連即陰陽抱合。因此，這一境界本來就隱含著陰陽相就、化生萬物，長生長養的文化意義。

神島仙洲在民俗生活中的模仿，主要在民居門樓的山水畫、私家園林的築山疊石、理水修池，以及居室擺設中的盆島小景等方面，構成了一組古奧飄逸的特殊祥物。

❶　見晉王嘉：《拾遺記》，卷 10。
❶　見《中國神話傳說詞典》，上海辭書出版社，1985 年，頁 75。

靈 石

人類在自身的生存與發展中同石頭結下了不解之緣，經過漫長的石器時代，石頭的功用與信仰已轉化為一種文化情結留存在進化了的社會中。其中，靈石的傳說與風俗就是原始文化情結的再現。

靈石作為社神的象徵，是祭祀的對象。《淮南子‧齊物訓》曰：「殷人之社，其社用石。」社石為主管豐歉的農神象徵。由於這一崇拜，在後世風俗中派生出一些以石占豐儉的風俗。

梁代吳均的《續齊諧記》記述一種占豐儉的「石磨」：

> 吳興故鄣縣東三十里，有梅溪山，山根直豎一石，可高百餘丈，至青而圓，如兩間屋大，四面斗絕，仰之於雲外，無登陟之理。其上復有盤石，圓如車蓋，恒轉如磨，聲若風雨，土人號為「石磨」。轉快則年豐，轉遲則歲儉，欲知年之豐儉，驗之無失。

這種占歲用的靈石，在近代風俗中也未絕跡。在河北省漳河兩岸還傳習著「過七河」的民俗。在每年正月十四夜晚，用煮水餃湯和灶火灰，成泥後，把一個有兩個鼻兒的水罐與一塊上百斤重的「捶布石」粘起來。村裡要選七個不同姓氏的未嫁姑娘敬祭天神、五穀神、龍王、石頭神。第二天，即正月十五，七個姑娘在院子裡用各種穀糧灑下七條「河」：穀子第一條，麥子第二條，玉米第三條，豆子第四條，黍子第五條，高粱第六條，蕎麥第七條，「河」與「河」之間相距二尺。然後姑娘們抬起那個水罐，水罐下粘著捶布石，一步步跨過七條河。若過了一條河，捶布石就掉下來了，或水罐鼻子壞了，就預示今年只收穀子；若過了兩條河，預示今年穀子、麥子豐收；若七條河全過了，那預示著各種穀糧都豐收。[20] 在這一風俗中，捶布石是占驗的中心，靈應的所在。

靈石不僅兆豐穰，還能使人「大明悟」，成為「通儒」。葛洪《西京雜記》卷 1 載：

> 五鹿充宗受學於弘成子。成子少時，嘗有人過己，授以文石，大如燕卵。成子吞之，遂大明悟，為天下通儒。成子後病，吐出此石，以授充宗，充宗又為碩學也。

這「文石」被神化為聰明藥，讓人不學而通儒，真是既靈又奇了。

靈石既用於占驗，還能發出預言。在《西京雜記》卷 4 中有這樣一則奇事：

> 元后在家，嘗有白燕銜白石，大如指，墜後績筐中。後取之，石自剖為二，其中有文曰「母天地」。後乃合之，遂復還合，乃實錄焉。後為皇后，常並置璽笥中，謂為天璽也。

這「白石」實為天書，它能在天上、人間傳遞信息。

此外，靈石還用於乞子，如「押子石」之類；用於辟邪驅鬼，如「泰山石敢當」之類，等等。

石頭的靈性從何而來？當然還是文化的附會使然。在《春秋說題辭》中有一段可用以揭祕的重要論斷：

> 石，陰中之陽，陽中之陰，陰精輔陽，故山含石。㉑

由於石為「陰中之陽，陽中之陰」，故石即為陰陽化合之象，它先天地具有了通陰陽之性。正因為如此，它能用以占驗、預言，能管豐歉，能通儒悟道，能賜子續嗣，能驅邪辟祟。石頭作為「道」的具象，成為吉祥的象徵，並構成靈石崇拜後期泛化的主要動因。

二、吉水神土

水土作為地物祥物，乃因它們為生命存在的基礎。人們對水與土的客觀需要，成為願望表達和文化創造的動因。人們對河川、飛瀑、井泉、溪澗和各類土壤的讚美與神化，導致了吉水神土這一祥物系列的產生。

神 泉

水在古人觀念中，不僅是天下宇宙之物，而且是萬物生長的基礎。《玄中記》稱水「高下無不至，萬物無不潤」，而《易・說卦》則曰：「坎為水。潤萬物者，莫潤於水。」它們強調，水是宇宙自然之物，也是生命的本源。人們對水的需要與關注，導致對水的社會化理解，使水這一自然之物帶上了理、智、禮、勇、知、道等倫理的因素。《韓詩外傳》曰：

> 夫水者，緣理而行，不遺小；似有智者，重而下；似有禮者，蹈深不疑；似有勇者，鄣防而清；似知命者，歷險致遠；似有道者，天地以成，群物以生，國家以寧，萬事以平。㉒

水既能成天地、生群物、寧國家、平萬事，無疑可稱為吉水、祥物。

被神異化的吉水在志怪、志異等小說或傳說中不勝枚舉。例如，《海內十洲記》載：

> 瀛州在東海中，……又有玉石高且千丈，出泉如酒，味甘，名之為「玉醴泉」，飲之數升輒醉，令人長生。

又載：

> 元洲在北海中，……上有五芝玄澗，澗水如蜜漿，飲之長生，與天地相畢。

㉑　參見新文：《漳河沿岸祈求麥秦豐收的民俗》，《民俗研究》，1993 年第 2 期。
㉑　引自《初學記》，卷 5。
㉒　同❶，卷 8。

《洞冥記》卷 2 亦載有「水味如蜜」的「甜水」：

> 甜水去虞淵八十里，有甜溪，水味如蜜，東方朔遊此水，得數斛以獻帝，投水於井，井水常甜而寒，洗沐則肌理柔滑。瑤琨去玉門九萬里，有碧草如麥，割之以釀酒則味如醇酎，飲一合三旬不醒，但飲甜溪水隨飲而醒。

上述泉水或溪水，或使人酒醉，或令人酒醒，或使人長生，或讓肌理柔滑，均為益人的吉水。

水在巫術、宗教中多有所用，巫道作法時口噴清水，小孩驚嚇後灑清水喊魂，無子婦飲石中水以祈孕，上巳節婦女入水祓禊，三月三傣家有潑水節，四月八為水灑佛像的浴佛日，觀世音柳枝灑的是淨水等，其水均被視作吉祥之物。

水除了有解渴、灌溉、洗浴、遊戲、觀賞等實際功用，還能被賦予文化的解說以產生精神的作用。水同樣被古人視作陰陽相合之物，《穀梁傳》曰：「水北為陽，水南為陰。」這本指河北岸迎陽，河南岸背陰，但易讓人產生水有陰陽之見。水既為陰陽交並之物，當然能通天地、賜子嗣、益年壽、有神功了。看來，陰陽同在是神水有神效的前提。

五　土

土地生養萬物，亦被古人視作神物。《春秋元命苞》曰：「地者，易也。言養物懷任，交易變化，含吐應節，故其立字，土力於乙者為地。」❷土地應時變化，養育萬物，是生命運動的基礎。土、地本交並相聯，土存於地，地成於土，土是地形成的前提。

在土的文化觀中，五土說是中國文化的一個獨特現象。何為五土？解釋不一。《初學記》卷 5 載：

> 范子計然曰：「夫地有五土之宜，各有高下。」鄭玄注《孝經》曰：「分別五土，視其高下，若高田宜黍稷，下田宜稻麥，丘陵坂險宜種棗栗。」

此說五土為土地的地形之分及作物之別。此外，漢蔡邕《獨斷》曰：

> 遵儒以社祭五土之神。五土者，一曰山林，二曰川澤，三曰丘陵，四曰墳衍，五曰原隰，明曰社者，所在土地之名也。

這五土仍是不同的用地，並分別立社神以祭祀，打上了土地崇拜的印記。

周代的五土，則指五方之土，即為西土、南土、東土、北土和中土，係地域觀念的體現。其中，西土為周人發祥地，在陝甘青一帶；南土在洛邑之南，是周王封賜申伯的土地；北土在山西太原至河北薊一帶，係周王封賜唐叔之地；東土位於洛邑王城之東，係周武王封賜康叔之地；而中土乃指中原地區，意為土地之正中，並以此命國，名為「中國」。❷周代的五土

說是政治地理概念，具有強調「王土」與「王權」的性質。❷

　　在社神的祭祀中，五方之土常以五色相配，故又有「五色土」之用。《白虎通義》三「社稷」載：

　　其壇大如何？《春秋文義》曰：「天子之社稷廣五丈，諸侯半之。」其色如何？《春秋傳》曰：「天子有大社焉，東方青色，南方赤色，西方白色，北方黑色，上冒以黃土。」

在這社稷壇的定制中，東南西北中「五方」，其土則分別用青、赤、白、黑、黃「五色」相配，「五色土」是五土的方位象徵。

　　在中古立春出土牛之儀中，「王城四門各出土牛，悉用五行之色」，❷成為社祭的衍化。

　　五土或五色土，不論是與作物、地形、方位、政治、宗教相聯，均有神聖的意味和吉祥的取義。《易》曰：「立地之道，曰柔與剛。」❷柔與剛就是陰與陽，因此土地也是陰陽抱合之物。而五土，既含陰陽兩儀，又為五行之色，它由兩儀、五行的共在，體現了「地者，易也」的命題。正因為是「易」的體現，自然便成了神土、吉物。

息　壤

　　息壤在中國神話中與鯀禹治水的事跡聯繫在一起，成為奇妙難解而又令人神往的一件神物。《山海經‧海內經》載：

洪水滔天，鯀竊帝之息壤以堙洪水，不待帝命。帝令祝融殺鯀於羽郊。鯀復生禹。帝乃命禹卒布土以定九洲。

郭璞注曰：

息壤者，言土自長息無限，故可以塞洪水也。

息壤又稱息土，《淮南子‧地形訓》曰：

禹乃以息土填洪水，以為名山。

高誘注云：

息土不耗減，掘之益多，故以填洪水。

可見，息壤是「自長息無限」、「掘之益多」的抗洪神物。

　　因息壤與水相關，古人又信能以息壤而致雨除旱。蘇軾寫有《息壤》詩，其序曰：

今荊州南門外，有狀若屋宇，陷入地中，

❷　同❶，卷 6。
❷　參見王永謙：《土地與城隍信仰》，學苑出版社，1994 年，頁 42。
❷　《詩經‧小雅‧北山》：「溥天之下，莫非王土，率土之濱，莫非王臣。」
❷　見五代丘光庭：《兼明書》，卷 1。
❷　同❶，卷 6。

而猶見其脊者。旁有石，記云，不可犯。奮鍤所及，輒復如故。又頗以致雷雨，歲大旱，屢發有應。予感之，乃為作詩。

荊州之息壤當為附會之傳聞，但流傳久遠，時人信之若真。直到清代，王士禎還作有如下的筆記：

荊州南門有息壤，其來舊矣，上有石記云：「犯之頗致雷雨。」康熙元年，荊州大旱，州人請掘息壤，出南門外堤上。掘不數尺，有狀若屋而露其脊者。再下尺許，啟屋而入，見一物正方，上銳下廣，非土非木，亦非金石，有文如古篆，土人云：「即息壤也。」急掩之。其夜大雨，歷四十餘日，江水泛溢，決萬城堤，幾壞城。❷❽

這些傳聞是息壤堙洪水神話的衍生物，演繹了息壤見，雷雨降，洪水發的邏輯。

其實，息壤之「息」本為「生」、「長」之意。《集韻》曰：「息，一曰生也。」《孟子‧告子上》「其日夜之所息」注曰：「息，長也。」可見，所謂息壤，乃是能生長的活土。有學者指出，它本為「最初的土壤」，屬海洋型神話被大陸文化淡化了的信息。❷❾不論是活土，還是原土，它總與抗災、創造、生息相關，因此也被視作吉壤神土。

---

❷❽ 見王士禎：《香祖筆記》，卷3。

❷❾ 參見葉舒憲：《中國神話哲學》，中國社會科學出版社，1992年，頁341。

七

吉神吉仙

神仙作為人類的文化創造，體現了對自然世界與人類社會探求的欲望和對自身精神加以把握的努力，儘管屬虛妄的幻想，但他們懲惡揚善，救苦解難，助生佑長，始終給人以信念與希望，成為吉祥的象徵。

吉神吉仙不僅存在於觀念之中，也見之於信仰風俗、民間藝術和生活器用等方面，其物化的應用，正是藉以表達祥瑞的意義。

第一節
福神業神

神本為超自然之力或自然力的化身，《說文》釋曰：「神，天神，引出萬物者也。」此說神為萬物的創造者。《禮記‧祭法》曰：「山林川谷丘陵，能出雲，為風雨，見怪物，皆曰神。」這裡的「神」實為自然力的體現。在浩蕩的中國神系中，除了最初的自然神，還有祖先神、英雄神、行業神、宗教神等支系，其中有吉神，也有凶神，但以執掌福運、財運、生命、婚姻、生育、行業、家室等方面的吉神為主。

一、福運神

所謂福運神，指用以招財、延壽、升遷、得子的一類吉神。當然，不同人等有不同的福運之求：士子盼得第高升，商家想招財進寶，平民想家宅平安，無子者求多子多福，有年歲者欲益壽延年等等。福

運成了吉祥的別稱，在這一神系中，包括福神、祿神、壽神、喜神、財神、文昌帝君、魁星神君、送子觀音、灶神、宅神等。

魁星神君、文昌帝君

魁星神君和文昌帝君係民間信仰中主宰功名利祿的神靈，信能帶來讀書做官的福運。

魁星本為北斗星的「璇璣杓」，《晉書‧天文志》載：「北斗七星在太微北，……魁四星為璇璣杓。」《春秋運斗樞》曰：「北斗七星，第一天樞，第二旋，第三機，第四權，第五衡，第六開陽，第七搖光。第一至四為魁……」此外，亦有「魁為北斗之第一星」之說。❶

所謂魁星，實為「奎星」的俗稱與附會，奎宿為二十八宿之一，係西方白虎七宿之第一宿。據《重修緯書集成》卷5《孝經援神契》云：

奎主文章。

而「魁」有為首、第一之意，舊時鄉試中前五名就稱作「五經魁」。對於魁、奎的相混，古代學者曾加以譏嘲。顧炎武《日知錄》卷32曰：

今人所奉魁星，不知始自何年。以奎為文章之府，故立廟祀之，乃不能像奎，而改「奎」為「魁」，又不能像魁，而取之字形，為鬼舉足而起其斗，不知奎為北方玄武七宿之一。（錢大昕注：奎，西

方七宿之一，非北方也。）

東漢宋均稱：「奎星屈曲相鉤，似文字之畫。」而魁星之「魁」取鬼抬腳搶「斗」，亦似「文字之畫」。在版印紙馬、銅鑄花錢、神輿木雕之上常見有這種一手握筆，一手抓斗，一腳踏鼇，一腳抬起的「魁星」之像（圖7-1），表現了時人對文運仕途的盼求。各地還有魁星廟、奎星閣、櫺星門、魁星碑之類，魁星神君成了一位頗受青睞的吉神。

文昌帝君是梓潼帝君與文昌星神的合二而一。文昌星包括六顆星，即「一曰上將，二曰次將，三曰貴相，四曰司命，五曰司中，六曰司祿。」❷ 其職掌，據《春秋元命苞》云：「上將建威武，次將正左右，貴相理文緒，司祿賞功進士，司命主災咎，司中主左理。」❸ 其「理文緒」、「賞功進士」均與文運、文昌相關，故文昌星又有「文曲星」之稱。

梓潼帝君，相傳是晉代的張亞子，死於戰事，被蜀人奉祠為保護神，在唐代被唐玄宗、唐僖宗追封為「左丞相」和「濟順王」，後流布全國。在宋代，已有梓潼帝君「掌注祿籍」之說。《夢粱錄》卷14載：

梓潼帝君廟，在吳山承天觀，此蜀中神，專掌注祿籍，凡四方士子求名赴選者悉禱之，封王爵曰惠文忠武孝德仁聖王……

至元代，張亞子被封為「文昌帝君」，全稱「輔元開化文昌司祿宏仁帝君」。他既掌「祿籍」，又稱「文昌」，這樣，梓潼神與文昌星合二而一。

舊時，各地有文昌廟、文昌樓、文昌閣、文昌橋，民間祭祀中有「梓潼文昌帝君」的紙馬。文昌帝君像旁常配二侍從，稱作「天聾地啞」。《歷代神仙通鑑》卷11曰：

（文昌帝君）道號六陽，每出駕白騾，隨二童，曰「天聾」、「地啞」。真君為文章之司命，貴賤所繫，故用聾啞於側，使其知者不能言，言者不能知，天機弗泄也。

天聾地啞的設置，表明了時人對仕途公正的期望，以冀福運功名不致旁落。

農曆二月初三為文昌帝君誕日，官員、士子舉「文昌會」。在民間新年祭祀中，凡有學童的人家均加祭文昌帝君，以望子成龍。

圖7-1　魁星神君（花錢）

❶ 見顧炎武：《日知錄》，卷32。
❷ 見《史記·天官書》。
❸ 同❷。

財　神

財神在中國民間信仰中是最為普及的一位神明，並形成「武財神」、「文財神」等不同的系列。

武財神多執有兵器，或有元帥、將軍之稱。其代表人物有趙公明、關公等。

趙公明，姓趙名朗，字公明，原為「督數鬼下取人」的「三將軍」，至隋代又為瘟神，主秋瘟事宜。明代的《三教源流搜神大全》卷4稱，趙元帥「頭戴鐵冠，手執鐵鞭」，「面色黑而鬍鬚」，「跨虎」，有「龍虎玄壇」，「訟冤伸抑，公能使之解釋公平；買賣求財，公能使之宜利和合」，並有「上清正一玄壇飛虎金輪執法趙元帥」之封（圖7–2）。因他管「買賣求財」，開始有了「財神」的性質。在《封神演義》中，姜子牙封趙公明為「金龍如意正一龍虎玄壇真君之神」，並率部下四位正神，他們是：「招

寶天尊蕭升，納珍天尊曹寶，招財使者陳九公，利市仙官姚少司。」❹至此，武財神的系列已經形成。

利市仙官（圖7–3）掌管利潤和運氣，多為少年形，與佛教「善財童子」有一定的關聯，同時也是從《周易·說卦》「為近利，市三倍」之說化出。

關公作為武財神，是因為他有青龍偃月大刀及他的武將身分，同時關公重信義，而重信義正是經商之道，故被商家尊為財神。現店家多在店堂一角設有關公的神龕，供奉瓷像，配有燈燭，以祈商賣繁盛，財源滾滾。

至於文財神，多為文官打扮，戴紗帽，著官服，長鬚髯，手執如意或手捧元寶。文財神包括比干、范蠡、文昌帝君等。

比干為紂王的叔父，忠耿正直，純正無私，被紂王剖心而死，被後人奉為財神，以盼為商公平。而范蠡則是春秋時越國大

圖7-2　玄壇趙元帥

圖7-3　利市仙官

臣，打敗吳王後他遠走他國，隱名埋姓，經營農商，發了大財，他三次分財與人，是一個致富而不貪財的典範，故也被尊為財神。

在民間的財神小廟中，多供奉文財神，同時在財神紙馬上，也多為戴官帽、捧元寶的文財神之像（圖7-4），表現了人們對財官的喜愛。

在財神系列中，還有所謂的「路頭之神」或「五路財神」，還有「招財王」沈萬山等，他們與「元寶滾進來，五路都送財」的吉語和「聚寶盆」的傳說相關，都作為財神爺而傳世。

正月初五是接財神的日子，人們搶放頭通炮仗，以迎來財神。鄉人到財神廟去借元寶、買金馬駒，即把廟中的紙元寶和馱有聚寶盆的紙紮馬匹請回，以作發財的

圖7-4　文財神

吉兆。「富」本為「五福」中的老二，當今人們對財富的追求似使財神佔了壽星的上風，反映出人心的不古。

宅　神

宅神是江南地區頗有影響的一位民間神祇，凡人家砌房造屋、搬遷新居、逢年過節，都要對宅神加以敬祭，以祈家宅平安、人多財旺、糧米豐足。

宅神的形象為人首蛇身，其人獸合體的構圖表明這一信仰的古奧和神祕。家蛇又稱「小龍」、「土龍」，故對宅神的祭祀稱作「安宅」，俗稱「齋土龍」，又叫「蠻宅」。清吳騫《桃溪客語》卷1載：

> 毗陵之俗，多於幽暗處築小室祀神，謂之蠻宅。神形人首蛇身，不知所自始。

可見，宅神之祭多在暗處進行，常州及江南一帶古為荊蠻之地，「蠻宅」之稱留下了遠古的土著文化的信息。

家蛇與宅神的相認同，使家蛇的出現往往成為民間吉凶判斷的徵兆。例如，見家蛇盤在米囤裡、箱櫃中或床鋪上，為吉祥之兆，主有財。俗話說：「家有倉（昌）龍（隆），交好運了！」若家蛇吊掛房梁上、桁條上或屋簷下，是凶險之兆，主有禍。家蛇的出現不論兆吉兆凶，都禁忌捕打，否則信有失火、死人、病痛之類的災禍報應。在偏僻的鄉村，還有人稱家蛇為「祖

❹　見《封神演義》，第99回。

宗亡人」，把宅神看作是祖靈的化身，顯露出蛇圖騰崇拜的印記。❺

在宅神的祭祀中，要供奉宅神紙馬。這種紙馬或稱「鎮宅五方」，或稱「水土」。著者近年在江蘇省宜興市鄉村就搜集到一種題名「水土」的「宅神」紙馬。該紙馬的中心構圖是人首盤蛇，其左右上方各有一較小的人首蛇身圖，其下方為頭戴官帽的人形神，左右為糧倉、米囤之形（圖7-5）。全圖突出了「家有倉（昌）龍（隆）」的吉祥主題。

宅神的祭祀有一定的規矩，據韋中權先生的調查，設供不用臺桌凳椅，香燭供品等一切物件均放地上，其位置在大門內牆旁陰暗的角落，取坐南朝北。平年放酒盅碗筷 12 套，閏年為 13 個月則放 13 套，碗盅一字形擺放在宅神紙馬前，筷子則併作一把放在旁邊。所供的菜餚有「三葷三素」，葷為肉、魚、蛋，素為豆腐、百頁、百炙餅。供品中另有糯米粉蒸製的龍形大糰子和一個盛放著大米的升籮。祭祀過程

包括設案、開祭、上香、上供、叩拜、燒化、送神等。祭祀於晚上在家中悄悄進行，不准閒雜人等參加，不准有嘈雜響聲。

宅神含圖騰崇拜、祖靈崇拜的因素，並以家宅平安、米糧滿倉為功利，故被視作安宅發家的吉神。

二、行業神

所謂行業神，指一些行業的祖師爺或保護神，他們為業內人員所敬祭，成為特定行業的旗幟與恩神。諸如，裁縫業祖師——軒轅氏，織布業祖師——黃道婆，繅絲業祖師——嫘祖，木匠業祖師——魯班，茶葉業祖師——陸羽，造紙業祖師——蔡倫，釀酒業祖師——杜康，風水業祖師——劉伯溫，占卜業祖師——鬼谷子，梨園業祖師——唐明皇，評話業祖師——柳敬亭，中醫業祖師——華佗，中藥業祖師——孫思邈，理髮業祖師——呂洞賓，染坊業祖師——梅葛二聖，製筆業祖師——蒙恬，造字神——倉頡等，均各司一行，具有創造神、始祖神、保護神的吉神性質。

蠶　神

中國是世界上最早的養蠶種桑的文明國度，傳說黃帝之妃嫘祖始教民養蠶和織布，在甲骨文中已出現蠶、桑、絲、帛等字形，蠶桑活動當興起於殷商之前。

蠶作為中國的珍寶，在古代的國際貿易和文化交流中曾發揮了獨特的作用。《玄中記》載述了中土與大月氏互獻珍異的友

圖 7-5　宅神

好交往：

> 大月氏有牛，名曰日及，割取肉一二斤，
> 明日瘡愈。漢人入國，示之以為珍異。
> 漢人曰：「吾國有蟲，大如小指，名曰蠶，
> 食桑葉，為人吐絲。」外國復不信有之。❻

在外國人眼中，蠶是不可思議的神異之物。其實，中國人在認知養蠶種桑規律的同時，也伴有神祕的信仰觀念，並創造出蠶神的系列，諸如嫘祖、天駟星、寓氏公主、菀窳婦人、蠶花娘娘（馬頭娘）、蠶叢氏等，或為行業神，或為物種神，或為保護神，均作為吉神而受到祭奉。

嫘祖本為黃帝的正妃，❼傳說她首先養蠶，被奉為「先蠶」之神（圖7–6）。宋羅泌《路史·後紀》卷5有「以其始蠶」之載，宋高承《事物紀原》卷9有嫘祖「養蠶為絲」之說，宋劉恕《通鑑外紀》則稱嫘祖「治絲繭以供衣服」，可見，嫘祖是繰絲業的祖師。江南蠶桑農戶有嫘祖的廟祭活動，以祈這一行業神的佑護。

天駟星即房星，為神馬之喻。郭璞《馬贊》有「馬出明精，祖自天駟」之句，而

蠶頭似馬頭，古人幻想它出自天駟之星，為天降之寶。蠶戶對天駟的祭禱多在臥種期間，據《再續高郵州志》卷2載：「臥種之日，升香以禱天駟，先蠶也。」《農桑經》記述了蠶戶祭祀天駟時的祝禱，其辭為：

> 唯蠶之精，天駟有星。唯蠶之神，伊者著名。氣鍾於此，孕卵而生。

將天駟視作蠶神，體現了天物、天人相感的信仰觀。

菀窳婦人、寓氏公主也是古代蠶戶祭奉的蠶神。《後漢書·禮儀志》注引《漢舊儀》曰：

> 今蠶神曰菀窳婦人、寓氏公主，凡二人。

至於親神的期日與宜蠶之法，《玉燭寶典》卷2引《淮南子·萬畢術》曰：

> 二月上壬日，取道中土、井華水和，泥蠶室四角，宜蠶。神名菀窳。

在清代，有「割雞設醴以禱菀窳婦人、寓氏公主」的祭法。❽對其名稱，《搜神記》

❺　參見韋中權：《常州民間的宅神信仰》，《中國民間文化》，1995年第2集。
❻　轉引自《藝文類聚》，卷65「產業部上·蠶」。
❼　《史記·五帝本紀》曰：「黃帝……娶於西陵之女，是為嫘祖。嫘祖為黃帝正妃。」
❽　見《再續高郵州志》，卷2。

圖7–6　蠶神嫘祖

卷14釋曰：「公主者，女之尊稱也；菀窳婦人，先蠶者也。」在古代，皇后要參加「親桑」活動，並祭蠶神，《宋書‧禮志》卷4載：

> 漢儀，皇后親桑東郊苑中，蠶室祭蠶神，曰菀窳婦人、寓氏公主，祠用少牢。

由於皇后、夫人、后妃等有躬桑親蠶之舉，於是作為女性神的蠶神也帶上了婦人、公主之類的人間貴族女子的尊號。

蠶花姑娘，又稱「馬頭娘」、「蠶姑」、「馬頭神」等，也為蠶戶敬祭的蠶神，其圖像多為一女子與馬相伴（圖7-7），或一女子披著馬皮，俗以十二月十二日為其誕日。馬頭娘的名稱來自一則古代傳說，在《搜神記》卷14中有較完整的記錄：

> 舊說，太古之時，有大人遠征，家無餘人，唯有一女。牡馬一匹，女親養之。窮居幽處，思念其父，乃戲馬曰：「爾能為我迎得父還，吾將嫁汝。」馬既承此言，乃絕繮而去，徑至父所。父見馬驚喜，因取而乘之。馬望所自來，悲鳴不已。父曰：「此馬無事如此，我家得無有故乎？」亟乘以歸。為畜生有非常之情，故厚加芻養。馬不肯食。每見女出入，輒喜怒奮擊。如此非一。父怪之，密以問女。女具以告父，必為是故。父曰：「勿言，恐辱家門。且莫出入。」於是伏弩射殺之，暴皮於庭。父行，女與鄰女於皮所戲，以足蹙之曰：「汝是畜牲，而欲取

人為婦耶？招此屠剝，如何自苦？」言未及竟，馬皮蹶然而起，卷女以行。鄰女忙怕，不敢救之。走告其父。父還，求索，已出失之。後經數日，得於大樹枝間，女及馬皮，盡化為蠶，而績於樹上。其繭綸厚大，異於常蠶。鄰婦取而養之，其收數倍。因名其樹曰「桑」。桑者，喪也。由斯百姓競種之，今世所養是也。

圖7-7　馬頭娘

由於蠶由小女所化，故有蠶姑、蠶花姑娘、蠶娘、馬頭娘等名稱。馬頭娘作為蠶神不僅在江浙一帶受蠶戶祭祀，而且還遠播日本，在遠野等地出現了許多蠶馬神社，並且還祭供於農戶的家堂之中。

此外，蠶神也有男性神，即流行於蜀地的「蠶叢氏」，又稱作「青衣神」。相傳，他身著青衣，教民養蠶，每年做金蠶數千

贈送百姓，凡得金蠶者，蠶花必豐。

蠶神的眾多，反映了人們對蠶桑業的重視和這一行業的普及，並寄託著對行業神的感戴與崇敬。

魯班

魯班是傳說中的能工巧匠，也是民間信仰中的木工神和工匠保護神。

魯班，又叫「公輸般」、「公輸子」，又寫作「魯般」，是春秋時代的魯國人。傳說，他有神奇的技藝和智巧，能製作車舟、雲梯、木鳶、宮室及木工工具，被木工們奉為祖師。清黃斐默《集說詮真》引《魯班經》曰：

> 魯班姓公輸名班，字依智。魯人，父名賢，母吳氏，魯定公三年五月初七日生。受業於鮑老董，注意雕鏤刻畫，經營宮室，製造舟車器皿。既竭目力，繼以規矩準繩。……年四十，隱於歷山，得異人祕訣，雲遊天下，白日飛升，止留斧鋸。明永樂間，封輔國大師，工匠祈禱，靡不輒應。

關於魯班的身世，還有其他說法，或云生於工匠世家，或稱其為「魯昭公之子」，但古籍更多地記述了魯班的工巧。《墨子·魯問》曰：

> 公輸子削竹、木以為鵲，成而飛之，三日不下，公輸子以為至巧。

另，《論衡·儒增》曰：

> 世傳言曰，魯班巧，亡其母也。言巧工為母作木車馬，木人御者，機關備具，載母其上，一驅不還，遂失其母。

一說木鵲能飛天三日不下，一說木人御木車馬一去不復返，均以誇張的手法描繪魯班的神工奇巧。

在傳說中，著名的趙州古橋、巧麗的棟宇、高聳的佛塔等，均附會為魯班所造，表現了人們對工匠祖師的信仰化。魯班廟、祖師殿、魯班紙馬曾到處可見，在紙馬上魯班或被稱作「先師」，或被稱作「大仙」（圖7-8）。

魯班作為工匠的行業神不僅受漢族敬祭，也在少數民族中受到尊崇。例如，聚居在雲南省新蒙的蒙古族人擅長建築工藝，新蒙被譽為「建築之鄉」。那裡每年四

圖7-8　魯班大仙

月初二要舉行為期三天的「魯班會」，又稱作「魯班節」。相傳四月初二是魯班向旆班贈送《木經》的日子，又是旆班每年招收徒弟的日子。在魯班節裡，村裡要殺豬宰羊，搭臺唱戲，還要抬著魯班的檀香木雕像到各村巡遊，一路上鑼鼓喧天，鞭炮齊鳴，極為熱鬧。每到魯班節，出門在外的泥瓦工、木工和石工們，不論路途多遠，都得趕回來，否則被認為是個不尊師愛賢的人，並會被人看不起。❾

新蒙地區的魯班會同漢族地區的魯班祭一樣，均顯示了魯班是一位深受民間愛戴的行業吉神。

蒼 頡

蒼頡，又作倉頡，相傳是漢字的創制者，故被尊為「字祖」。《世本》曰：「黃帝使倉頡作書。」看來，蒼頡是受黃帝之命而開始了造字的偉大發明。至於蒼頡造字的方法，古人多有載述。許慎《說文·序》曰：

> 黃帝之史倉頡，見鳥獸蹄迒之迹，知分理之相別異也，初造書契，百工以乂，萬品以察。

《世本》引《春秋元命苞》曰：

> 蒼帝……窮天地之變，仰觀奎星圓曲之勢，俯察龜文、鳥羽、山川、指掌，而創文字。

《蔡邕集·篆勢》曰：

> 字畫之始，因於鳥迹。蒼頡循聖作則，制之體，有六篆，要妙入神，或象龜文，或比龍鱗……

歷代《神仙通鑒》卷 1 稱，蒼頡「姓侯岡，名頡」，「四目電光」，「依龜文鳥迹，一畫一豎，一點一圈，撇捺鉤挑，配聚而成字體。」

從上述記述可見，蒼頡是根據鳥獸之跡、龜文之理、奎星之勢、山川走向、指掌紋理等而創制文字的，可謂創造型文化英雄。

蒼頡作為字祖，舊時主要為衙門中辦理文書案牘之胥吏所祭拜，並被尊為「蒼王」。據宋葉夢得《石林燕語》卷 5 載：

> 京師百司胥吏，每至秋，必醵錢為賽神會，往往劇飲終日。……余嘗問其何神，曰：「蒼王。」蓋以蒼頡造字，故胥吏祖之。❿

蒼頡廟中的蒼頡神像同其版印圖像一樣，為四目之形（圖 7-9），以表神異。舊時，蒼頡廟中有這樣的對聯：

> 明四目制六書萬世文字之祖，
> 運一心贊兩儀千古士儒之師。

該聯句對蒼頡文字祖師的功績作出了精當的概括和褒美。

圖7-9　蒼頡

第二節
靈祖吉仙

中國是一個祖先崇拜的國度，隨著人的神格化和神的人格化，世俗的祖先往往被升格為神，成為家族和氏族的信仰中心。先祖作為精魂之神，被看作無處不在、無所不能的創造者和保護者。如果說先祖是死去了的親人，那麼，仙人指永生不死之人。漢劉熙《釋名·釋長幼》曰：「老而不死曰仙。仙，遷也。遷入山也。故其製字，人旁作山也。」不論是死變，還是生化，祖靈和仙人都有超越自然與社會的神力，被人們視作可親近、可信賴的對象。

一、靈　祖

靈祖，指具有靈性的先祖，他們往往

在信仰中與神仙等同，受到普遍的敬重與尊崇。靈祖包括始祖神、族祖神、國祖神、家祖神等，他們分別在不同的層面上展現其文化內涵和存在意義。靈祖中的始祖神一般集合著神話、宗教與社會的因素，更具有歷史與文化的價值。中華始祖神中的炎帝、黃帝、女媧、伏羲、有巢氏、燧人氏、盤古、堯、舜、禹、蚩尤等，均交織著人格與神格，成為吉祥的象徵。

炎帝、黃帝同為中華民族的始祖，傳說為同胞異德的兄弟。《國語·晉語》云：

> 昔少典娶於有蟜氏，生黃帝、炎帝。黃帝以姬水成，炎帝以姜水成。成而異德，故黃帝為姬，炎帝為姜……

炎帝的形象比較怪異，他因人身牛首而顯得原始而神祕。梁蕭繹《金樓子》曰：

> 炎帝神農氏，姜姓也。母曰女登，為少典妃。遊華陽，有神龍感女登，生炎帝。人身牛首，有聖德，以火承木，都陳，遷魯。嘉禾生，醴泉出，在位百二十年。

由上述感生神話可知，炎帝在族源上為龍

❾　參見唐祈等編：《中華民族風俗辭典》，江西教育出版社，1988年版，頁85～86。

❿　轉引自馬書田：《中國民間諸神》，團結出版社，1997年，頁348。

圖 7-10　炎帝神農氏

的屬種，但後世炎帝圖像均繪有雙角，以
保持其人身牛首的基本形象（圖 7-10）。

　　炎帝的功績首先在農業方面，是農具
的發明者和農耕的教化者。《繹史》卷 4 引
《周書》曰：

> 神農之時，天雨粟，神農遂耕而種之；
> 作陶冶斤斧，為耒耜鉏耨，以墾草莽，
> 然後五穀興助，百果藏實。

漢班固《白虎通·號》另說神農「教民農作，
神而化之，使民宜之」。神農氏因興農教民，
又被古人尊奉為「田祖氏」（圖 7-11）。

　　神農嘗草，發明醫藥，是這一始祖神
的第二大功勳。《史記·補三皇本紀》載：

> 神農……以赭鞭鞭草木，始嘗百草，始
> 有醫藥。

另《淮南子·脩務訓》曰：

圖 7-11　田祖氏

> 神農嘗百草之滋味，一日而遇七十毒。

因此，炎帝神農氏又是中醫藥的恩主。

　　炎帝還是一個文化創造英雄，在諸多
方面為後人造福。例如：創二十四卦，定
日月時序；倡作蜡祭，歲末報功；製七弦
之琴，以「禁淫僻，去邪欲」[11]，「通萬物
而考理亂」[12]；「弦木為弧，剡木為矢」，
「以威天下」[13]；「日中為市，致天下之民，
聚天下之貨，交易而退，各得其所」[14]；
鑿地為井，「井出水以救渴」[15]；「築圓丘
以祀朝日，飾瑤陛以揖夜光」[16] 等等。其
創造涉及農事、醫藥、曆法、宗教、儀禮、
商貿、兵器等諸多方面。

　　炎帝的功勳還在於他是社會生產與生
活的組織者和訓導者。他以「士有當年而
不耕者，則天下或受其飢矣。女有當年而
不織者，則天下或受其寒矣」為訓辭，[17]

把社會生活的秩序建立在勞動自養的基礎上。炎帝神農氏不僅勸耕，更能親耕，「以為天下先」，並廣施德政，導民「不貴難得之貨，不器無用之物」，終使「衣食饒溢，奸邪不生，安樂無事，而天下均平。」❸東漢袁康《越絕外傳‧枕中第十六》記述了神農的治世之德及赫赫事功：「昔者神農之治天下，務利之而已矣。不望其報，不貪天下之財，而天下共富之，不以其智能自貴於人，而天下共尊之。」由於他「刑政不用而治，甲兵不起而王」，❾常「懷其仁誠之心」，❿而使天下歸順。顯然，炎帝神農氏已從族祖、業祖上升到了國祖的地位。後世帝王視炎帝為佐邦佑國的英祖，在祭文中常把炎帝奉若護國之神。❹

由於炎帝有田祖、藥祖、族祖、國祖的身分，至今被國人視作始祖吉神。

黃　帝

黃帝，又稱「有熊氏」、「軒轅氏」，同炎帝一樣，是中華民族傳說中的英雄始祖（圖 7–12）。

黃帝最初的神職為雷神。《河圖稽命徵》曰：

> 附寶見大電光繞北斗樞星，照耀郊野，
> 感而生黃帝軒轅於青邱。

《春秋合誠圖》曰：

> 軒轅，主雷雨之神也。

圖 7–12　黃帝

《河圖帝紀通》曰：

> 黃帝以雷精起。❷

❶ 漢揚雄《揚子》：「昔者神農造琴以定神，禁淫僻，去邪欲，反其天真者也。」

❷ 語出漢桓譚：《新論》。

❸ 同❷。

❹ 見《漢書‧食貨志上》。

❺ 見漢王充：《論衡‧感虛篇》。

❻ 見東晉王嘉：《拾遺記‧炎帝神農》。

❼ 見呂不韋：《呂氏春秋‧愛類》。

❽ 見《淮南子‧齊俗訓》。

❾ 語出戰國商鞅：《商子‧畫策》。

❿ 《淮南子‧主術訓》：「昔者神農之治天下也，神不馳於胸中，智不出於四域，懷其仁誠之心，甘雨時降，五穀蕃植……」

❹ 詳見陶思炎：《炎帝神話探論》，《江蘇社會科學》，1998 年第 4 期。

❷ 引自袁珂：《中國神話傳說詞典》，上海辭書出版社，1985 年，頁 347。

黃帝後為中央天帝，故有「黃帝四面」之說。1973 年長沙馬王堆三號漢墓出土的戰國佚書《十六經·立命》言及黃帝的「四面」：

> 昔者黃宗（帝）質始好信，作自為象（像），方四面，傳一心。四達自中，前參後參，左參右參，踐立（位）履參，是以能為天下宗。❷

此外，《太平御覽》卷 79 引戰國佚書《尸子》曰：

> 子貢曰：「古者黃帝四面，信乎？」
> 孔子曰：「黃帝取合己者四人，使治四方，不計而耦，不約而成，此之謂四面。」

至漢代，黃帝已成為「中央土」的主宰，並配有四方之帝，其中心位置得到了強調。據《淮南子·天文訓》載：

> 東方木也，其帝太皞，其佐句芒，執規而治春；南方火也，其帝炎帝，其佐朱明，執衡而治夏；中央土也，其帝黃帝，其佐后土，執繩而制四方；西方金也，其帝少昊，其佐蓐收，執矩而治秋；北方水也，其帝顓頊，其佐玄冥，執權而治冬。

可見，黃帝已成統領四方的中央之神。

在傳說中，黃帝在阪泉打敗炎帝，又在涿鹿擒殺蚩尤，成為炎黃部落的首領，即華夏民族的族祖。

黃帝也是一位文化創造的恩主，他在宮室、舟車、養蠶、棺槨、文字、曆法、音律等方面均有建樹，被視作「能成命百物」，尊奉為「軒轅聖帝」（圖 7-13），擁戴為中華的始祖。傳說黃帝活了 110 歲，死後葬於橋山。今陝西省黃陵縣橋山仍留有黃帝陵，每年清明時節舉行公祭，它已成為海內外華人追思先祖的聖地。

圖 7-13　軒轅聖帝

女　媧

女媧，「古之神聖女，化萬物者」，❷是中華民族的女始祖。傳說，她為伏羲之妹，又有說為伏羲之婦。他們的形象是「伏羲鱗身，女媧蛇軀」，❷即均為人首蛇身的怪異之象（圖 7-14）。

女媧的功績首先在於化物、造人。《楚辭·天問》王逸注曰：「傳言女媧人頭蛇身，一日七十化。」她一天之內便生化眾多，當

圖 7-14　伏羲女媧圖

為首屈一指的大母神。女媧搏土造人的事
跡凸現了她作為始祖神的身分。《太平御
覽》卷 78 引《風俗通》云：

> 俗說天地開闢，未有人民，女媧搏黃土
> 作人，劇務力不暇供，乃引繩於泥中，
> 舉以為人。

搏土作人是世界神話中的共同母題，用泥
土和水，或用泥土和神血造人者，都領有
人祖和族祖的地位。

　　女媧還為人置昏姻，成為「皋禖之神」。
《路史‧後記二》注引《風俗通》曰：

> 女媧禱祠神，祈而為女媒，因置昏姻。

《路史‧後記二》另載：

> 以其載媒，是以後世有國，是祀為皋禖
> 之神。

女媧因置婚姻，由人祖而為國祖。
　　煉石補天是女媧造福於民的又一偉大
功績（圖 7-15）。《淮南子‧覽冥訓》曰：

> 往古之時，四極廢，九州裂；天不兼覆，

圖 7-15　女媧氏煉石補天

> 地不周載；火爁焱而不滅，水浩洋而不
> 息；猛獸食顓民，鷙鳥攫老弱。
> 於是女媧煉五色石以補蒼天，斷鰲足以
> 立四極，殺黑龍以濟冀州，積蘆灰以止
> 淫水。
> 蒼天補，四極正；淫水涸，冀州平；狡
> 蟲死，顓民生……

在這裡，女媧又成了一位始祖英雄。甚至
在有的古籍中，女媧還有「射十日」的偉
業。❷⁶

❷³　轉引自葉舒憲：《中國神話哲學》，中國社
　　會科學出版社，1992 年，頁 179。
❷⁴　見《說文》12。
❷⁵　語出《文選‧魯靈光殿賦》。
❷⁶　《路史‧發揮一》注引《尹子‧盤古篇》
　　云：「女媧補天，射十日。」

在民間有一些女媧廟、人祖廟、高禖廟，專供奉女媧娘娘，滿足著人們祈偶求子的心願。人們把女媧奉為始祖母神，感戴她造人、成家、立國、消災、弭患的神恩，並盼得到她永久的護佑。

二、吉　仙

仙人即遷人，或入山，或下海，或騰雲，他們能轉移生存空間，且老而不死。葛洪《神仙傳》對「仙人」有具體的解說：「仙人者，或竦身入雲，無翅而飛；或駕龍乘雲，上造天階；或化為鳥獸，遊浮青雲；或潛行江海，翱翔名山；或食元氣，或茹芝草；或出入人間而人不識，或隱其身而莫之見；面生異骨，體有奇毛；率好深僻，不交流俗。」仙人雖常常隱而莫見，但俗信「仙人無影，而全陽也。」❷全陽之物，那當然就是吉物。因此，幾乎全部神仙都可稱之為「吉仙」。諸如，和合、劉海蟾、八仙、彭祖、麻姑、張仙、安期生、張紫陽、偓佺、琴高等，都是眾所仰慕的吉仙。

和合二仙

和合二仙是宋以後出現的吉仙，他們常為「蓬頭笑面」的二童子形，其一手擎荷花，另一手持圓盒，以荷、盒二物作為「和合」的象徵（圖7-16）。

和合二仙的職掌頗為紛然。唐宋時稱其為「萬回哥哥」，並作為行神而祀奉。據明田汝成《西湖遊覽志餘》卷23載：

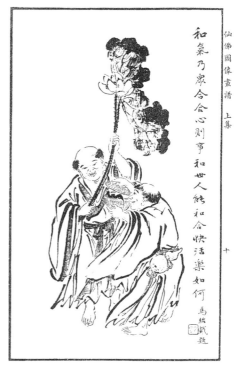

圖7-16　和合二仙

宋時，杭城以臘月祀萬回哥哥，其像蓬頭笑面，身著綠衣，左手擎鼓，右手執棒，云是和合之神，祀之可使人萬里外亦能回來，故曰「萬回」。今其祀絕矣。

萬回者，唐時僧人，俗姓張氏，貞觀六年五月五日生，因其能日行萬里而得號。《鑄鼎餘聞》卷4引《酉陽雜俎・貝編篇》云：

僧萬回，年二十餘，貌癡不語。其兄戍遼陽，久絕音問，或傳其死，其家為作齋，萬回忽卷餅茹，大言曰：「兄在，我將饋之。」出門如飛，馬馳不及，及暮而還，得其兄書，緘封猶濕。計往返一日萬里，因號焉。

此外，《輟耕錄》卷 11 亦記有「朝往夕返，以萬里而回」之事。稱作「和合」的「萬回哥哥」，似為行神，戍邊與商旅之家多祀之，以祈遠行的親人早日平安歸來。這一信仰到明代已消歇，和合信仰有了新的吉祥內蘊。

和合二仙在近古以來的文化象徵主要有三種：

其一，作為財富的象徵。「二仙」手中的盒子被視同聚寶盆，表示錢財取之不竭。在「聚寶增福財神」、「招財和合利市」等紙馬上，均以和合同財神、利市相配，「和合」被捲入了財神隊列。

其二，夫婦婚合的象徵。《周禮·地官·媒氏》疏云：「天施地化，陰陽和合。」男女婚合就是「陰陽和合」，因此，和合二仙的圖像用於婚禮中的中堂畫、喜帖以及繡品、擺設、餐具之上，以表達對夫妻恩愛、生活美滿的祝願。

其三，和睦的象徵。《三教源流搜神大全》說：「萬回聖僧，和事老人。」其「和事」的職能，體現了人們對人際和睦的追求。

在寺僧傳說中，寒山、拾得被稱作「和合二聖」。在蘇州寒山寺有木雕寒山、拾得之像，並有清羅聘所繪的「二聖」石刻（圖 7–17）。他們被樹為「和睦」的榜樣，以宣揚佛徒的寡欲和親善。

「和合」被稱作「和合二仙」出自《鏡花緣》，該書第 1 回云：

說話間，四靈大仙過去，只見福、祿、

圖 7–17　　和合二聖

壽、財、喜五位星君，同著木公、老君、彭祖、張仙、月老、劉海蟾、和合二仙，也遠遠而來。

和合二仙雖列入吉仙，但也有來歷。寒山、拾得為附會之說，萬回哥哥說亦不可信，和合二仙的真正原形當為波斯主生殖、豐收的女神阿娜希塔（Anahita），在波斯薩珊王朝的銀瓶上可見到她一手拿荷花，一手持盒子的圖像（圖 7–18），留下了尋蹤的線索。❷❽

不論「和合」有何來路，民間早已把他們用於各種吉祥物中，在繡品、瓷畫、

---

❷❼　見清朱梅叔：《埋憂集》，卷 10，附錄「袁氏傳」。

❷❽　詳見陶思炎：《中國魚文化》，第 4 章「魚謎揭解·和合與雙魚」，中國華僑出版公司，1990 年。

圖 7-18　阿娜希塔女神

圖 7-19　和合二仙（玉佩）

木雕、剪紙、花錢、玉佩（圖 7-19）等方面均有所用，成為人們喜愛的題材之一。

劉海蟾

　　劉海蟾作為吉仙，主要以「戲金蟾」的祥圖而廣傳民間，在木版年畫、木雕裝飾、吉祥花錢（圖 7-20）等載體上常可見之。

　　劉海蟾，又叫「劉海」，本名劉操，字宗成，自號「海蟾子」，為五代時燕主劉守

圖 7-20　劉海戲金蟾（花錢）

光之上相，後遇道人點化，而修真成仙。元劉志玄、謝西蟾《金蓮正宗仙源像傳·海蟾子》載有劉海蟾的事略：

　　師姓劉名操，字宗成，號海蟾子。燕山人也。年十六，登遼之甲科，仕至上相。嗜性命之學，未究玄蘊。
　　忽有道人來謁，師以賓禮延之。問其姓名，默而不答，惟索雞卵十，金錢一，以金錢置案上，壘壘疊十卵不墜。師嘆曰：「危哉！」道人曰：「公身命俱危，更甚於此。」師復問曰：「如何是不危底？」道人乃斂雞卵、金錢，擲之於地，長笑而去。師於是頓悟，因夜宴，盡碎寶器。明日，解相印，易道衣，佯狂歌舞，遠遊秦川。復遇前次道人，授以丹訣，方知是正陽子也。師嘗有句云：「拋離火宅三千口，屏去門兵十萬家。」……
　　師後以妙道授董凝陽、張紫陽，乃遁迹於終南、太華之間，不知所終。有詩文行於世。

　　文中「正陽子」即鍾離權，故劉海蟾是鍾離權的弟子，傳說他活了 100 多歲。

桃符書赤慶三多

艾葉交香增五福

圖7-21　劉海戲金蟾（端午符）

采和、何仙姑、韓湘子、曹國舅，而鐵
拐先生其首也。

在明朱有燉雜劇《八仙慶壽》中，以張果
老為八仙之首，而明《西洋記》中又以漢
鍾離為第一。❸ 此外，北京白雲觀八仙殿
與道教聖地安徽齊雲山三清洞中的八仙位
序也不一致。

八仙之說形成於元代，清趙翼《陔餘
叢考》卷34云：

今戲有《八仙慶壽》，尚是元人舊本。則
八仙之說之出於元人，當不誣也。

八仙，究竟指哪八位，及至明代，亦
說法不一。例如，《列仙全傳》中無張果老，
而有劉海蟾；《西洋記》中無張果老、何仙
姑，而有風僧壽、元壺子；《事物原會》中
無鐵拐李，而有李元中等，不一而足。直
到吳元泰的神魔小說《八仙出處東遊記》
（又名《東遊記》、《上洞八仙傳》）問世，
才穩定為今傳的鐵拐李、鍾離權、呂洞賓、
張果老、藍采和、何仙姑、韓湘子、曹國
舅八人。

八仙並非同時代人，在《東遊記》中
為參加蟠桃大會而匯聚一起，他們各以自
己的法器或寶物渡海，於是後世便有了「八
仙過海，各顯神通」之說。對八仙的這種

由於有疊卵疊錢之戲，而劉操又號「海
蟾子」，故後世附會為「劉海戲金蟾」，而
「金蟾」與「金錢」音近，又訛為「劉海
戲金錢」，使他又稀裡糊塗地當上了「財
神」。古有「蟾蜍辟兵，壽在五月之望」之
說，❷ 並在五月五日日中時取蟾，同時蟾
又收入五毒圖之列，故劉海戲金蟾的圖像
常與端午時令聯繫在一起（圖7-21）。

由於劉海蟾為道仙，蟾能辟兵、益壽、
多育，而「金蟾」與「金錢」相通相轉，
故劉海蟾被視作吉仙，並成為民間常用的
祥圖祥物中的人物。

八　仙

八仙在中國民間是婦孺皆知、人人喜
愛的一組吉仙。他們是鐵拐李、鍾離權、
呂洞賓、張果老、藍采和、何仙姑、韓湘
子、曹國舅（圖7-22）。他們的排列次序眾
說紛紜，《東遊記》第1回曰：

八仙者，鐵拐、鍾離、洞賓、果老、藍

❷　語出《文子·上德篇》。
❸　參見山曼：《八仙信仰》，學苑出版社，1994
　　年，頁9。

圖 7-22　八仙（床板淺雕）

組合，在《事物原會》中有著有趣的解說：

八仙：張、韓、呂、何、曹、漢、藍、
李，為老、幼、男、女、富、貴、貧、
賤。一云：老則張，少則藍、韓，將則
鍾離，書生則呂，貴則曹，病則李，婦
女則何。

可見，八仙代表著不同的性別、年齡、身
分與狀況，成為全社會的象徵。也許正因
為如此，八仙得到社會不同人等的承認與
喜愛。

八仙各有自己的法器，時時不離手掌，
它們是鐵拐李的葫蘆、漢鍾離的扇子、呂
洞賓的寶劍、張果老的漁鼓、藍采和的花
籃、何仙姑的荷花、韓湘子的竹簫、曹國
舅的響板。這八件仙人法器，實為八件祥
物，它們往往成為主人的象徵，故稱作「暗
八仙」。暗八仙作為吉祥圖案，在建築裝飾、

木版年畫、家具、刺繡用品等方面廣為應
用（圖 7-23）。

八仙題材在民間文藝中屢見不鮮，除
了各種戲曲，還見於各地的民間歌謠中。
在江蘇省金壇縣城東後庄村流傳著《唱八
仙》的歌謠：

正月裡來鬧元宵，八仙過海浪滔滔，

圖 7-23　暗八仙

圖 7-24　八仙花錢

王母娘娘開壽筵，眾仙齊集赴蟠桃。

二月裡來杏花開，韓湘子吹簫駕雲來，
不戀凡塵求仙道，曾渡文公上天臺。

三月裡來桃花紅，何仙姑面孔紅通通，
拋卻紅塵甘寂寞，苦忘修行在山洞。

四月裡薔薇花兒開，漢鍾離修仙終南山，
身列仙班道行大，識破人情脫凡胎。

五月裡來是端陽，肩背龍泉呂純陽，
曾在岳陽樓上醉，白牡丹唱的逍遙腔。

六月裡來荷花放，藍采和也來渡海洋，
小小年紀厭塵世，修煉得道離凡鄉。

七月裡來是金秋，鐵拐李臉上黑黝黝，
虔誠煉得長生法，一蹺一拐四海遊。

八月裡來是中秋，道巾道袍曹國舅，
看破世情修行好，手拿竹板去雲遊。

九月裡來菊花黃，張果老滿頭白蒼蒼，
倒騎毛驢呵呵笑，竟把繁華拋長江。

十月裡來小陽春，眾神都去把雲騰，
相約同赴蟠桃會，共飲壽酒更長生。

十一月裡雪花飛，南極仙翁笑嘻嘻，
階前鶴鹿瓊漿獻，洞口靈芝一色齊。

十二月裡春調唱，蓬萊仙島有株桑，
陳摶一夢千年醒，彭祖年高四百雙。

八仙春調唱完了，奉勸諸君要學好，
共入修煉路一條，都去慶壽赴蟠桃。 ㉛

如果說八仙進入春調，反映了俗民們對這群吉仙的喜愛，使之融入歲時風俗的話，那麼，八仙花錢流傳民間，則滿足了人們賞玩與趨吉的雙重需要（圖 7-24）。

八仙圖像和名稱在醫藥、玩具、菜餚、筵席、武術、燈盞、果蔬等方面多有所用，成為吉仙中最為普及的一群。

㉛ 蔣金壽演唱，蔣雲記錄，引自《中國民間文學集成・金壇縣》（資料本），1989 年印，頁 340～341。

八

物種祥物

所謂物種祥物，係指自然界中實有的，以及人類所幻想、虛構的動物與植物類祥物體系。它們因怪異的造形、奇特的習性、實用的價值、文化的取義而成為吉祥的象徵。不論取自動物，或取自植物，它們都因自身為有生命的活物而先天地帶有靈性，而文化的識解又讓它們從精神層面楔入生活，從而使這些人類的「親屬」們為人類帶來苦苦祈望的福祉。

第一節
動物祥物

動物祥物，指以各類動物構成的祥物系列，它包括野獸、家畜、飛禽、昆蟲、水族等實有動物，也包括龍、鳳、麒麟、天祿等人創的虛擬動物。它們是人類需要與依靠的對象，是助手和恩神，當然也是可靠的祥物。德國哲學家費爾巴哈曾精闢地論述了動物與人的關係，他指出：「動物是人不可缺少的、必要的東西；人之所以為人要依靠動物；而人的生命和存在所依靠的東西，對於人來說，就是神。」❶動物既能成「神」，自然被視作吉祥之物。

一、獸類祥物

獸類祥物包括神獸、野獸、家畜等部分。神獸主要指龍、鳳、麒麟、辟邪、天祿之類；野獸，即大象、獅子、老虎之屬；而家畜，主要有馬、牛、羊等。它們作為

吉祥的瑞獸，或有實際的功用，或成為某種觀念的象徵。

龍

龍，是中華神獸中，歷史最久、形象最奇、應用最廣、文化含量最高，而來路最不明朗的神話動物。

1987 年在河南省濮陽市西水坡仰韶文化遺址的基葬中，發現的蚌殼龍，曾被稱作「中華第一龍」。這條蚌殼龍長 1.78 公尺，高約 0.67 公尺，昂首、曲頸、弓身、揚尾、爪往前扒，與現今所傳的龍形很接近，經碳位素鑒定，至少已有六千年的歷史了。1993 年在山西省北部發現了 1000 多件中石器時代的石器和一組崖畫，崖畫上有龍的圖像、長著鹿角的魚圖和鹿等，據判斷，大約距今有一萬年之久。❷1994 年在具有「華夏第一村」之稱的遼寧省阜新市查海古人類文化遺址發現了一條「碎石龍」，它由大小均等的黃褐色碎石塊堆積鋪陳而成，位置在村中房址和基葬的中央。這條龍長達 20 公尺，龍身呈側臥狀，首擺西南，尾掃東北，嘴指東南，龍頭、龍尾、龍爪、龍腹均清晰完整，考古專家認定這條龍的歷史已有 7600～8000 年。❸

龍的形象從何而來？它的真正原形和誘發因素是什麼？這是一個眾說紛紜、至今難有定論的文化之謎。有蛇原形說、鱷魚說、蜥蜴說、豬說、魚說、雲氣說、雷電說等，令人莫衷一是。龍紋早期往往與某一、二個動物相像，於是出現了豬龍、蛇龍、馬龍、牛龍、魚龍、鱷龍之類，而

後期則實現了綜合化。南宋羅願《爾雅翼》引漢王符之說云：

王符曰：「世俗常畫馬脊蛇身以為龍，實則有三停九似說。謂自首膊，膊至腰，腰至尾，皆相停也。九似者，角似鹿，頭似駝，眼似兔，項似蛇，腹似蜃，鱗似魚，爪似鷹，掌似虎，耳似牛。」

從單體動物龍到多體化合龍的形變，反映了圖騰主義的衰微和社會文化的發展。

龍能化人化物，又能從雲行雨，甚至被推崇到皇權、國家、民族象徵的高度，這是對龍作為祥物的最大肯定，也是其他動物或神獸所難企及的。在民間信仰和神話傳說中，龍能行雨助農，護佑萬民，轉合陰陽，導引升天（圖8-1），扶正王道，褒獎仁政等。龍圖、龍紋是最常見的吉祥圖飾，在建築、墓葬、家具、衣飾、兵器、器用、佩物（圖8-2）等方面多有應用。

民間有「龍生九子」的傳說，它們是

圖8-1　御龍升天圖

圖8-2　戰國龍形玉佩

贔屭、螭吻、蒲牢、狴犴、饕餮、蚣蝮、睚眦、狻猊、椒圖，各用於龜趺、正吻、鐘鈕、牢門、銅鼎、橋欄、兵器、香爐、大門之上，成為吉物的標誌。

鳳凰

鳳凰是神鳥，也是瑞鳥，同龍、麟、龜合稱「四靈」。鳳凰有雌雄之分，雄者為鳳，雌者為凰，被古人虛構為鳥類之長，並稱作「鳥王」。《禮記》曰：

有羽之蟲三百六十，而鳳凰為之長。

《埤雅》云：

鳳，神鳥，俗呼鳥王。

鳳凰同龍一樣，在形象上經神化而呈多物種化合之狀，並成為吉祥、安寧的化

❶ 見《費爾巴哈哲學著作選集》，三聯書店，1962年版，頁438～439。
❷ 見《揚子晚報》，1993年10月6日。
❸ 同❷，1994年11月27日。

身。《說文》云：

> 鳳，神鳥也。天老曰：鳳之象也，鴻前
> 麐後，蛇頸魚尾，鸛顙鴛思，龍文虎背，
> 燕頷雞喙，五色備舉，出於東方君子之
> 國。翱翔四海之外，過昆侖，飲砥柱，
> 濯羽溺水，莫宿風穴，見則天下大安寧。

在《山海經》中，鳳凰又被說成具有社會
道德成分的五采瑞鳥：

> 有鳥焉，其狀如雞，五采而文，名曰鳳
> 凰，首文曰德，翼文曰義，背文曰禮，
> 膺文曰仁，腹文曰信。是鳥也，飲食自
> 然，見則天下安寧。❹

關於鳳凰，還有所謂「六象九苞」之說。
《論語緯》云：

> 鳳有六象：一曰頭象天，二曰目象日，
> 三曰背象月，四曰翼象風，五曰足象地，
> 六曰尾象緯。有九苞：一曰口包命，二
> 曰心合度，三曰耳聽達，四曰舌詘伸，
> 五曰色彩光，六曰冠矩朱，七曰距銳鉤，
> 八曰音激揚，九曰腹文戶。❺

對此，《爾雅翼》釋曰：

> 頭像天者，圓也；目像日者，明也；背
> 像月者，偃也；翼像風者，舒也；足像
> 地者，方也；尾像緯者，五色具也。……
> 口包命者，不忘鳴也；心合度者，進退

精也；耳聽達者，居高明也；知詘伸者，
能變聲也；彩色光者，文采美也；冠矩
朱者，南方行也；距銳鉤者，武可稱也；
音激揚者，聲遠聞也；腹文戶者，不忘
納也。❻

鳳凰因其品質、形象而成為瑞鳥祥物，
自古便有鳳凰來儀、鳳凰于飛、龍鳳呈祥、
丹鳳朝陽之說，並形成傳統的吉祥圖案，
體現著倫理的、政治的、情感的追求。鳳
凰圖像在玉器、石雕、磚雕、瓦當、雲錦
（圖8-3）、刺繡、剪紙、木版畫（圖8-4）
等載體上反復出現，成為民間最喜聞樂見
的祥物之一。

圖8-3 雲錦上的鳳凰

圖 8-4　木版畫上的鳳凰

麒　麟

《禮記・禮運》曰:「麟鳳龜龍，謂之
四靈。」麒麟這一神獸位列四靈之首，又被
古人稱作「仁獸」、「瑞獸」。《說文》云:

麒，仁獸也，麋身牛尾一角。

《詩疏》云:

（麟）瑞獸也，麋身牛尾，馬足圓蹄。
一角，角端有肉。……不履生蟲，不踐
生草，不群居，不侶行，不入陷井，不
罹羅網，王者至，仁則出。❼

麒麟作為理想化的瑞獸，被賦予了社
會的價值觀念。《藝文類聚》卷 98 引《說
苑》云:

麒麟，麋身牛尾，圓頭一角，含信懷義，
音中律呂，步中規矩，擇土而踐，彬彬

然，動則有容儀。

麒麟成了帝王們盼求的神物，成了嘉瑞禎
祥的使者。

同鳳凰有雄雌一樣，有麒為牡、麟為
牝之說。麒麟的原形為何物呢? 也是眾說
紛紜: 有說為鹿，有說為馬，有說為牛，
有說為長頸鹿，還有說為獐。說法不一，
乃因其亦包含著人工合成的成分。《太平御
覽》卷 889 引《晉中興徵祥說》云:「（麟）
獐身牛尾，狼頭一角，馬足，黃色。」此說
就綜合了獐、牛、狼、馬四物，使麒麟也
成了化合之獸。

在《拾遺記》中，有麒麟吐玉版而生
孔子的傳說，於是「麟吐玉書」成了召喚
聖人的祥圖（圖 8-5）。又由於麒麟至與聖
人出的內在聯繫，以及從「麒麟送滋」到
「麒麟送子」的諧音理解（圖 8-6），使麒
麟又成了乞子的祥物，於是「麒麟送子圖」
出現在年畫、門畫、剪紙、刺繡、木雕等
民間藝術品中，成為民間最習見的吉祥圖
飾。麒麟圖像在婚用物品及新年風俗中運
用最廣，它烘托渲染著婚嫁與節日的喜慶、
嘉瑞氣氛。

❹　見《山海經・南次三經》。
❺　轉引自賈祖璋:《鳳凰研究》，《東方雜誌》，
　　第 28 卷第 12 號。
❻　同❺。
❼　轉引自王永波:《麒麟探源》，《民俗研究》，
　　1992 年第 4 期。

圖 8-5　麟吐玉書

圖 8-6　麒麟送子

 象

象因形異體巨，自古為人稱美，並被看作天下太平的瑞應。在商周青銅器中有多種象紋和象器（圖 8-7），以作吉祥嘉瑞之徵。大象很早就被馴化，能作象舞，是誇耀天下平定、四方來朝的憑物。《吳志》曰：

> 賀齊為新都郡守，孫權出祖道，作樂舞象。權謂齊曰：「今定天下，都中國，使殊俗貢珍，百獸率舞，非君而誰？」❽

圖 8-7　青銅器上的象紋

從孫權之言可見，大象與「定天下，都中國」間有著一種文化的邏輯。

在古代傳說中，大象與聖王間存在著感應關係。王充《論衡》云：

> 舜葬於蒼梧，象為之耕，禹葬會稽，鳥為之田。

象為舜耕的傳說還見之於「二十四孝圖」中，並被稱作「孝聞天下」，其附詩云：

> 隊隊耕田象，紛紛耘草禽。
> 嗣堯登寶位，孝感動天心。（圖 8-8）

在佛經故事中，大象是佛或菩薩的坐騎（圖 8-9），並稱諸佛為「大象王」。❾

大象因形異體巨而受人關注，郭璞贊曰：

> 象實魁梧，體巨貌詭，
> 肉兼十牛，目不窬豕，
> 望頭如尾，動若丘徙。

「象」與「祥」諧音，故作為祥物，它在

圖 8-8　孝聞天下

圖 8-9　菩薩騎象圖

圖 8-10　平安吉祥

剪紙、木雕等藝術中是常見的題材，構成了「太平有象」、「萬象更新」、「平安吉祥」等圖幅。在高淳縣一字街有一種大象斜撐，象額上置有古瓶，瓶中安放一枝戟，按諧音，讀「瓶」為「平」、讀「戟」為「吉」、讀「象」為「祥」，此木構件的主題則稱作「平安吉祥」（圖 8-10）。此外，以大象、萬年青組合而成的「萬象更新圖」在當今亦廣為流傳。

牛

牛是家畜，也是祥獸。在神話體系中，牛被稱作「中央之牲」，[10]「能任載地類」，[11]是大地的載體。此外，牛作為土屬，還被說成是萬年的木精。《玄中記》曰：「萬歲樹精為青牛。」《列異傳》則說「梓樹化為牛。」牛的萬歲之命和土木之化使它帶上

[8]　轉引自《藝文類聚》，卷95。

[9]　《涅槃經》：「是大涅槃，唯大象王能盡其底。大象王者，謂諸佛也。」

[10]　《周禮‧胎教》：「牛者，中央之牲也。」

[11]　《周禮‧大司徒》「奉牛牲」注：「牛，能任載地類也。」

圖 8-11　青銅器上的牛頭紋

了神獸的性質。

　　牛被古人認作祥物，用作崖畫、畫像石、青銅器的紋飾（圖 8-11），並在信仰中奉為吉徵。據《蜀志》載，有個叫蔣琬的，夜中夢見一牛頭在門前流血滂沱，就去請教占夢者趙直。趙直這樣對他說：

　　夫見血者，事分明也。牛角及鼻，公字之象，君位當至公，大吉之徵也。❶

趙直之言雖穿鑿附會，卻建築在牛為祥獸的觀念上。

　　其實，牛對人類最大的幫助是能耕田，它的吉祥意義若少了這一功用將黯然失色。在江南稻作區至今流傳著一則有關「牛的來歷」的傳說，講牛本為天上玉帝座前的神獸，牠最喜歡吃甜食，太白金星看地下農民們種田過於勞苦，於是以地下有「甜飯」和「糖水」吃誘使牛下到人間。牛來到人間後只能耕田、吃草、喝塘水，便大罵太白金星。太白金星笑牠聽錯了，說吃甜飯是指吃田飯，喝糖水是指喝塘水，牛無話可說。這就是為什麼牛在吃草、喝水時都要歎一口氣，也許是怨自己聽錯了話，也許是恨太白金星把牠騙到了人間。❸

圖 8-12　牛欄之神（紙馬）

　　這類傳說往往把牛說成是天上金牛星下凡，強調出牛的神獸身分。由於牛為神獸類家畜，故受到農民們的愛戴，各地有牛魂節、牛王節、洗牛節、牛生日之類的敬牛、餵牛、潔牛風俗，並祭祀牛王神或牛欄之神（圖 8-12），以盼牛肥牛壯，給農家帶來豐收的喜慶。

二、　禽蟲水族

　　動物祥物除了虛擬的神獸、體壯走疾的野獸和溫順勞苦的家畜，還由禽蟲、水族等構成。飛禽中的鴛鴦、仙鶴、孔雀、鷹、烏鴉、喜鵲、大雁、燕子、雄雞、吐綬鳥等，昆蟲中的蜘蛛、蟋蟀、蝴蝶、螳螂等，水族中的魚、蛙、蟾蜍、龜、蝦等，都是祥物的構成材料。

烏　鴉

　　烏鴉在中古以前被稱作「吉烏」和「孝烏」，是知歸、反哺、報平安的祥物。

　　晉成公綏《烏賦序》云：

夫烏之為瑞久矣，以其反哺識養，故為吉烏。是以周書神其流變，詩人尋其所集，望富者瞻其爰止，愛屋者及其增嘆，茲蓋古人所以為稱。

吉烏除反哺識養，還能時報平安。南宋陳造《思歸》詩中有「多情但烏鵲，時肯報平安」句。古人把行路有烏鳴前引看作是喜事，乃取其平安之報。唐段成式《酉陽雜俎》前集卷 16 云：

> 烏鳴地上無好聲。人臨行，烏鳴而前引，多喜。此舊占所不載。

烏鴉平安引路的事跡還見之於著名傳說《孟姜女》。孟姜女在千里尋夫的途中因迷途而痛哭，當時烏鴉感而飛至，在前引導，孟姜女正是跟著烏鴉，才終於來到了長城邊。可見，孟姜女的傳說在傳承中融入了吉烏的信仰。

烏鴉作為孝鳥，自古多受褒美。

《周禮‧羅氏》「掌羅烏鳥」注云：「烏者，孝鳥。」王充《論衡‧指瑞》云：

> 烏，反哺之鳥，至孝之應也。

另，《春秋元命苞》云：

> 火流為烏。烏，孝鳥。何知孝鳥，陽精，陽天之意。烏在日中，從天，以昭孝也。

烏不僅因反哺識養而孝，還能因孝感而昭孝，這在古書與傳說中不乏其例。

王韶《孝子傳》云：

> 李陶，交阯人。母終，陶居於墓側，躬自治墓，不受鄰人助，群烏銜塊，助成墳。

另《異苑》云：

> 東陽顏烏，以純孝著聞。後有群烏銜鼓，集顏所居之村，烏口皆傷。一境以為顏至孝，故慈烏來萃，銜鼓之興，欲令聾者遠聞。即於鼓處立縣，而名「烏傷」，王莽改為「烏孝」，以彰其行迹云。

烏鴉除能孝感，還能德感。《酉陽雜俎》記述了濟南來府君和功曹崔公恕，在渴甚思水，水「升值萬錢」之際，因「盛德」感青烏至，烏棲一方五六寸之石，烏起後翻動該石，便見「清泉湧出」。❹

烏又是太陽之精和星辰所化，「日中有三足烏」和「搖星散為烏」之說，❺ 都將烏鴉說成天體化身，即「陽精」之徵。此外，青烏為西王母的使者，能在天上、人間傳遞信息，甚至搭橋跨越天河。烏鴉「晨

❷　同❽，卷 94。

❸　參見盧幼春採集的《牛的來歷》，《武進民間文學集》，南京大學出版社，1990 年版。

❹　見段成式：《酉陽雜俎》前集，卷 9，「事感」。

❺　語出《春秋運斗樞》。

去暮來」，號曰「朝夕鳥」，⓰它能使旅人
知歸，使情人相思，故為吉鳥祥禽。

蜘蛛

蜘蛛，又叫「蟢子」、「蟢蛛」、「蠨蛸」、
「喜母」、「長腳」等。民間對吐絲結網的
蜘蛛不僅沒有厭惡，反而加以偏愛，把它
看作喜事到來的瑞應。《西京雜記》卷3記
述了陸賈對「瑞應」的例舉：

> 夫目瞤得酒食，燈火華得錢財，乾鵲噪
> 而行人至，蜘蛛集而百事喜。

此外，劉勰《新論》云：

> 野人晝見蟢子者，以為有喜樂之瑞。

蜘蛛所兆的「喜樂」指什麼呢？至少包括致
愛、相思、得子、客至、得巧等人間樂事。

蜘蛛可做媚藥，讓人致愛而不忘。醫
書載：

> 七月七日取蜘蛛網，著衣領中，勿令人
> 知，則不忘。⓱

另《延齡方》云：

> 蜘蛛一枚，鼠婦子十四枚，右置瓦器中
> 陰乾百日，以塗女人衣上，夜必自來。

蜘蛛能致愛，故為「喜樂」之兆。

蜘蛛還是女子寄託相思的比興之物。

清李調元《蜘蛛曲》云：

> 蜘蛛曲，妹相思。花不年年在樹上，妹
> 不年年作女兒。天旱蜘蛛夜結網，想晴
> 惟有暗中絲。

曲中，「晴」與「情」、「絲」與「思」有雙
關之意。蛛絲因性粘，故誘發情牽致愛的
聯想。

蜘蛛因肚大腰圓，又成了懷兒得子的
吉徵，故稱作「蟢子」，而民間婦人懷孕亦
俗呼「有喜」。

蜘蛛還能誘感親客到來。據三國吳陸
璣《毛詩草木鳥獸魚蟲疏》云：

> 蠨蛸長跨，一名「長腳」，荊州河內人謂
> 之「喜母」。此蟲來著人衣，當有親客至，
> 有喜也。

可能是蜘蛛的長腳可遠跨，成為親客遠來
的徵物。

蜘蛛在婦女七夕乞巧之戲中為得巧的
祥物。康熙二十六年《常熟縣志》卷9載：

> 七夕為浮瓜沉李之宴，女婦向月穿針，
> 取蛛盒盤中，有絲則曰「得巧」。

蜘蛛能致愛、相思、得子、客至、得巧，
難怪古人把它當作「百事喜」的瑞應了。

蛙

蛙，俗稱「青蛙」，一名「活東」，又

叫「田雞」、「水雞」、「蛤蟆」。

蛙作為益蟲，具有農事的功用。在農占活動中，農戶往往以蛙聲占驗水旱，故有「田家推五行，水旱卜蛙聲」之說。康熙《常熟縣志》卷9載有三月三日聽蛙聲占水旱的風俗，其占曰「午前鳴，主高田熟；午後鳴，主低田熟。」在江南水鄉，正月十五日農家競往田中，若見青蛙出土為豐年之兆。

蛙與水相連，故又成為古人乞雨的對象。古人乞雨有「服青衣」之制，並取五蛤蟆，錯置社廟之中，以感應雨降。在隴右地區，鄉民乞雨時先設神壇，祭社稷、風雲雷雨、八蜡、城隍等神靈，並在壇龕前置一盛水大盆，內放八隻青蛙。人們不停地守候其旁，待青蛙一叫，大家便興高采烈地說：「蛤蟆叫，雨來到。」⓲有的地方在乞雨時則祭祀青蛙神（圖8-13），或敲擊有蹲蛙的銅鼓。

青蛙能食蝗蟲，故有禁捕之事。據《古今事文類聚》後集卷50所收《綠衣乞命》云：

> 某朝皇帝尚食，將供蝦蟆充御膳。上忽夢綠衣人數百乞貸命，後方悟其為蝦蟆，因禁采捕。或云蝦蟆能食蝗蟲，故禁采捕。

這則青蛙託夢的故事意在強調蛙的益蟲身分。

在五代時的墓葬中多見蛙俑隨葬，例如在南京南唐二陵中發現有陶蛙，在揚州

圖8-13　青蛙神

楊吳尋陽公主墓中有木蛙出土。關於蛙的神功異能，《經籍纂詁》引《廣雅·釋魚》云：「蛙，始也。」這所謂的「始」，即指蛙有冬眠春甦。同時，蛙又被稱作「月精」。這樣，蛙有周而復始，生命輪迴之性，從而成為誘生的祥物。

⓰　見《漢書·朱博傳》。
⓱　引自胡新生：《奇異的求愛巫術》，《民間文化》，1999年第3期。
⓲　參見王科社：《青蛙與求雨》，《民俗研究》，1993年第2期。

蛙還是多子的水族，從新石器時代彩陶上出現蛙紋開始，蛙就是生殖崇拜的對象，是人口繁衍的象徵。這一意象至今還見於民間剪紙、刺繡等藝術中，特別是蛙紋與蓮紋的同圖，較突出地表達了對人口的盼求（圖8-14）。

蛙雖為尋常水族，但在文化觀上卻同天上的月亮、地下的作物及人的生死緊密相關，成為時限最久的吉祥物種之一。

圖8-14　蛙蓮圖

龜

龜與龍、鳳、麟合稱為「四靈」，有「麟體信厚，鳳知治亂，龜兆吉凶，龍解變化」之說。龜在中國古代被看作神異的瑞應，《孫氏瑞圖》曰：

> 龜者，神異之介蟲也。玄采五色，上隆象天，下平象地。生三百歲，遊於蕖葉之上，三千歲尚在蓍叢之下。明吉凶，不偏不黨，唯義是從。⑲

此說龜為天地同在、陰陽交會之長壽神物，能明吉凶。因此，殷商時盛行龜卜。此外，古代傳說中有「大龜負圖來投堯」，⑳以及「玄龜銜符」，黃帝「即日擒蚩尤」之說，㉑都與龜通天地相關。隋江總《上毛龜啟》稱龜：

> 影合四靈，光分五色。懷星抱月，負字銜圖。

傳說伏羲氏正是根據龜的背紋而創制了八卦。有趣的是，1986年淮陽的一個小孩釣到了一個有240歲龜齡的白龜，該龜長40公分，寬約15公分，其背上及胸腹間的裂紋分布代表陰陽五行、二十四節氣的各種符號，與伏羲氏傳下的八卦圖完全一樣。㉒

龜還曾被賦予了種種品質，使之從自然之物而成為社會祥物。《史記・龜策列傳》載：

> 龜者，天下之寶也。生於深淵，長於黃土。知天之道，明於上古，遊三千歲，不出域，安平靜正，動不用力。居而自匿，審於刑德，先知利害，察於禍福，以言而當，以戰而勝。王者寶之，諸侯盡服。

由於龜能察禍福、明吉凶，除了占卜之用，

還作為祥物用於社會生活的諸多方面。古之印章多為龜鈕（圖 8-15），陵前碑石雕為龜跌，青銅銘紋多鑄龜紋，銀盤器皿飾有龜圖（圖 8-16），石製硯臺鑿為龜身，玉質紙鎮及佩玉亦見龜形，銅鏡背飾及賀壽圖畫中常見「龜鶴齊齡」一類的祥圖，甚至龜還能作為店鋪的標誌，「龜」字被選作人的名字。

龜的品類頗多，《爾雅·釋蟲》云：

十龜：一神龜、二靈龜、三攝龜、四寶龜、五文龜、六筮龜、七山龜、八澤龜、九水龜、十火龜。

其實，龜的種類遠不止十種，古人的分類法往往不是生物學的，而是文化學的，至少是自然感知與文化認識的混同。龜作為祥物，主要不是體現其生物的特性，而是體現一種文化的價值。

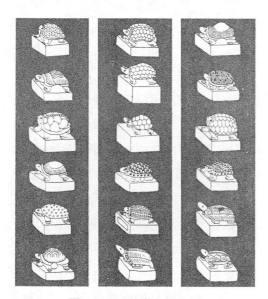

圖 8-15　印章上的龜鈕

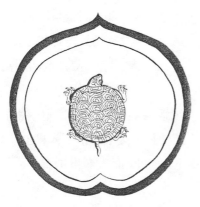

圖 8-16　唐鎏金銀盤上的龜圖

第二節
植物祥物

植物祥物，是以樹木、花草、果蔬等為基本材料所構成的祥物體系。人類對植物的崇拜，一般說來，要晚於動物崇拜，植物裝飾的興盛是農業社會確立的標誌。格羅塞、普列漢諾夫等美學家都提出過人類的藝術經歷了由動物裝飾到植物裝飾過渡的事實，並上升到文化史與社會發展史的高度去認識，指出它是「文化史上最大的進步」。[23] 中國長期以來是以農業為主體的國家，因此，植物祥物自然受到社會的重視，並有其廣泛的應用。

❶⑲　同❽，卷99。
⑳　見《龍魚河圖》。
㉑　見《黃帝出軍決》。
㉒　見嚴寬：《淮陽發現傳說中的八卦白龜》，《北京青年報》，1993 年 3 月 9 日。
㉓　見普列漢諾夫：《論藝術》，三聯書店，1973 年，頁 33。

一、神樹祥木

所謂神樹祥木，包括虛擬的與實有的某些樹木，它們往往被賦予了神異之性和祥瑞之說，藉神話傳說、述異志怪、民間信仰、民間風俗而持久承傳並發揮功用。其神樹，多為虛幻之物，而祥木則為實有的樹種，它們不論為虛為實，均體現了人們的精神追求和生活熱望。

神 樹

神樹係幻想的產物，除了太陽樹、月亮樹、生命樹等宇宙之樹（圖 8-17），還有遇仙成仙、返魂不死、長壽無病、不畏水火、樹中生兒等神異之樹，雖說虛幻，但仍有其樂生的吉祥意義。在中國述異志怪、神魔小說中，有所謂的返魂樹、如何樹、壽木、珍枝樹、聲風木、珊瑚樹、人參果、菩提樹等，均為吉祥的神樹。且錄數例於下：

圖 8-17　宇宙樹（漢畫像石）

《海內十洲記》云：神鳥山「山多大樹，與楓木相類，而花葉香聞數百里，名為『返魂樹』。扣其樹，亦能自作聲，聲如群牛吼，聞之者皆心震神駭。伐其木根心，於玉釜中煮取汁，更微火煎如黑餳狀，令可丸之，名曰『驚精香』，或名之為『震靈丸』，或名之為『返生香』，或名之為『震檀香』，或名之為『人鳥精』，或名之為『卻死香』，一種六名，斯靈物也。香氣聞數百里，死者在地聞香氣乃卻活不復亡也。」

《神異經》云：「南方大荒有樹焉，名曰『如何』。三百歲作花，九百歲作實，花色朱，其實正黃。高五十丈，敷張如蓋。葉長一丈，廣二尺餘，似菅芧，色青，厚五分。……實有核，形如棗子，長五尺，圍如長。金刀剖之則酸，蘆刀剖之則辛，食之者，地仙，不畏水火，不畏白刃。」

《拾遺記》卷 5 云：「天漢二年，渠搜國之西，有渠淪之國。其俗淳和，人壽三百歲。有壽木之林，一樹千尋，日月為之隱蔽。若經憩此木下，皆不死不病。有泛海越山來會其國，歸還其葉者，則終身不老。」

《西遊記》第 24 回云：「人參果」三千年一結實，「人若有緣，得那果子聞一聞，就活三百六十歲，吃一個，就活四萬七千年。」

上述返魂樹可謂「起死回生樹」，如何樹為「地仙樹」或「刀槍不入樹」，壽木為「不病不老樹」，而人參果則為「延年益壽樹」。

除了這些虛構的神異之木，人們還把

年久圍大的參天巨樹視作神木，例如，臺灣的巨無霸神木、眠月神木等，因物久命長而成為吉祥的象徵。

民間還有「神樹符」以貼室內求吉，敦煌神樹符所配的咒語曰：「宅神不安，錢財不進，失，家內難厄，安此符，安此神樹，永無殯災，大吉。」❷此外，《廣玉匣記》卷下有解夢的樹占，其占云「樹中坐臥病欲痊」、「林中樹生添貴子」、「登大樹名利顯揚」、「松生屋上位三公」、「巢林中行主得財」等。樹的符占是神樹信仰的衍生物。

神樹也並非單純的植物祥物，它時常與動物神相纏相聯，如印度的神樹上有五頭蛇，中國的扶桑樹上有鳥頭或牛首（圖8-18），表現了神話意象的迭加和吉祥因素的綜合。

圖8-18　扶桑樹（東漢畫像石）

五穀樹

五穀樹係稀有樹種，也是被神異化了

的徵兆之樹。清朱梅叔《埋憂集》卷7云：

> 《異識資暇》：金陵有丞相府，胡惟庸所居。園有五穀樹，一樹而兼五穀豐歉之徵：如其年麥熟，則樹發麥葉，黍熟則發黍葉，五穀皆然。聞惟庸造逆，樹發豆，豆皆人面；忽盡落，未幾族滅。

有說這能占五穀豐歉的「寶物」是鄭和下西洋時從海外帶回南京的，他一共帶回兩棵，其一種在明故宮內，其二種在報恩寺內，後盡不知去向。

現在江蘇省建湖縣內仍有兩棵五穀樹，傳說是近百年前從南京移去的，現被該縣城鄉建設環境保護局列為「重點保護」的珍稀樹木，並立牌警示（圖8-19）。據說，這兩株五穀樹每年結實不同，有時像稻，有時像麥，有時像梨，有時像魚，像什麼則什麼豐收：像稻則稻豐收，像梨則水果豐收，像魚則當年有大水。著者1999年6月上旬曾到實地考察並攝影，並請農戶從樹端取下一條剛剛結果的小枝，發現上面的果實形狀有點像小魚，當年果然水大。農民們把五穀樹當作「寶」，並將它作為觀測年成的憑依，據說歲歲不差。

這種佑助農事的五穀樹，自然被當地村民視作祥物，任重金高價也不售讓，使之成為當地最具特色的奇寶異珍。

❷ 見高國藩：《敦煌民間俗學》，上海文藝出版社，1989年，頁425。

圖 8-19　五穀樹

竹

竹嚴格說不屬樹木，但竹、木在中國常相提並論，相互組合，例如：松、竹、梅稱作「歲寒三友」（圖 8-20），梅、蘭、竹、菊稱作「四君子」，松、竹、梅、月、水圖稱作「五清圖」等。中國可謂竹的故鄉，中國的竹種佔世界竹種的三分之二，僅浙江省安吉縣就有竹種 250 餘種。㉕竹在石器時代已開始其文化的應用，竹文化是中國文化最持久、最活躍的領域之一。

在西安半坡原始文化遺址出土的一些陶器的底部留有竹編織物印跡，在浙江吳興錢山漾新石器時代遺址出土了簍、籮、籃、簸箕、蓆子等竹篾編織品，有十字形、人字形、菱形方格和梅花眼等多種編織花樣。㉖

竹子有廣泛的實用價值，在製陶、食具、盛具、生產工具之外，還用作砌造房屋的建材和製作樂器的材料，使竹成為《周禮·春官·大師》所謂「金、石、土、革、絲、木、匏、竹」中的「八音」之一。竹能做筷子，能製毛筆，能編為竹簡、竹書，能用以造紙，能編織竹蓆、竹簾，能製做各類工藝物品，竹筍能食用等。

竹子還飽含精神文化材料，與圖騰崇拜、祖先觀念、傳統道德、人口追求等聯繫在一起，成為吉祥的象徵。

晉《華陽國志·南中志》云：

有竹王者，興於遯水。有一女子浣於水濱，有三節大竹流入女子足間，推之不肯去。聞有兒聲，取持歸，破之，得一男兒。長養有才武，遂雄夷狄，氏以竹

圖 8-20　歲寒三友

為姓。捐所破竹於野，成竹林，今竹王祠竹林。

這夜郎竹王傳說含有圖騰文化的信息，透露出人竹間的親緣關係。

竹子在「拍喜」的乞子風俗中作為「祝子」的象徵，竹子易長多節，「竹子」與「祝子」諧音，故誘發了用竹子打不孕婦人的野蠻「祝子」風俗。竹子還作為婦女品質的象徵，湖北嫁女之家要以竹蓆為陪嫁，以寓守節之意。

竹子更被古人尊為「君子」的典範，賦予它傳統文化道德。白居易《養竹記》云：

竹似賢何哉？竹本固，固以樹德，君子見其本，則思善建不拔者。竹性直，直以立身，君子見其性，則思中立不倚者。竹心空，空以體道，君子見其心，則思應用虛受者。竹節貞，貞以立志，君子見其節，則思砥礪名行，夷險一致者。夫如是，故君子，人多樹之為庭實焉。

竹因本固、性直、心空、節貞被白居易用以比附君子品質與道行。此外，唐劉岩夫《植竹記》亦云：

君子比德於竹焉。原夫勁本堅節，不受霜雪，剛也。綠葉萋萋，翠筠浮浮，柔也。虛心而直，無所隱蔽，忠也。不孤根以挺聳，必相依以森秀，義也。雖春陽氣王，終不與眾木鬥榮，謙也。四時

一貫，榮衰不殊，恒也。垂蕡實以遲鳳樂，賢也。歲擢笋以成干進，德也。

竹被說是有剛、柔、忠、義、謙、恒、賢、德的君子，成為社會道德準則的體現。

竹以其廣泛的實用性和文化的象徵性而成為一種歷久不衰的植物祥物。

梧　桐

梧桐一名「青桐」，又叫「櫬梧」，又稱作「引鳳樹」。作為嘉木，古人多在庭院種之，以獲嘉瑞。《廣群芳譜》卷73云，梧桐「皮青如翠，葉缺如花，妍雅華淨，賞心悅目，人家齋閣多種之。其木無節，直生，理細而性緊。」

梧桐自古被稱作「陽木」和鳳凰棲息之樹。《毛詩》曰：「梧桐生矣，於彼朝陽。」[27]《楚辭注》云：「梧桕春榮，陽木也。」[28] 梧桐能引來祥鳥棲枝。《莊子》曰：

駕鷯發南海，而飛到北海。非梧桐不止，非竹實不食。

《詩經》鄭玄箋云：

鳳凰之性，非梧桐不棲。

[25]　參見《中國植物志》，卷3。
[26]　參見何明：《中國竹文化小史》，《尋根》，1999年第2期。
[27]　同❽，卷88。
[28]　引自《廣群芳譜》，卷73。

此外，《晉書·苻堅載記》亦云：

> 鳳凰非梧桐不棲，非竹實不食。

梧桐作為祥樹，是製作琴瑟的良木。《新論》云：「神農、黃帝，削桐為琴。」以桐木製琴，傳說從神農、黃帝時代即已開始。也有說東漢蔡邕以桐木造「焦尾琴」。據《後漢書·蔡邕傳》載：

> 邕在吳，吳人有燒桐以爨者。邕聞火裂之聲，知其良木，因請而裁為琴，果有美音，而其尾猶焦，故時人名曰「焦尾琴」焉。

此外，《古琴疏》也載有一則桐木製琴的故事：

> 吳叔治夏日納涼門外，時聞桐樹下有琴聲。後一人請以五百金買此樹，叔治曰：「金欲得耳，弟吾自以口就食，即見此樹，今何忍伐之？」後叔治出為北海主簿，歸已為族人賣去。久之，其人以二琴至，示叔治，一曰陰姬，一曰陽娃，不加少漆，斲磨光毫，其文宛然，各有仙女弄琴之狀。云涼天月夜，不鼓自鳴。請留其一，以一相報，叔治不受。❷⑨

梧桐為製琴良木，自被人珍愛。

梧桐還能刻為魚形，扣之聲聞數里，董仲舒曾用這桐魚以請雨。桐葉是報秋的使者，有「梧桐一葉落，天下盡知秋」之說。此外，桐葉是古人傳書求愛的信物，有張士傑向龍祠龍女桐葉題詩、❸⓪洛陽宮女桐葉寄情等故事，❸①桐葉是有情人的示愛祥物。郭璞的《梧桐贊》曰：

> 桐定嘉木，鳳凰所棲。
> 爰伐琴瑟，八音克諧。
> 歌以永言，喈喈喈喈。

嘉木就是祥木，故梧桐為歷代文人墨客所賦詠。

二、名花異草

花草也是植物祥物的重要組成部分，它們不僅具有觀賞性、裝飾性和藥用性，也有著特定的文化功能和價值取向，成為吉祥嘉瑞的象徵。名花中的牡丹、蓮花、菊花、蘭花、梅花、桂花、茉莉花等，以及不死草、懷夢草、吉雲草、靈芝草等異草，都因其文化寓義而超越了尋常的植物，歸入了祥物的系列。

牡　丹

牡丹，一名「鹿韭」、一名「鼠姑」、一名「百兩金」、一名「木芍藥」，有「國色天香」之譽和「花之富貴者」之稱。「牡丹」之名何意？李時珍《本草綱目》釋曰：

> 牡丹以色丹者為上，雖結子，而根上生苗，故謂之牡丹。

牡丹可下種，也可根生，即雄者亦能繁衍，故有「牡丹」之謂。

　　中國自南朝以來便有觀賞牡丹的記載，「永嘉水際竹間多牡丹」之錄是牡丹受到普遍關注的起始。隋唐年間，牡丹得到大規模的人工培植，形成了花苑與花市。據王應麟《玉海》載：

> 隋煬帝闢地二百里為西苑，詔天下進花卉，易州進二十箱牡丹，有赬紅、鞓紅、飛來紅、袁家紅、醉顏紅。

唐開元中，天下太平，牡丹始盛於長安，每到暮春花盛時節，賞花、買花人趨之若鶩，到了「家家習為俗，人人迷不悟」的程度。宋代花都轉向洛陽，有「洛陽之花為天下冠」之稱。歐陽修在《風俗記》中記述了洛陽人好花的情狀：

> 洛陽之俗，大抵好花，春時城中無貴賤皆插花，雖負擔者亦然。花開時，士庶競為遨遊，往往於古寺廢宅有池臺處為市井，張幄帘，笙歌之聲相聞。最盛於月陂堤、張家園、棠棣坊、長壽寺東街與郭令宅，至花落乃罷。㉜

牡丹的品種繁多，《群芳譜》所載的品名就有一百八十二種之多，有稱牡丹之「絕麗者」為三十二種。㉝

　　牡丹因豔麗、華貴而為人們所愛，成為美女、富貴、美滿、繁盛的象徵。牡丹作為祥物成了多種吉祥圖案的題材，例如，牡丹與芙蓉同圖，稱作「榮華富貴」（圖8-21）；牡丹與貓同圖，稱作「正午牡丹」；牡丹插花瓶中，稱作「平安富貴」；牡丹與貓、蝶同圖，稱作「富貴耄耋」等。

　　牡丹早在唐宋間已被稱作「物瑞」，孫光憲《生查子》詞曰：

> 清曉牡丹芳，紅豔疑金蕊。乍占錦江春，永認笙歌地。
> 感人心，為物瑞，爛熳烟花裡。戴上玉

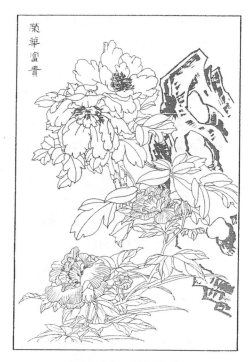

圖 8-21　榮華富貴

㉙　同㉘。
㉚　事出《已瘧編》。
㉛　事出《雲溪友議》。
㉜　轉引自《廣群芳譜》，卷32。
㉝　見仲休：《花品敘》。

紋時，迥與凡花異。

這與凡花迥異的牡丹，作為「物瑞」能感應人心，成為凝聚著情感與精神因素的植物祥物。

梅 花

梅花屬薔薇科落葉喬木，原產中國西南山區，係山谷中的野生樹種，後廣為種植，在東南一帶最為繁盛。《花鏡》云：

> 古梅多著於吳下、吳興、西湖、會稽、四明等地，多百年老幹。其枝樛曲萬狀，蒼蘚鮮皴，封滿樹身，且有苔鬚垂於枝間，長寸許，風至，綠絲飄動。其樹枝四蔭，周遭可羅坐數十人，好事者多載酒賞之，蓋梅為天下尤物，慕其香韵而稱其清高也。

當今無錫梅園、蘇州鄧尉、杭州孤山、南京梅花山等處，仍是賞梅的勝地。

人們喜愛梅花，首先是因為梅是識春報春的瑞物。《事詞類奇》云：

> 水陸草木之花，香而可愛者甚眾。梅獨先天下而春，故首及之。㉞

另，梁簡文帝《梅花賦》曰：

> 梅花特早，偏能識春，或承陽而發金，乍雜雪而被銀，摽半落而飛空，香隨風而遠度……

梅花「識春」之性歷來為文人稱頌，明楊維楨有詩云「萬花敢向雪中出，一樹獨先天下春」，也是詠梅的名句。

梅因其品質而成為「天下之尤物」。梅花之香是其優長之處，後魏賈思勰說：「梅花優於香，桃花優於色。」此外，梅花還有韻、有格，《廣群芳譜》卷22引《梅譜後序》云：

> 梅以韻勝，以格高，故以斜橫疎瘦與老枝怪奇者為貴。

古人在種梅、賞梅的過程中，提出了梅具四德、四貴之說。《潛確類書》載：

> 在具四德：初生蕊為元，開花為亨，結子為利，成熟為貞。梅有四貴：貴稀不貴繁，貴老不貴嫩，貴瘦不貴肥，貴合不貴開。㉟

將梅花與「元亨利貞」相聯，是種梅、賞梅活動的道德化與哲學化。正是梅的自身條件與人的文化理解，使梅花成為人見人愛的「尤物」。宋范成大《梅譜前序》云：

> 梅，天下之尤物。無問智愚、賢不肖，莫敢有異議。學圃之士，必先種梅，且不厭多，他花有無、多少，皆不係重輕。

梅花更為文人所鍾愛，歷代墨客留下了大量的《看梅》、《問梅》、《尋梅》、《探梅》、《夢梅》、《憶梅》、《題梅》、《折梅》、

《嗅梅》、《浸梅》、《浴梅》、《惜梅》、《乞梅》之類的詩詠。他們甚至把梅花比作「仙客」和「玉妃」，如宋王十朋有「仙客風中飄素袂，玉妃月下試新妝」句，表達了崇敬與喜愛的情感。

梅花有精神的與實際的應用。「寶劍鋒從磨礪出，梅花香從苦寒來」，歷來是激勵學子們發憤刻苦的座右銘。梅花能製梅粥、梅花脯、蜜漬梅花、梅花湯餅，此外還有梅花紙帳、梅花妝等，有實際的用途。梅花是吉祥圖案的構成元素，與松、竹相配為「歲寒三友」，與喜鵲同圖稱「喜上眉梢」（圖8-22），它們在建築裝飾、衣飾鞋花、家具圖案、吉祥花錢（圖8-23）等領域廣為應用，成為民間最常見的祥物之一。

圖8-22　喜上眉梢

圖8-23　花錢上的梅花

瑞草

在中國志怪述異類小說中，記錄了不少有神異之性的瑞草，它們或使人不飢，或食而成仙，或能使死者復活，或能化作火炬，或能驗夢之吉凶等，雖荒誕不經，但反映了古人以草祈祥的心態。古書中的瑞草有龍爪薤、吉雲草、明莖草、宵明草、躡空草、鳳葵草、不死草、懷夢草、五味草、虹草等，現錄數條以例說。

《洞冥記》卷2云：「鳥哀國有龍爪薤，長九尺，色如玉，煎之有膏，以和紫桂為丸，服一粒千歲不飢。故語曰：『薤和膏，身生毛。』」

《洞冥記》卷3云：「有鳳葵草，色丹，葉長四寸，味甘，久食令人身輕肌滑。」

《金樓子》卷5云：「神州之上有不死草，似菰苗，人已死，此草覆之即活。」

《拾遺記》卷6云：「有宵明草，夜視如列燭，晝則無光，自消滅也。有紫菊，謂之日精，一莖一蔓延及數畝，味甘，食者至死不飢渴。」

《洞冥記》卷3云：「有夢草似蒲，色紅，晝縮入地，夜則出，亦名『懷夢』。懷其葉則知夢之吉凶，立驗也。帝思李夫人之容不可得，朔乃獻一枝，帝懷之，夜果夢夫人，因改曰『懷夢草』。」

《拾遺記》卷6云：「其北有草，名『虹

❸❹　同❸❷，卷22。
❸❺　同❸❹。

草」。枝長一丈，葉如車輪，根大如轂，花似朝虹之色。昔齊桓公伐山戎國，人獻其種，乃植於庭，云霸者之瑞也。」

上述龍爪薤、鳳葵草、紫菊等為「仙草」，不死草、宵明草等為「神草」，懷夢草可稱作「巫草」，而虹草則為「霸草」。它們均因有神異的超自然之性而被視作瑞草，長期存留於人們的觀念中，成為俗人心嚮神往的對象和文人筆下的奇譚。

靈 芝

靈芝，又叫「木芝」、「菌芝」，一名「壽潛」，一名「希夷」。《說文》曰：「芝，神草也。」《廣群芳譜》曰：「芝，瑞草也。」靈芝屬真菌類，它由菌蓋（傘）、菌柄（杆）、孢子構成，自古被當作有神奇療效的靈藥。其品種有 100 餘種，分赤、黃、白、黑、紫數類。《本草經》曰：「赤芝，一名丹芝；黃芝，一名金芝；白芝，一名玉芝；黑芝，一名玄芝；紫芝，一名木芝。」

靈芝的嘉瑞來自它的藥用功效，因有神芝、仙藥之稱。《博物志》云：

名山生神芝，不死之草，上芝為車馬，中芝為人形，下芝為六畜。

這是對靈芝形象的神異化。《酉陽雜俎》則云：「仙藥有三十六芝。」作為仙藥的靈芝，又被說成為西王母所有。《漢武內傳》云：

西王母之仙上藥，有大真紅芝草。

此外，《思玄賦》有「聘王母於銀臺兮，羞玉芝以療飢」句，可見，不論赤芝、玉芝，均為西王母的不死仙藥。

靈芝被古人說成有延年益壽的神效，《抱朴子》稱：青雲芝，陰乾食之，「令人壽千歲不老，能乘雲通天，見鬼神」；黃龍芝，「日食一合，壽萬年，令人光澤」；龍仙芝，「服一株，則壽千歲」；金菌芝，「飲其中水，壽千歲，耳目聰明」……道家術士對靈芝藥性的誇張影響到民間傳說，著名的《白蛇傳》中有白蛇盜靈芝救活許仙的情節，靈芝在人們觀念中不僅能益壽延年，而且能起死回生。

同其他祥物一樣，靈芝也曾受到道德化的渲染。《孝經援神契》曰：

德至於草木，則芝草生。

《神農經》則稱五色神芝之生為「聖王休祥」。早在漢代，靈芝已成為郊祀的對象。《漢書·郊祀歌》有「蔓蔓日茂，芝成靈華」之句，而班固《郊祀靈芝歌》則曰：

因露寢兮產靈芝，象三德兮瑞應圖。
延壽命兮光此都，配上帝兮象太微。
參日月兮揚光輝。 [36]

民間祥圖中的祥雲、如意頭等，常為靈芝狀，同時作為裝飾圖案亦見於木雕石刻中，它有著藥物以外的其他應用，亦屬多用性瑞草靈物。

三、珍果嘉蔬

　　瓜果蔬菜也是植物祥物的重要支系，它們既有美味、滋補、藥療的食用價值，又能觀賞、饋贈、祭供、祈願，成為吉祥文化的材料。所謂珍果，即富有文化內涵的果實，諸如柑橘、石榴、柿子、佛手、栗子、棗子、葫蘆、桃子、西瓜等。所謂嘉蔬，指因其風俗的應用而帶有嘉瑞意義的蔬菜，諸如芹菜、菠菜、薺菜、蔥、蒜、辣椒、生菜、白菜、南瓜、蘿蔔等。果蔬作為俗用之物，可謂平中見奇的又一類植物祥物。

柑　橘

　　柑橘為中國南方的珍果，《晏子春秋》中有「橘生淮南則為橘，生於淮北則為枳」之說。晉胡濟《黃柑賦》稱柑橘「惟江南之奇果，資天地之正陽」。柑橘作為珍奇的果實，除了《韓非子》所說的「食之則美，嗅之則香」，還因它有多種益處。明徐光啟《農政全書》云：

> 夫橘，南方之珍果。味則可口，皮核愈疾，近升盤俎，遠備方物，而種植之，獲利又倍焉。

可見，它有食用、療疾、祭供、饋贈、生財等用途，故為珍果、嘉樹。❸❼

　　柑橘的品質自古受人推崇，屈原寫有《橘頌》對之大加褒美：

> 後皇嘉樹，橘徠服兮。
> 受命不遷，生南國兮。
> 深固難徙，更壹志兮。
> ……
> 蘇世獨立，橫而不流兮。
> 閉心自慎，不終失過兮。
> 秉德無私，參天地兮。
> ……

橘被人格化，成為品質高貴的象徵。

　　在中國古籍中，記錄了不少有關橘的奇事異聞。《南史‧孝義傳》載：

> 王虛之居喪二十五年，鹽酢不入口，墓上橘樹一冬再實，時人咸以為孝感所至。

此言橘為有孝感的靈果。

　　另，《神仙傳》載：

> 蘇仙公者，桂陽人也，漢文帝時得道當仙。母曰：「汝去之後，使我如何存活？」先生曰：「明年天下疾疫，庭中井水，簷邊橘樹，可以代養。井水一升，橘葉一枚，可療一人。」來年果有疾疫，遠近悉求母療之，皆以水及橘葉，無不愈者。❸❽

❸❻　同❷❽，卷87。

❸❼　宋謝惠連《橘賦》曰：「園有嘉樹，橘柚煌煌。」

❸❽　同❷❽，卷64。

圖 8-24　年年大吉

此為對柑橘藥用功效的誇張。

柑橘實用的與文化的作用，使之進入朝禮與民俗之中。唐皇每年九月九日在蓬萊殿賜群臣以橘，而民間在新年陳福橘，或以柑橘相互饋贈，取諧音「吉」意。民間祭祀大禮中，以豬頭口含柑橘為供，意取「大吉大利」。在吉祥圖案中，以兩條鯰魚與柑橘同圖，稱作「年年大吉」（圖 8-24）；以柿餅與柑橘同圖，則叫作「百事大吉」。在民俗中，原本實在的珍果已成了意象的符號，無聲地傳導著吉祥文化的信息。

柿　子

柿，又稱作「赤實果」，一般樹高枝繁葉大，四月間開黃白色小花，八九月果熟。

柿的種類很多，有紅柿、黃柿、朱柿、著蓋柿、牛心柿、蒸餅柿、八棱柿、塔柿等品種。世傳柿有七絕：一多壽，二多陰，三無鳥巢，四無蟲蠹，五霜葉可玩，六佳實可啖，七落葉肥大，可以臨書。❸ 有此「七絕」，故柿樹常被選作庭樹。白居易詩云：「柿樹綠蔭合，王家庭院寬」，而蘇軾有「柿葉滿庭紅顆秋」句，直到今日鄉民仍以柿樹裝點庭院（圖 8-25）。

圖 8-25　農戶庭院中的柿樹

柿在古人看來，也能與人相感，互行恩惠。《廣群芳譜》卷 58 引《東觀漢記》云：

韋順為東平相，賞罰必信。有柿樹生屋上從庭中，遂茂。順至孝行，人以為感於天地而生。

此言柿為孝感之樹，自有靈性。此外，古籍中還有柿樹受封「凌霜侯」的傳說。《在田錄》云：

高皇微時過剩柴村，已經二日不食矣，

圖 8-26　柿蒂紋

行漸伶仃。至一所，乃人家故園，垣缺樹凋，上悲嘆久之。緩步周視，東北隅有一樹霜柿正熟，上取食之，食十枚便飽，又惆悵久之而去。乙未夏，上拔采石，取太平，道經於此，樹猶在。上指樹，以前事語左右，因下馬以赤袍加之，曰：「封爾為凌霜長者。」或曰：「凌霜侯」。

果木受封，事不多見，此柿子的又一美談。

古人還稱柿木中有文字，此又為一奇譚。宋沈括《夢溪筆談》云，杭州南新縣民家在柿木中曾發現「上天大國」四字，且「書法絕類顏真卿，極有筆力」。另，宋何薳《春渚紀聞》云，晉江尤氏之鄰朱氏圃中種有柿樹，一夕雷震木裂，中有濃墨書就的「尤家」二字，且大枝小枝均大小成字，字體帶草，勁健如王會稽書，後其圃歸尤氏。

柿木中見文字之說增添了柿的神祕氣氛，使自然之物與文化創造併合同在，並由此而更顯其珍。民間視柿為祥物，並有風俗的應用。江南人家，元旦清晨要吃一塊柿餅、一個橘子，以討「百事大吉」之利。在吉祥圖案中，柿與百合、橘子同繪，亦意取「百事大吉」；柿子與如意同圖，則謂「事事如意」。此外，柿蒂紋在石雕、木刻、印染、刺繡等領域多有所用，成為又一種吉祥裝飾（圖 8-26）。

柿為晚秋時節的嘉果，故有「懸霜照采，凌冬挺潤」的美譽。❹

芹　菜

芹，一名「水英」，一名「楚葵」。芹有水芹、旱芹之分，一般二月生苗，五月開細白花，葉似芎藭，莖有節棱而中空，其氣芬芳。用作菜蔬平時食用的有白芹、蒲芹、水芹數種。芹有止血養精、益氣止煩、去伏熱、殺藥毒等藥用功效，又清香可口，故為人們所喜愛。

《詩經・小雅》曰：「觱沸檻泉，言采其芹」，另《魯頌》有「思樂泮水，薄采其芹」之句，可見，早在春秋時代，芹已進入人們的生活。芹的文化功用不是單一的食用，而有信仰的、禮儀的，或宗教的、社會的用途。

《周禮・天官冢宰下》曰：「加豆之實，芹菹兔醢。」此說芹菜和兔肉醬是盛於豆中

❸　同❷，卷58。
❹　語出梁簡文帝：《謝東宮賜柿啟》。

用以祭祀天神的食物。此外,《爾雅翼》云:

> 水芹,微物也。而古人不以微薄廢禮,
> 猶愈於無禮也。今釋奠先聖猶用之。

芹菜又是佛教用以奠祭的祭品。

芹菜還是社交禮俗中的饋贈之物。《四時寶鏡》云:

> 東晉李鄂立春日,命以蘆菔、芹菜為菜盤,相饋貺。

芹菜不僅是俗民們相互饋贈的禮物,而且還能用以獻給君王。宋高觀國詠芹之詞《生查子》曰:

> 野香春吐芽,泥濕隨飛燕。
> 碧澗一杯羹,夜照無人翦。
> 玉釵和露香,鵝管隨香軟。
> 野意重殷勤,持以君王獻。

芹菜作為清香可口的嘉蔬,歷來受人之愛。《呂氏春秋》有「菜之美者,雲夢之芹」的記載。在長江下游地區,芹菜是除夕年飯上的一道吉祥菜,尤其是水芹必不可少,俗稱「路路通」,食之,以討順暢通達的吉利。

芹菜不論作為祭品、禮品或食品,都隱含祥瑞的意義。

九

飲食祥物

飲食是人類賴以存活的基礎，也是一類最實用的祥物。飲食自古被視作物用之大端，《漢書·酈食其傳》中有「民以食為天」之說，清李光庭《鄉言解頤》卷4則稱：「盈天地間皆物也。物為人用，其大者則為居處、飲食兩端。」

中國飲食文化豐厚精深，成為國人的驕傲。孫中山先生在《建國方略》中曾指出：「單就飲食一道論之，中國習尚常超乎各國之上。此人生最重要之事，……實為一大幸事。吾人當保守之而勿失，以為世界人類師導可也。」

中國飲食不僅以美味著稱，更不乏喜慶祥瑞的文化內涵，不少品種超越了果腹或解饞的單一功能，融入了賞悅、交際、養生、寄情、助興、信仰等成分。飲食祥物既有作為飲食的本來用途，又有其他的功用，帶上了若明若暗的精神的和社會的文化色調。

第一節
風俗性飲食

飲食文化往往是風俗現象，它具有突出的民族性或地方性的特徵，且具有世代相傳的文化慣性。《博物志·五方人民》曰：「東南之人食水產，西北之人食陸畜。食水產者，龜蛤螺蚌以為珍味，不覺其腥臊也。食陸畜者，狸兔鼠雀以為珍味，不覺其膻也。」這種食物種類的相異，正是風俗有別使然。

風俗性飲食包括日常飲食與節慶飲食等基本類型，其中既有一般飲食，也有祥物飲食，而後者具有更多的文化內涵。

一、 日常飲食

日常飲食指各地平時作為主、副食的各類常見食品，包括米飯、麵食、蔬菜、果品、雜糧、酒茶等。其中不少因名稱、造形、禮俗、傳說、歷史等而帶上嘉慶、吉利的成分，成為飲食祥物。此類祥物往往易被忽略，但卻客觀地存在著，諸如豆腐、饅頭、麵條、花饃、餃子、餛飩、糕糰、小吃等，均有其值得發掘的吉祥意義。

豆 腐

豆腐，是奇妙的文化創造，也是極富營養的大眾美食。豆腐，又名「黎祁」、「來其」，俗稱「和尚肉」、「小宰羊」❶，係人類最早提取出的植物蛋白質。

豆腐不僅在中國、日本等東方國家為人所愛，當今已成世界性的美味佳品。豆腐價廉物美，而食法多樣，可用燴、炸、炖、煮、煎、拌等多種烹飪方式加工，各具風味。豆腐菜餚及小吃中有不少人見人饞的名品，諸如：麻婆豆腐、家常豆腐、涼拌豆腐、拔絲豆腐、魚頭豆腐、小蔥豆腐、豆腐圓子、臭豆腐乾、油炸乾、老滷乾、蘭花乾、五香茶乾、腐竹、素雞等，均為大眾所喜愛。

豆腐的製法始於漢代，相傳由西漢淮南王劉安所發明，故豆腐之法又稱作「淮

南術」。宋朱熹有詩云：

> 種豆豆苗稀，力竭心已腐。
> 早知淮南術，安坐獲泉布。

其自注曰：「世傳豆腐本淮南王術。」這是文獻中有關豆腐為淮南王所製的最早記錄。此後，文獻多稱豆腐為淮南王劉安所作。

明李時珍《本草綱目・穀部・豆腐》曰：「豆腐之法，始於漢淮南王劉安。」

明葉子奇《草本子・雜制篇》曰：「豆腐，淮南王劉安所作。」

明王三聘《古今事物考》曰：「豆腐，始於淮南王劉安方士之術也。」

清高士奇《天祿識餘》曰：「豆腐，淮南王劉安造，又名黎祁。」

曾有人懷疑「淮南術」的存在，提出豆腐始於唐、宋之論，但 1960 年在河南省密縣打虎亭一號漢墓中發現了大面積的畫像石，其中有「豆腐作坊圖」的刻畫。由於劉安精於烹飪，曾寫過《淮南王食目》、《淮南王食經》、《淮南王食經音》等已失傳之著作，故劉安及其身邊的方士發明了豆腐是大致可信的。❷

豆腐被視作飲食祥物，除出自方士之術，也因僧家、道家最為熟知，從而產生了通神得靈的聯想。明詩人蘇平《豆腐》詩曰：

> 傳得淮南術最佳，皮膚褪盡見精華。
> 一輪磨上流瓊液，百沸湯中滾雪花。

> 瓦缶浸來蟾有影，金刀割去玉無瑕。
> 個中滋味誰得知，多在僧家與道家。

該詩把豆腐比作瓊液、雪花、明月、白玉，它不僅形制可愛，更因僧道的食用而帶上了聖潔的光暈。

豆腐之為祥物，還因有「八公山豆腐」的傳說。安徽壽縣八公山豆腐相傳即淮南術的製品。「八公」有說為劉安身邊的八個術士，有說即編寫《淮南子》一書的蘇非、李尚、左吳、田由、雷被、毛被、伍被、晉昌八人。❸八公山是他們的仙升之處，故八公山豆腐便有「仙山豆腐」或「仙人豆腐」的寓意。豆腐既由仙人點畫，自然便成了吉祥食物。

饅　頭

饅頭又叫「曼頭」、「饅首」、「籠餅」、「蒸餅」、「炊餅」、「饙饙」等，是用麵粉發酵後蒸製的食品，分有餡與無餡兩種。

饅頭的起源與諸葛亮的傳說有關，本為人頭祭品的替代。據宋代高承《事物紀原・酒醴飲食》載：

❶ 陶谷《清異錄》：「時戢為青陽丞，潔己勤民，肉味不給，日市豆腐數個，邑人呼豆腐為『小宰羊』。」

❷ 參見王明德等：《中國古代飲食》，第 2 章「淮南王劉安始製豆腐」節，陝西人民出版社，1988 年。

❸ 參見郭伯南：《華夏風物探源》，「豆腐」，上海三聯書店，1991 年。

諸葛武侯之征孟獲，人曰：「蠻地多邪術，須禱於神，假陰兵一以助之。然蠻俗必殺人，以其首祭之，神明饗之……」武侯不從，因雜用羊豕之肉，而包之以麵，像人頭，以祠。神亦饗焉，而為出兵。後人由此為饅頭。

這一說法被羅貫中寫進了《三國演義》第91回，諸葛亮的饅頭是這樣製做並祭用的：

喚行廚宰殺牛馬和麵為劑，塑成人頭，內以牛羊等肉代之，名曰「饅頭」。當夜於瀘水岸上設香案，鋪祭物，列燈四十九盞，揚幡招魂，將饅頭等物陳設於地。

在晉代，「曼頭」與餳餅、髓餅、牢丸同為祠祭之物，❹後演成風俗食品。到宋代，在市食點心中已出現了多種饅頭，據宋吳自牧《夢粱錄》卷16載，當時的饅頭品種有：四色饅頭、生餡饅頭、雜色煎花饅頭、糖肉饅頭、羊肉饅頭、太學饅頭、筍肉饅頭、魚肉饅頭、蟹肉饅頭、假肉饅頭、筍絲饅頭、裹蒸饅頭、菠菜果子饅頭、辣餡糖餡饅頭等。

饅頭被視作祥物，主要因其有禮俗的應用，除了用於敬神祭祖，在上梁、慶壽、過年中亦常見用。

在上梁儀典中各地均有拋饅頭的建築禮俗。雲南劍川白族人的饅頭蒸成花形，其上插上竹葉，並堆成山形。其中有四個大饅頭，內塞錢幣，外包紅綢或紅紙，分別寫上東方、西方、南方、北方，丟於建築物的四個方向，然後再拋小饅頭。每拋一個，說一句吉祥話，人人爭搶。在他們眼中，饅頭是吉祥之物，而大饅頭為祥中之祥，搶得者為大吉。❺

饅頭若在頂部劃個十字口，則能蒸出「開花饅頭」，俗稱為「笑」，人們往往還在饅頭上加印紅點，成為禮俗之用的吉祥饅頭。作為賀壽的食品，饅頭往往做成桃子形，人們在桃尖點紅、在桃底抹綠，俗稱「壽桃」，並視作長壽的象徵。

饅頭是江北人家過年時不可或缺的食品，年裡吃不完，還可切片曬乾，以備夏忙食用（圖9-1）。清李光庭說：「臘月望後，便蒸饅頭，分有餡、無餡二種。……攙冰花糖以模印之，其白如雪，面有銀光，謂之白包子。」並有詩云：「長繭迎春結，斜桃饋歲投。」❻可見，饅頭又是迎春賀歲的吉祥食品。

饅頭因廣泛用於禮俗活動，又稱作「禮饃」。禮饃的造形豐富多采，多擬各類祥物。例如，春節有神蟲、盤龍、聖雞、元寶等，端午節有春燕，七夕有金魚、金蟬、蓮子、

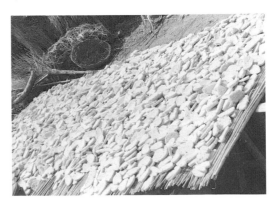

圖9-1　以備夏忙食用的饅頭片

佛手等，婚嫁有喜餑餑、喜餅、龍鳳餅、虎頭饃、鯉魚、石榴、如意等，❼ 均取吉祥之意。

市食

市食，又稱「小吃」、「點心」，即市井民眾或鄉野農民的傳統食品，它們品種繁多，五花八門，美味可口，價格不昂。市食的繁盛歷來是太平盛世的標誌。

在北宋的汴梁和南宋的臨安都曾有過浩繁的市食系列，讓人驚歎而口饞。吳自牧《夢粱錄》卷16載：

市食點心，四時皆有，任便索喚，不誤主顧。且如蒸作麵行賣四色饅頭、細餡大包子，賣米薄皮春繭、生餡饅頭、俺子、笑靨兒、金銀炙焦牡丹餅、雜色煎花饅頭、棗箍荷葉餅、芙蓉餅、菊花餅、月餅、梅花餅、開爐餅、壽帶龜仙桃、子母春繭、子母龜、子母仙桃、圓歡喜、駱駝蹄、糖蜜果食、果食將軍、肉果食、重陽糕、肉絲糕、水晶包兒、笋肉包兒、蝦魚包兒、江魚包兒、蟹魚包兒、鵝鴨包兒、鵝眉夾兒。十色小從食，細餡夾兒、笋肉夾兒、油炸夾兒、金鋌夾兒、江魚夾兒、甘露餅、肉油餅、菊花餅、糖肉饅頭、羊肉饅頭、太學饅頭、笋肉饅頭、魚肉饅頭、蟹肉饅頭、肉酸餡、千層兒、炊餅、鵝彈。更有專賣素點心從食店，如豐糖糕、乳糕、栗糕、鏡麵糕、重陽糕、棗糕、乳餅、麩笋絲、假肉饅頭、笋絲饅頭、裹蒸饅頭、菠菜果子饅頭、七寶酸餡、薑糖、辣餡糖餡饅頭、活糖沙餡諸色春繭、仙桃龜兒、包子、點子、諸色油炸、素夾兒、油酥餅兒、笋絲麩兒、果子、韻果、七寶包兒等點心。……又有粉食店，專賣山藥元子、真珠元子、金桔水糰、澄粉水糰、乳糖槌、拍花糕、糖蜜糕、裹蒸粽子、栗粽、金鋌裹蒸茭粽、糖蜜韻果、巧粽、豆糰、麻糰、糍糰及四時糖食點心。及沿街巷陌盤賣點心：饅頭、炊餅及糖蜜酥皮燒餅、夾子、薄脆、油炸從食、諸般糖食油炸、蝦魚划子、常熟糍糕、餶飿瓦鈴兒、春餅、芥餅、元子、湯糰、水糰、蒸糍、栗粽、裹蒸、米食等點心。及沿門歌叫熟食：熬肉、炙鴨、熬鵝、熟羊、雞鴨等類，及羊血、灌肺、撺粉、科頭，應於市食，就門供賣，可以應倉卒之需。

此外，周密《武林舊事》卷6載有「市食」四十一種，果子四十二種，糕十九種，蒸作從食五十六種，粥九種等。

南京的秦淮小吃亦頗富盛名，在南京流傳著這樣的《小吃謠》：

❹ 晉盧諶《雜祭法》曰：「春祠用曼頭、錫餅、髓餅、牢丸，夏秋冬亦如之。」

❺ 參見葉大兵等：《中國風俗辭典》，上海辭書出版社，1990年，頁443。

❻ 語出《鄉言解頤》，卷4「物部上・饅頭」。

❼ 參見趙建民：《中華「禮饃」芻議》，《民俗研究》，1997年第2期。

臘八粥，豌豆糕，荷葉烏飯炒元宵。

糖粥藕，糖芋苗，桂花酒釀小元宵。

豆沙條、馬蹄糕，松子茶糕滿街跑。

豆腐渗，火腿粽，揚州春卷加年糕。

油炸乾、狀元豆，蛤蟆酥兒和火燒。

小刀麵、大餛飩，油條水餃蒸兒糕。

什錦包、三丁包，各色燒賣、棗泥餡心山藥桃。

炸鵪鶉、炸黃雀、炸雞腿、炸田螺，手拿食品街上跑。

茶葉蛋、鴨腸湯，五香驢肉老滷乾。

熱老菱、糖山芋，熟芋薺、五香藕，炒米糰子、百合綠豆羹。❽

在西北黃土高原亦有豐富的小吃名點，1988 年山西省運城地區的名產名吃展銷暨物資交流大會上共展銷各類小吃 146 種，諸如鶯鶯餅、清真餅、冰糖葫蘆、旦旦麵、飛刀麵、羊肉泡饃、牛肉水餃、米樂福包子等，都具有地域的特色。❾

在江南的鄉鎮還見有油炸餃子、五香蛋、回滷乾、煮花生、豆腐圓子等小吃（圖9-2）。

圖 9-2　鄉鎮上的小吃攤

市食點心為市民和遊客所鍾愛，雖大多為日常飲食，但它特有的民俗氛圍能烘托出太平繁盛的歡樂景象，故可視作飲食祥物。

二、 節慶飲食

傳統民俗節日少不了吉祥食品的點綴，即便是尋常飲食在節日裡也往往別具意味。從春節第一餐到除夕年夜飯，歷經四時八節，各有相應的食品，也各有吉祥的追求。節慶飲食最具風俗的特徵，成為展示民族性與地方性的獨特窗口。

新春第一餐

正月初一是新春，為一年之始，自古以來人們對第一餐多有講究，各地形成了不同的傳統。新春的食物不僅是美味佳餚，更有其象徵的意義。

在晉代及南朝時期，三元之日要飲椒柏酒、桃湯、屠蘇酒，吃膠牙餳、五辛盤，以取「發五臟、迎新歲」之意。及至當代，新春食品仍有吉祥的寓意。

南方大部分地區春節第一餐要吃年糕，以表「年年高」。在蘇南農村有吃米麵糕糰的風俗（圖9-3），以表「闔家團圓，萬事俱高」。北方人家新春第一餐多吃餃子，因餃子形似元寶，取「招財進寶」之意；有的人家把餃子、麵條一同煮食，則稱作「銀線吊葫蘆」或「金絲穿元寶」。上海郊區新年早晨吃小糖圓，意取「甜蜜、團圓」。山東、安徽一些農村，元旦每人要

圖 9-3　農家的米麵糕糰

先咬一口蘿蔔，謂之「咬春」，可使一年吉祥。南京人家新年早晨吃麵條，意表「長春長壽」。在江蘇武進、陽湖一帶，人們在元旦早晨坐床上先吃一個柿餅和橘子再下床，稱作「百事大吉」。❿瓜洲人家，元旦早晨食棗栗、蓮子羹，有「早立連子」、早生多育之意。⓫杭州人家，新年食糕解粽，呼其名為「高中」。⓬浙江錢塘縣元旦吃紅豆飯，謂之「隔年飯」，以表家有餘糧。湖北省團風人春節第一餐喝雞湯，象徵「清泰平安」。其中，家中主要勞力要吃雞爪，意表「新年抓財」；年輕後生要吃雞翅，意表「展翅高飛」；當家之人則吃雞頭，則意表「出人頭地」。⓭陝西元旦早晨吃餛飩，俗稱「吃元寶」，亦有吃春餅者，謂之「咬春」。江西鄱陽地區，新年早晨吃魚煮餃子，取「招財進寶，年年有餘」之意。浙江有的地區元旦吃芹菜、韭菜、竹筍等做的「春盤」，以喻「勤勞久長」。

新春第一餐雖有地區差異和品種區別，但都圍繞著一個共同的主題，那就是——新年納吉。它藉助節慶氛圍而顯露出自身的祥物性質。

在日本，正月裡的第一頓飯也含有吉祥的追求。這頓飯名叫「雜煮」，取材呈紅黃青白黑五色，以模仿魔王的五臟。其中，用鰹魚表示火的紅色，保護人的心臟；用鮑魚表示土地的黃色，保護人的脾臟；用芋頭表示樹木的青色，保護人的肝臟；用年糕表示白金，保護人的肺臟；用海參表示呈紅黑色的水，保護人的腎臟。人們在新年吃下魔王的五臟，就會比魔王還有氣力。⓮這雜煮，顯然也是飲食祥物。

吃食謠

在中國民間流傳著許多「吃食謠」，它們以節日食物的羅列與概括，展現特定的節日風情與食物的文化內涵。

由仇汝高等搜集的《十二月風俗吃食謠》是這樣說的：

正月家家吃元宵，

❽　引自季士家等編：《金陵勝跡大全》，南京出版社，1993 年，頁 770～771。

❾　見王森泉等：《黃土地民俗風情錄》，山西人民出版社，1992 年，頁 247～248。

❿　道光二十三年，《武進陽湖縣合志》：「（元旦）攤衾即剖乾柿及橘食之，云『百事大吉』。」

⓫　見民國十六年，卷 28，《瓜洲續志》。

⓬　見民國十一年，卷 170，《杭州府志》。

⓭　見代志華文，《揚子晚報》，1994 年 2 月10 日。

⓮　參見賈蕙萱：《中日吉慶食品的特點》，《西藏民俗》，1998 年第 3 期。

二月二做餅帶女兒，
三月清明吃涼粉，
四月立夏雞蛋炒，
五月端午吃粽子，
六月初六炒麵焦，
七月菱藕新上市，
八月中秋月餅咬，
九月重陽吃大糕，
吃紅豆飯是十月朔，
冬月冬至吃水餃，
臘月臘八把粥燒。❶

歌謠中的元宵、粽子、菱藕、月餅、重陽糕、紅豆飯、水餃、臘八粥等，均為節日中的吉祥食物。

節慶飲食有一節一食的，也有一節多食的。描寫南通地區的《端陽食謠》說道：

端陽時節忙碌人，剝粽蘸糖當早茶；
莧菜落油和片粉，麵筋搗蒜拌黃瓜；
一方白肉連皮啖，兩尾黃魚帶鰾叉；
燒酒醉來何物解，平橋腳下買枇杷。

其中，粽、莧菜、黃瓜、黃魚、枇杷等應時節物，因點畫出端陽的嘉慶氣氛而具有祥物的性質。

南京的「十景菜」是辭歲迎年的節慶食品，有一首《十景年菜歌》從其配料一一說來，歷數其祥瑞的意蘊：

一祝首季開門紅（炒胡蘿蔔絲），
二祝如意萬事興（炒豆芽菜），
三願來年節節高（炒竹笋絲），
四願五穀又豐登（炒五香干絲），
五重百頁萬民書（炒百葉絲），
六憶孟姜與長城（炒生薑絲），
七采黃花百朵雲（炒黃花菜），
八掬仙波一池春（炒菠菜），
九敬仙子黑牡丹（炒黑木耳），
十獻白芹國民健（炒芹段），
十一風裡生來雨中長（炒野薺菜），
十二霜雪雪冬紅滿天（炒雪冬菜），
十三正是豆蔻好年華（炒豌豆苗），
十四再寫蒲芹新華章（炒蒲芹），
十五卸下綠裝換金妝（炒醃冬青菜），
十六共祝家國滿園春（上述蔬菜合一）。❶

從這首《十景年菜歌》迭用的吉語，不難看出它作為飲食祥物的身分。

節慶飲食不僅為人所享用，有時也做給牲口吃。在江蘇建湖縣，每年清明節有煮楊柳飯餵牛的風俗，當地流傳著這樣的《楊柳飯謠》：

打一千，罵一萬，清明吃頓楊柳飯。
楊柳飯，噴噴香，一頓吃去一大缸。
楊柳飯，營養高，吃下能添一個腰。
楊柳飯，吃個飽，賽過千斤黃稻草。
楊柳飯，貴如金，想吃還得到清明。❶

這一歌謠的唱念同樣能渲染節日的氣氛，給民俗慶節塗上樂生、歡快的色調。可以說，不僅被歌詠的節慶飲食是祥物，就是

這些「吃食謠」，也具有了祥瑞的意味。

元　宵

元宵，是元夕的傳統食品，俗有「上燈元宵落燈麵」的謠諺。元宵，又叫「圓子」、「元子」、「浮圓子」、「湯圓」、「湯糰」、「粉糰」、「湯元」等。元宵用糯米粉裹糖餡、肉餡、菜餡或果餡而搓成，也有不用餡子的實心小圓子。小圓子可用蔬菜煮食，亦可用桂花、糖、酒釀等做成酒釀元宵，或用赤豆、糖等煮製赤豆元宵，均為可口的節物。

元宵的烹飪方式很多，有人總結出十法：

1. 水煮法：有「滾水下，慢火煮」的口訣，沸水中宜加少許食鹽。

2. 鍋蒸法：先將盤底抹一層食油，再把元宵擺上，入鍋蒸熟。

3. 生炸法：先將花生油燒到七成熟，再將元宵入油炸熟，呈金黃色時撈出。

4. 熟炸法：先把元宵煮熟，晾涼，然後入油鍋炸至金黃色撈出。

5. 掛皮法：將生元宵先在雞蛋清裡滾一下，再放到油鍋裡炸。

6. 穿衣法：先將芝麻炒酥研末，放入稠糖糊中，放進用油炸好的元宵，使之滾沾均勻，出鍋上盤。

7. 烘烤法：將元宵擺於抹有食油的鐵盤內，入烤箱內烤至呈金黃色時取出。

8. 拔絲法：將花生油澆到五成熟，入元宵，炸到皮呈黃色取出。將香油在微火上燒到四成熟，加入白糖，炒至呈金黃色

起泡時，迅速倒入元宵，將鍋離火反復顛翻，使糖汁均勻掛在元宵上，盛出。

9. 琉璃法：將花生油燒到七成熟，將元宵入鍋炸至金黃色取出。將香油在微火上燒到四成熟，入白糖攪炒，見露紅色、起細泡時倒入元宵，隨即離火翻顛，撒上芝麻、青紅絲，倒在抹過油的案板上，稍涼用筷子逐個撥開盛盤。

10. 酒醉法：將小元宵煮熟放入碗中，將煮沸的甜酒澆入，加入糖桂花、橘子瓤、菠蘿丁等則更佳。❸

元宵不僅食法多，各地也出了一些名品，例如，四川的「賴湯元」，寧波的「酒釀圓子」，上海的「四喜湯圓」，廣東的「雞湯元宵」，香港的「糖不甩」，北京的「馬家元宵」等。❹

元宵作為飲食祥物，不僅在於它多樣性食法所烘托的節日氣氛，更在於它是吉星的象徵。宋周必大《元宵煮浮圓子》詩云：

今夕知何夕，團圓事事同。

❶ 引自《中國歌謠集成・江蘇卷》，中國ISBN中心，1998年，頁381。

❷ 見《揚子晚報》，1999年2月15日，第2版。

❸ 同❶，頁377。

❹ 見李明文，《揚子晚報》，1995年1月31日，轉載《生活報》。

❺ 清《竹枝詞》曰：「桂花香餡裹胡桃，江米如珠井水淘。見說馬家滴粉好，試燈風裡賣元宵。」

湯官循舊味，灶婢詫新功。

星燦烏雲裡，珠浮濁水中。

歲時編雜詠，附此說家風。

詩中「珠」、「星」對應，即將元宵比作星辰。此外李家瑞《北平風俗類徵》引《京都風俗志》曰：

（正月）初八日祭本命星君，以糯米為麵，裹糖果餡，謂之元宵為獻，以其形肖星象也。

可見，元宵是星辰的象徵，它在元夕食用同放燈一樣，意表「吉星高照」。

團圓餅

團圓餅是大江南北的農戶在中秋節自炊自製的麵餅，用以祀神拜月，也作饋贈禮品和自家的節日食物。

團圓餅不同於「月餅」，是另種中秋節食。光緒《丹徒縣志》卷4曰：

中秋夕買月餅及菱、藕、筍、榴諸果。又以麵作大餅，謂之「團圓餅」。俗凡祀神，均用團圓餅。

江南丹徒縣的團圓餅是一種麵作大餅，與精巧的月餅顯然不同。

在江北揚州地區，舊時中秋節家家自製圓圓的燒餅。這燒餅有兩種，所用原料及所包餡心不同，名稱也各相異：包蔬菜餡的麵餅叫「團圓餅」，包芝麻糖餡的米粉餅叫「子孫餅」，另有專作拜月之用的「供餅」。供餅一般做五只或七只，一只比一只大，拜月時疊為寶塔形，高高巍巍，有接近月宮，承接月光之意。當然，也有人不分什麼團圓餅、子孫餅、供餅，因在中秋節炊製，也就統稱之為「團圓餅」。

中秋節做團圓餅、供團圓餅、吃團圓餅，同食月餅、食芋芳等一樣，本在月圓日取「遇合」之意。

團圓餅除了作為節慶飲食，還用作婚嫁祥物。在蘇北邳縣一帶，新娘陪嫁的針線筐底或陪嫁箱內，要放一塊用發麵做成的又大又厚的「團圓餅」。完婚後的第二天，由婆婆或其他長輩從針線筐內取出該餅，用刀切成一角一角的，分給鄰家的孩子們吃，不能破碎，意取家庭和美、早生多育。

團圓餅，從它的名稱到應用，都顯示了它作為飲食祥物的身分。

第二節 功能性飲食

功能性飲食，指超越果腹、美味的需求，而另有明確的功利目標的飲食系列。它主要有藥用飲食與信仰飲食兩大類，其中不乏文化內涵和吉祥意蘊，構成飲食祥物的又一支系。

一、藥用飲食

藥用飲食不同於藥物，它首先是飲食，

但同時又有食療的效用。飲食本可滋養人體，宋蒲虔貫《保生要錄·論飲食門》曰：「飲食者，所以滋養人之血氣。血，則榮華形體；氣，則衛護四肢；精華者，為髓為精；其次者，為肌為肉。」帶藥性之飲食更可養生護體，祛病延年。藥用飲食包括藥粥、藥酒、藥茶、菜餚、糕點等。

藥　粥

　　藥粥用粳米、糯米或秈米配蓮肉、芡實、胡桃、扁豆等果實或蔬菜煮成，具有滋補、調養的功用。

　　各類米粥均有其藥物之性。《本草綱目》云：「粳米、秈米、粟米、粱米粥：利小便，止煩渴，養脾胃；糯米、秫米、黍米粥：益氣，治虛寒泄痢吐逆。」[20]而煮粥之水，以初春雨水和平旦第一汲「井華水」為最有益，前者含「春陽生發之氣」，而後者能使粥「味添香美」。[21]

　　清曹庭棟《養生隨筆·粥譜》記有「上品三十六」、「中品二十七」、「下品三十七」，計粥品百種，皆能「調養治疾」。且擇錄數例於下：

蓮肉粥
《聖惠方》：補中強志。按，兼養神益脾，固精，除百疾。去皮心，用鮮者煮粥更佳。

藕粥
治熱渴，止泄，開胃消食，散留血，久服令人心歡。磨粉調食，味極淡。切片

煮粥，甘而且香。

芡實粥
《湯液本草》：益精強治志，聰耳明目。按，兼治濕痹、腰脊膝痛、小便不禁、遺精白濁。有粳、糯二種，性同。入粥俱須爛煮。鮮者佳。

扁豆粥
《延年祕旨》：和中補五臟。按，兼消暑，除濕，解毒。久服髮不白。莢有青紫二色，皮有黑白赤斑四色。白者溫，黑色冷，赤斑者平。入粥去皮。用乾者佳，鮮者味少淡。

柿餅粥
《食療本草》：治秋痢。又《聖濟方》：治鼻窒不通。按：兼健脾澀腸，止血止嗽，療痔。日乾為白柿，火乾為烏柿，宜用白者。乾柿去皮納瓷中，待生白霜，以霜入粥尤勝。

　　此外，清黃雲鵠亦編有《粥譜》一書，分「穀類」、「蔬類」、「蔬實類、穤類、菰類」、「木果類」、「植藥類」、「卉藥類」、「動物類」數類，所收粥品凡237種，也均為養生治疾的「藥粥」。由於其具有益人健體的功用，故被視作飲食祥物，歷來為老年

[20]　見清曹庭棟：《養生隨筆·粥譜》，「擇米第一」。
[21]　同[20]，「擇水第二」。

人所鍾愛。

藥　酒

　　酒為助興飲品，又有袪病的藥用。中國自古有配製藥酒的傳統，藥酒成了民俗節日中不可或缺的飲品。例如，除夕的「屠蘇酒」，用大黃、蜀椒、桔梗、桂心、防風、白朮、虎杖、烏頭八味中藥合而為劑，酒泡而成，以「屠絕鬼氣」、「蘇省人魂」；❷端午的雄黃酒，用以驅辟五毒；中秋飲桂花酒，以應時賞月；重陽飲菊花酒，以求「輔體延年」……

　　元忽思慧在《飲膳正要》卷 3 中論及酒的藥性：

　　酒，味苦甘辣，大熱，有毒，主行藥。
　　勢殺百邪，通血脉，厚腸胃，潤皮膚，
　　消憂愁。多飲損壽傷神，易人本性。酒
　　有數般，唯醞釀以隨其性。

《飲膳正要》卷 3 還收錄有藥酒多品，現摘錄數例，以見其功用：

　　虎骨酒
　　以酥炙虎骨，搗碎釀酒，治骨節疼、痛
　　風，痓冷、痺痛。

　　枸杞酒
　　以甘州枸杞，依法釀酒，補虛弱，長肌
　　肉，益精氣，去冷風，壯陽道。

　　地黃酒

　　以地黃絞汁釀酒，治虛弱，壯筋骨，通
　　血脉，治腹內痛。

　　松節酒
　　仙方。以五月五日采松節，剉碎煮水釀
　　酒，治冷風、虛骨、弱脚不能履地。

　　茯苓酒
　　仙方。依法釀酒，治虛勞，壯筋骨，延
　　年益壽。

　　松根酒
　　以松樹下撅坑，置瓷取松根津液釀酒，
　　治風，壯筋骨。

　　五加皮酒
　　五加皮浸酒，或依法釀酒，治骨弱不能
　　行走，久服壯筋骨，延年不老。

由以上數例可見，藥酒有治病強身、延年益壽之效，自然也成了飲食祥物。

藥　茶

　　茶在中國歷史悠久，傳說「炎帝崩於茶鄉」，茶當作藥材用以治病、解渴當在數千年之前。自唐陸羽的《茶經》問世以來，有關茶的理論及功用已言之鑿鑿。

　　陸羽《茶經》「七之事」引《神農食經》曰：「茶茗久服，令人有力，悅志。」

　　明朱權《茶譜》論及「茶之功」曰：「茶之為物，可以助詩興而雲山頓色，可以伏睡魔而天地忘形，可以倍清淡而萬象

驚寒，茶之功大矣！……一云早取為茶，晚取為茗。食之能利大腸，去積熱，化痰下氣，醒睡，解酒，消食，除煩去膩，助興爽神。得春陽之首，占萬木之魁。」

明羅廩《茶解‧總論》曰：「茶通仙靈，久服能令升舉。」

茶的藥物功用也早見之於文學作品中，唐詩人盧仝《走筆謝孟諫議寄新茶》詩云：

一碗喉吻潤，

兩碗破孤悶。

三碗搜枯腸，惟有文字五千卷。

四碗發輕汗，平生不平事，盡向毛孔散。

五碗肌膚清，

六碗通神靈。

七碗吃不得也，唯覺兩腋習習清風生。

茶能使人飄飄欲仙，當然也就被視作祥物。

唐王燾於西元 752 年編著的《外臺祕要》一書，詳細記載了藥茶的泡製、飲用的方法。及至近代，各地仍有不少藥茶方廣為流傳。例如，在山東黃河口一帶常見的藥茶有：

茶棵子（茶葉花、羅布麻）：生長在沿海灘塗和黃河沿岸，因葉子和花像茶而得名。味甘苦，能消熱降火，平肝熄風。主治頭痛眩暈、失眠等症，對心臟病、高血壓也有很好的療效。在農曆五月，採其嫩葉焙乾，摻少量茶葉沖飲。

茅根茶：野生的茅草。用白茅根 10 克，加茶 5 克，水適量，沖服或煎服，清熱利尿，對痳疹亦有療效。

石榴茶：當春季榴葉萌發之時，採其嫩葉，用文火焙乾，加入少許茶葉，常年沖飲，有開胃、防止心腦血管病和保護肝臟等功效。

槐花茶：槐花有清香，性涼、味苦，與茶同飲能增強毛細管的韌性，對腸風、痔血、便血都有療效。

菊花茶：有家菊、野菊兩種。待菊花開後放香時，採瓣晾乾，取菊花 10 克，龍井茶 3 克，共放杯內沖飲，有疏風散熱、清肝明目之效。[23]

正因為茶有藥用之功，才被古人視作「得春陽之首，占萬木之魁」的「南方之嘉木」。[24]

食療

食療是藥用經驗的歸納與總結，也是一種以防代治的有效手段。食療有以時而作的古人之論，亦有按物論性的今人之談。

元忽思慧《飲膳正要》卷 2「四時所宜」，便是以時論食的療法。他區別春、夏、秋、冬四時之不同，提出飲食的各有所宜。其書曰：

[22] 詳見陶思炎：《中國鎮物》，臺北東大圖書公司，1998 年，頁 73～74。

[23] 參見王增山：《黃河口茶俗考》，《民俗研究》，1997 年第 2 期。

[24] 陸羽：《茶經》，「一之源」曰：「茶者，南方之嘉木也。」

春氣溫，宜食麥。以涼之，不可一於溫也。禁溫飲食及熱衣服。（圖9-4）

夏氣熱，宜食菽。以寒之，不可一於熱也。禁溫飲食、飽食，濕地濡衣服。（圖9-5）

秋氣燥，宜食麻。以潤其燥，禁寒食、寒衣服。

冬氣寒，宜食黍。以熱性治其寒，禁熱食、溫炙衣服。（圖9-6）

這還是一種比較籠統的食療方法，而且也難把握。

今人郭仁傑集編有《食療歌》，歷數各種菜蔬、瓜果的藥用性質，對民間食療法加以總結和張揚。其歌曰：

圖9-5　夏宜食菽

圖9-4　春宜食麥

圖9-6　冬宜食黍

鹽醋防毒消炎好，韭菜補腎暖膝腰。

蘿蔔化痰消脹氣，芹菜能降血壓高。

胡椒驅寒又除濕，蔥辣薑湯治感冒。

大蒜抑制腸炎發，綠豆解暑最為妙。

香蕉通便解胃熱，健胃補脾食紅棗。

番茄補血美容顏，禽蛋益智營養高。

花生能降膽固醇，瓜果消腫又利尿。

魚蝦能把乳汁補，動物肝臟明目好。

生津安神數烏梅，潤肺烏髮食核桃。

木耳抗癌入中藥，黃瓜減肥有成效。

生梨柑橘化痰液，蘋果消食有奇效。

紫陽茶葉含硒大，常飲能防癌症發。

海帶含碘消淤結，香菇存酶腫瘤消。

菜花常吃癌症小，抑制癌菌獼猴桃。

紫茄祛風通脈絡，蓮藕除煩解酒好。

白菜利尿排毒素，蘑菇抑制癌細胞。

人體缺鈣如何補，牛奶羊奶海帶好。

健身佳品小米粥，脾胃腎虛有療效。

醋泡雞蛋能治病，四十五病療效好。

蜂蜜潤燥又益壽，葡萄悅色人不老。

西瓜天生白虎湯，物質豐富治病強。

從這道《食療歌》（圖9-7），我們可以看到，食療法簡便易行，基礎深厚。它以勸誡、提示的方式倡導養生益壽，因此，《食療歌》本身也就成了特殊的藥用祥物。

二、信仰飲食

信仰飲食依存於信仰活動，或寄寓著信仰追求。它既實在，又神祕，往往因信仰觀念的楔入而更引人注目。信仰飲食常常與一定的民俗情境相貼合，並借助一定的禮俗表達其吉祥的意義。

八仙宴、燒尾宴

八仙宴或八仙菜是在壽誕禮俗中常見的信仰性飲食祥物，但各地做法略有不同。

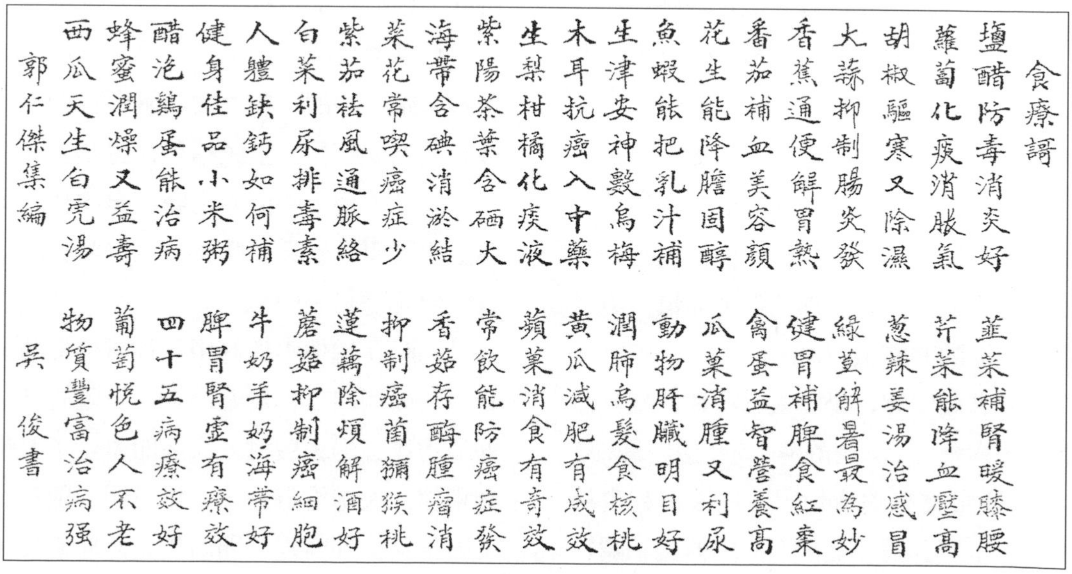

圖9-7　食療歌

在江蘇南通，八仙宴均用海鮮製成，分別取名為「仙姑起舞迎佳賓」（鐵板文蛤）、「八仙聚合佐酒碟」（冷盤）、「國舅無火烹活蝦」、「純陽放生無尾螺」（田螺）、「拐李巧取西施女」（西施舌）、「采和點化蛤蟆精」（黃魚）、「鍾離喜食蟹之王」（花蟹）、「湘子託福萬年青」（蔬菜）。因海鮮之「鮮」與「仙」諧音，菜取八道，故有「八仙宴」之名。❷⑤

在青海省，壽宴上的八仙菜也做八道：

1. 全雞：寓意「終身吉祥」。

2. 韭菜炒肉：韭菜寓「久」，肉表滋補，合起來意表「福壽雙全」。

3. 八寶紅棗粥：取老來運紅，晚年幸福之意。

4. 藕炒肉片：表生命綿長、路路通暢。

5. 竹筍炒肉：竹子瘦長多節，取其「有壽有節」之意。

6. 葛仙湯：醬油湯，色似葛洪在羅浮山所煉之丹，表「長壽養生」。

7. 餛飩：混沌是萬物和人生之本，表反璞歸真，永葆真元。

8. 長壽麵：表生命久長。❷⑥

俗信吃了八仙宴或八仙菜，猶如八仙來慶壽，便能延年不老。八仙本為吉仙，飲食用八仙命名，不僅沾得了仙氣，更增添了壽筵的喜慶氣氛。

所謂燒尾宴，是古人為顯達、高升而舉辦的宴會之名。唐許渾《晚登龍門驛樓》詩云：「風雲有路皆燒尾，波浪無程盡爆鰓。」「燒尾」與「登龍門」的傳說相關：魚躍龍門時，必經雷電燒其尾而化龍。因此，古時士子榮登或遷徙，必盛置酒饌音樂，以展歡宴。這一宴會便名之為「燒尾宴」。及至現在，子女考上大學，亦有辦慶宴者，雖不稱「燒尾」，仍保留著「魚跳龍門」的信仰觀。

燒尾宴同八仙宴一樣，同神仙傳說相關，與吉物吉事相聯，故打上了吉祥的印記。

開口糕、連心魚

米糕是江南稻作區最常見的食品之一，其品種紛繁，口味不一，深為人們所喜愛。就太湖流域而言，米糕的品種及名稱就有方頭糕、條頭糕、黃松糕、棗子糕、百果糕、豬油糕、八珍糕、蜜糕、薄荷糕、邱糕、茯苓糕、蒸蛋糕、綠豆糕、雲片糕、小方糕、蒸兒糕、扁豆涼糕、棗泥拉糕、糖切糕、圓松糕、糖年糕、梅花糕、桂花糕、海棠糕、粢飯糕、蒸糕、雪花糕、軟香糕、栗糕、荷葉糕等。

糕點也是禮俗中的象徵物品，例如：喜糕是婚俗中的定親之物，兩頭糕表男女雙方「高高興興」，上頭糕是在青年男女成丁、婚嫁禮俗中的饋贈之物，定勝糕為小孩上學所用，狀元糕印有狀元像於糕面，食之信可登科……

糕點在禮俗中的應用往往有信仰的成分，例如開口糕作為婚俗食品，就有其信仰的功能。過去農村人家多盼求生子，他們相信，夫婦進洞房後，誰先開口能決定生男生女，即新郎先開口生男，新娘先開口生女。為了頭胎生個兒子，新娘會在鬧

過洞房、眾人退去之後，拿出從娘家帶來的開口糕請丈夫吃，丈夫說「謝謝」也罷，說「我吃不下」也罷，說「你自己吃」也罷，都信能生子。在這種民俗氛圍中，開口糕就是一種婚用祥物。

食物與信仰的聯繫總是服務於一定的功利追求。貴州南部的苗民有吃「連心魚」的信仰風俗。所謂連心魚，是苗民待客的一道菜餚。其製法為：先將活魚養在清水裡，水中放入揉碎的花椒葉子，讓魚吸食後將肚中的食物和糞便吐瀉乾淨。一般換三次花椒葉子水，魚的腸胃就完全乾淨了。然後在魚鰓下劃一刀，摳出魚膽，把魚放入鍋中，鍋中有冷水，並倒入糟辣酸水和豬油。魚煮熟後，主人用薑末、蒜末、蔥花、鹽、辣椒、花椒油做成蘸水，將魚的一掛心肝連腸子一併夾出，放在蘸水中打個滾，敬獻給客人，信能使主客心連心。❷⃝⃝⃝

連心魚既是信仰食品，也是禮俗食品，它以巫術觀念追求社會交際的功利，因此，也是一種信仰性飲食祥物。

爆苞婁、過街麵

苞婁，即玉米，又叫「玉黍」、「玉蜀黍」、「玉茭」、「玉麥」、「包穀」、「包米」、「棒子」、「珍珠米」，係一年生草本植物。苞婁在焦釜中可製成爆米花，由金黃色變為白玉色，稱作「爆苞婁」。

爆苞婁是古代正月裡的占事，由男女老幼各選一粒，以占終歲吉凶休咎。明李翊《爆苞婁詩》云：

東入吳門十萬家，家家爆穀卜年華。
就鍋拋下黃金粟，轉手翻成白玉花。
紅粉美人占喜事，白頭老叟問生涯。
曉來妝飾諸兒女，數片梅花插鬢斜。❷⃝⃝⃝

苞婁花不僅能用以占卜，也可作為吉祥飾品。在南京有正月十六「上城頭」之俗，登城時苞婁花必不可少。據《金陵瑣志·炳燭里談》卷中載：

> 正月十六日，以棘刺穿玉黍作假花，執以上城，謂之「走百病」。

玉黍為多籽植物，婦人執玉黍花上城，乃討多子的吉利。

同爆苞婁相類，「過街麵」也是信仰性飲食。所謂過街麵，與產育禮俗相關，是一種催生食品。《金陵瑣志·炳燭里談》卷上述及南京清代送過街麵的風俗：

> 婦人將產子，母家必備小兒服飾及雞、麵、餳相饋，謂之「催生」。送禮後，逾月猶不生，則遣女僕備熱麵數碗送往女家，置諸地，急趨而出，女家人取食之，謂之「過街麵」。是亦「催生」之餘波也。

❷⃝⃝⃝ 參見韋來宏：《南通「八仙宴」》，《揚子晚報》，1992 年 7 月 20 日。

❷⃝⃝⃝ 參見蘇克明：《壽·壽禮·壽星》，四川人民出版社，1994 年，頁 141。

❷⃝⃝⃝ 參見盧有斌：《苗鄉連心魚》，《鄉土報》，1987 年第 16 期。

❷⃝⃝⃝ 引自《戒庵老人漫筆》，卷 6。

其實，過街麵意為「過界麵」，即指新生兒從彼界來到此界，從陰間來到人間。因此，它隱含著排除難產的鎮辟意義和祈得順產的吉祥追求。

孛婁花和過街麵都是信仰與禮俗的產物，也均有明確的功能目標，它們既可食用，又表心跡，作為信仰性飲食，均從心理的層面增強了人們的生活信念，點亮了人們胸中的希望之光。

仙　食

仙人不食人間煙火，專吞氣飲露，嘗花食果。屈原《離騷》言及神仙們的飲食時說：「朝飲木蘭之墜露兮，夕餐秋菊之落英。」他們的飲食與凡人迥然不同。在古代中國，有一些神仙飲食的傳聞記錄在志怪志異一類的筆記小說中，成為非實驗的信仰。

漢郭憲《洞冥記》載錄了一些「仙食」的實例，今選其數則，附記於下：

都夷香，如棗核，食一片，則歷月不飢。以粒如粟米許投水中，俄而滿大盂也。㉙

細棗出崦嵫山，山臨碧海上，萬年一實，如今之軟棗。咋之有膏，膏可燃燈。西王母握以獻帝，燃芳苡，燈光色紫。有白鳳黑龍弁足來戲於閣，邊有青鳥赤頭，道路而下，以迎神女。神女留玉釵，以贈帝，帝以賜趙婕妤。至昭帝元鳳中，宮人猶見此釵。黃琳欲之。明日示之，既發匣，有白燕飛升天。後宮人學作此釵，因名「玉燕釵」，言吉祥也。㉚

烏哀國有龍爪薤，長九尺，色如玉，煎之有膏。以和紫桂為丸，服一粒千歲不飢，故語曰：「薤和膏，身生毛。」

有龍肝瓜，長一尺，花紅葉素，生於冰谷，所謂「冰谷素葉之瓜」。仙人瑕丘仲采藥得此瓜，食之千歲不渴。瓜上恒如霜雪，刮嘗如蜜滓。㉛

上述都夷香、細棗、薤和膏和冰谷素葉之瓜，或食之使人「歷月不飢」，或本「萬年一實」，或使人「千歲不飢」、「身生毛」而羽化登仙，或令人「千歲不渴」。它們或出自西王母，或本為神物，故能使人生命久長。

這些仙食神物乃出自幻想的虛構，而非實有的自然之物，它們僅作為信仰飲食而存留於仙話傳說中。然而，由於它們所反映的對生命的熱愛與肯定，使之充滿了樂生入世的祥瑞氣息，因此既神祕，又令人憧憬。

㉙　見《洞冥記》，卷 1。
㉚　同㉙，卷 2。
㉛　同㉙，卷 3。

十 文字圖畫

文字、圖畫作為人類文明的產物，用以表達情感、傳遞信息、喚起美感，並立意載道，成為最具藝術特質的一類祥物。中國古典美學強調文以載道、畫以立意、樂以象德、詩以言志的思想，並有藝之為道、道之為藝之說。❶文字、圖畫正有為道、為藝的雙重取向，故成為表達中國傳統價值觀的最好媒介，並成為祥物的構成材料。

第一節
吉祥文字

所謂吉祥文字，是指表達吉祥語義的文字符號，其構成方式有單體式和合體式兩種。單體式，即以單個漢字獨立地表現某一祥瑞的意象，並成為某種吉祥事物的概括與象徵。合體式，則以單字的組合、部首的拆合，以及文字與圖畫的混合，以表現具有一定語義的吉祥事物。其中，部首的拆合與字畫的混合更具藝術的與遊戲的性質，是古人「志於道，據於德，依於仁，游於藝」觀念的產物。

一、單體祥字

單體祥字一般獨立地、完整地被加以運用，或作為某一風俗物品和民俗場景的主題，或作為藝術與生活的一種裝飾，它的出現能帶來喜慶嘉瑞的氣氛，能給人以慰藉和歡樂。例如，民間常用的福、祿、壽、喜、財等文字，就歸屬於單體祥字之列。

福

福在中國民間是使用最廣的單體祥字之一，其字義頗為豐富。

福由「示」、「一」、「口」、「田」組成，「示」代表對神的祭祀，尤其指對土地神的敬祭，而「口」與人口相聯，「田」與田地、田獵相關，在神的護佑下，有人口和土地便是幸福。後來，幸福觀從較原始的人口生產與食物生產追求中擴張開來，形成了「五福」之說，使之帶有對生命與社會的關注，豐富了原先的文化內涵。何謂「五福」呢？《尚書‧洪範》曰：

> 五福：一曰壽，二曰富，三曰康寧，四曰修好德，五曰考終命。

長壽、富足、無病、行善、老死成為古人衡量幸福與否的五個尺度。近世俗民對五福又有淺近的理解，他們把福、祿、壽、喜、財稱作「五福」，並書於門頭，以討「五福臨門」之吉。

福字有多種製法，可用紅紙書寫或用紅紙剪刻，另有木刻、磚雕、石刻、印刷、刺繡、印染的字形，以作為吉祥的裝飾。中國最大的福字在北京市白龍潭萬福山，刻鑿的福字有百餘平方公尺，刻痕入石15公分，十里之外亦清晰可辨。除了作為裝飾和景物，福字還用於玩物和器物之上，例如長沙火柴廠曾出了一套「百福」火花，

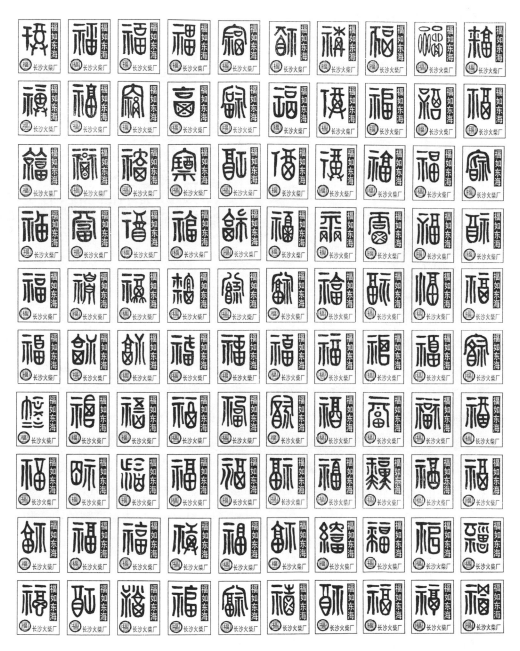

圖 10-1　百福火花

採用百體書就的單個福字（圖 10-1），每枚一字，貼為一盒，百盒百枚，合為「百福」。

福字不僅單個運用，還與其他文字組合，成為常用的吉祥語詞，諸如：福壽雙全、福在眼前、福壽康寧、迎春接福、多子多福、福運當頭、洪福齊天、洞天福地、福如東海、五福臨門、壽山福海、五福百合、福壽綿長、五福捧壽、福緣善慶、天

❶　語出《宣和畫譜》。

官賜福、福贈貴子、福星高照、五福蟠桃、萬福來朝，等等。福成為這些語詞吉祥意義的基礎，並顯露出其多用的特點。

壽

壽字是民間生活中使用最多的吉祥字之一。自古有「五福壽為先」之說，人們對生命的熱愛、對人生的關注，往往通過壽字無聲地展現出來。壽作為主題祥字，比一切替代物、象徵物能更明確地傳導信息，也更為人們所喜愛。

以物喻壽是中國吉祥文化中的常見手法，它包括動物、植物、非生物，並因壽的主題而合成一個祥物支系。諸如，鶴、蝶、綬鳥、鹿、貓、獅、龜、蟾蜍、兔等動物，桃、萱草、梅、菊、萬年青、松柏、竹、靈芝、枸杞、菖蒲等植物，以及山石、日、月、星辰、露水、大海等非生物，均構成民俗禮儀、吉祥圖案、民間語彙中的長壽象徵。它們的存在與運用，更使文字壽突出了點題的作用。

中國人過去從 60 歲始，每逢「整生日」，要舉辦隆重的壽誕賀儀，而壽字在壽堂布置中處於最顯眼的位置。除單體壽字出現在器物、食物、衣飾之上，還有多種形制的「百壽字」（圖 10-2）和「百壽圖」供貼掛，成為對單體祥字諸多變體的集大成式的應用。

在山崖勒石為壽，也體現了求吉的傳統。在山東省青州市雲門山崖壁上有一巨大的單體壽字，其高 7.5 公尺，寬 3.7 公尺，蔚為大觀。在廣西省桂林市西南 75 公里處

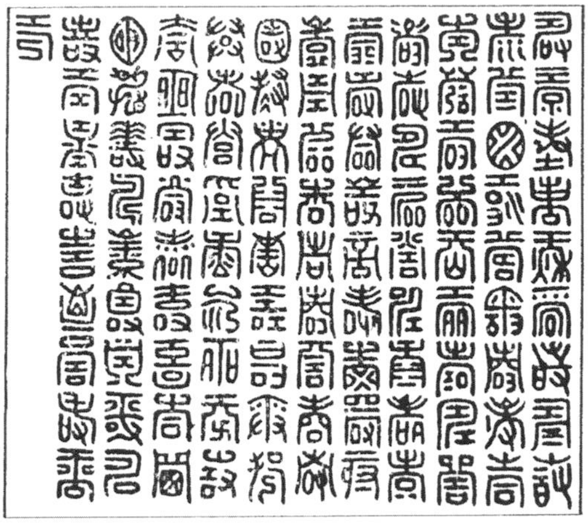

圖 10-2　百壽字

有一「百壽岩」，岩壁上有宋紹定己丑年（西元 1229 年）知縣史渭書刻的大「壽」字，字高五尺餘，筆劃中另有小「壽」字百體，因此其地有「百壽縣」、「百壽鎮」之名。壽字不僅滿足著人們的祥瑞追求，更成為獨特的旅遊資源。

變體壽字具有圖案化的裝飾效果，往往與其他祥物互映互現，生成多種吉祥圖案。在文、圖混成的結構中，單體壽字多處於顯眼的位置，成為祥圖的中心和主題。

財

財是物質生活的基礎，其多寡決定著富裕與貧困，而富在古人的幸福觀中位居第二，故財歷來為人所重。

財究竟是什麼呢？《國語・魯語》曰：「財，寶也。」《說文》曰：「財，人所寶也。」即言財被視作寶物，並被人所珍愛。另，財還有「貨」、「帛」、「泉穀」之說：

《爾雅・釋詁四》云：「財，貨也。」

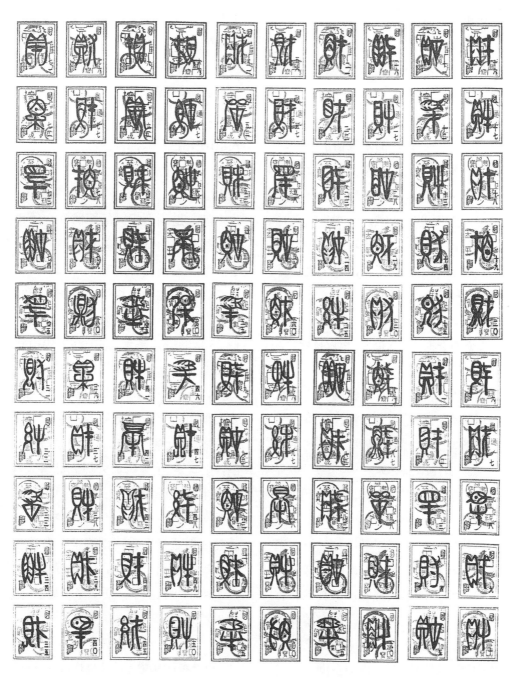

圖 10-3 百財火花

《禮記・坊記》注云：「財，帛也。」
《周禮・大宰》「以九賦斂財賄」注曰：
「財，泉穀也。」

上述說法均把財當作用以通貨交易的金
錢。

財在古代還指米穀禾稼。《周禮・舍
人》「分其財守」疏曰：「財，即米也。」另，

《藝文類聚》卷85引《夢書》云：

> 禾稼為財，田之所出。夢見禾稼，言財
> 氣生。

由於天為乾，地為坤，而禾稼植於田地，故又有「坤為財」之說。正因為財被釋為米穀、禾稼，所以《禮記・坊記》有「先財而後禮，則民利」之載。強調先讓人有飯吃，再行禮儀教化，才能利民。

古之聖賢並不鄙薄財富，甚至明言愛財。《國語・周語下》曰：

> 聖人保樂而愛財，財以備器，樂以殖財。

聖人之愛財乃為了保樂，即維護社會的制度，並以社會的安定促進米糧、財貨的豐足，他們盼求「財貨渾渾如泉源，汸汸如河海，暴暴如丘山」。❷

財在後世多被視作金錢，財字不僅為商家所鍾愛，亦為一般俗民所常用。財字作為單體祥字，也經歷了藝術化的再創過程，其字體有百種之多，百體財字意義明確，人見人愛，能給人以有別於其他祥物的審美感受。在火柴貼花中，就有這樣的百體「財」字（圖10-3），表明了財字在日用俗物中同樣具有廣闊的應用空間。

二、合體祥字

合體祥字，指經過加工改造的文字符號，或單字拼合，或部首筆劃疊合，或字、畫合體，均以疊加的、混合的方式，傳導祥瑞的意義。合體祥字是文字符畫的一種，它以文字彙集信息，每一合體的符號都附麗著特定的吉祥語意。合體字符多明朗、活潑，富於創意，表現出民間特有的樂生入世的生活美學。

囍

囍，是兩個相同的單體祥字的拼合，它不能作單字發音，意讀為「雙喜」，取雙喜臨門、男女好合之意。

相傳，在婚慶喜堂內和洞房門窗上貼「囍」的風俗始於北宋文人王安石。王安石23歲時赴京趕考，遇上汴梁馬員外家以徵聯方式選女婿，馬家出的上聯是：「玉帝行兵，風槍雨箭，雷旗閃鼓，天作證。」王安石便以考試中遇到的考題應對，他寫出的下聯是：「龍王設宴，月燭星燈，山食海酒，地為媒。」❸馬員外見到此聯大喜，便把獨生女兒嫁給了王安石。婚禮進行中忽聞報子來報：「金榜題名，頭名狀元！」洞房花燭與金榜題名同期而至，真是雙喜臨門，喜上加喜。於是，王安石在紅紙上連寫下兩個「喜」字，便成了「囍」。他還吟詩一首道：

> 巧對聯成紅雙喜，天媒地證作絲羅；
> 金榜題名洞房夜，小登科遇大登科。

從此，結婚貼紅雙喜的風俗流傳開來，後來囍竟成了新婚的標記。

囍作為單字拼合的合體祥字具有圖案

圖 10-4　雙喜圖案

化的特徵，它以形表意，無聲地傳導喜慶吉祥的意義。它除了紅紙書寫，更有紅紙剪刻，文字的拼合與背景圖案往往疊合（圖10-4），使囍的主題更加突出和豐富。

筆劃疊合

用筆劃疊合或部首疊合的方式而造出的合體祥字具有歡快的、賞樂的遊藝性質，同時又不乏新奇、神祕的象徵意味。

合體祥字以商家用語和新春吉語的組合重構為主，多用斗方紅紙書就，貼於門戶、牆壁、櫥櫃等處，用以納吉迎祥，並點畫節慶氣氛。民間常把黃金萬兩、招財進寶、斗大元寶、日進斗金等吉祥語詞併合書寫，生成語義相同而構圖醒目的合體祥字（圖10-5）。這些合體祥字是仿效道符

圖 10-5　合體祥字

的書寫方式，以疊積組合、置換位序和巧於構圖的合字特點，表現了濃郁的神祕氣息和諧趣吉慶的意義。顯然，筆劃疊合後的吉祥字符要比「生意興隆通四海，財源茂盛達三江」、「林立千秋事業，如招萬里財源」一類率直的言辭更為清新、活潑。

字畫合體

字畫合體的吉祥文圖一般以文字為中心，或以文字為構圖的主要手段，通過文字與圖畫的組合構成新的圖案，並主要用以加強文字本身所具有的祥瑞成分。

字畫合體的藝術創造有四種基本形式。

其一，配合式。所謂配合式，即文字、圖像既不融合，也不重疊，而是各自分開，通過在同一平面的相互位置關係，而構成新的圖案。例如，將五隻蝙蝠的圖像圍繞一個壽字分布，以意取「五福捧壽」之吉（圖10-6）。其中壽字，多寫成長條形，以寓長壽；而蝙蝠多塗為紅色，以寓洪福。

其二，組合式。所謂組合式，即文字與圖畫緊密地組織在一起，構成一幅完整的圖畫。它往往以文字構勒輪廓，同局部的圖像自然組合，文字如同建築中的磚石一般，成為構建祥圖、祥物的基本材料。例如，揚州民間畫師郭貴和繪製的「百福

❷　語出《荀子·富國》。
❸　另有異文云，馬家的上聯是：「走馬燈，燈走馬，燈熄馬停步。」而王安石應對的下聯為：「飛虎旗，旗飛虎，旗捲虎藏身。」

圖 10-6　五福捧壽

圖」、「百祿圖」、「百壽圖」（圖 10-7）、「百喜圖」、「百財圖」等，均以百體祥字為輪廓，將神像的頭部、手腳、佩飾、道具等連接起來，合成一個完整的形象，產生字符式的嘉瑞效果。

其三，疊合式。所謂疊合式，即文字與圖畫呈重合關係，多以文字為基本構圖，在字內填字或字內畫圖。例如，「百福圖」有一種畫法，就是在一大福字的筆劃內填滿大小不一的小福字，中間有一娃娃圖，以表得子百福。另，用於壽誕禮儀、掛於中堂的大壽字，其筆劃內則見有神山祥雲、八仙的填繪，這種圖畫與文字的疊合，是以多路文化信息強化禮俗的主題（圖 10-8）。

其四，融合式。所謂融合式，即圖畫與文字既不是位置間的配合，不是構圖上組合，也不是相互的重疊併合，而是將圖畫融入文字，成為某一筆劃的替代，或在筆劃的書寫上顯出圖畫的特徵。融合式合

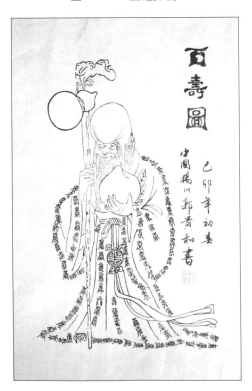

圖 10-7　百壽圖

圖 10-8　掛於中堂的壽軸

體祥字具有藝術鑒賞和追求祥瑞的雙重功用。例如，在朝鮮朝的「孝悌圖」上，書寫「孝悌忠信禮義廉恥」等字，其筆劃分別由魚、蓮、龍、鳥、樹、龜、日、月等

替換，圖與字渾成一體（圖 10-9）。在日本寶永三年（1706 年）奧村屋版畫「正月的惠比壽」上，漢字、平假名作為衣服與該福神的身體輪廓巧妙混融，其腳下另有福橘、壽蝦、大福帳烘托出全圖的吉祥氣氛（圖 10-10）。此外，在皖南黟縣的祠堂內，高懸著一塊孝匾，其第一、二筆劃繪為一側首的「孝子圖」（圖 10-11），讓人駐足品味，感慨不已。顯然，融合式合體祥字更具藝術的感染力。

圖 10-9　孝悌圖（韓國民畫）

圖 10-11　皖南黟縣祠堂內的孝字匾

圖 10-10　正月的惠比壽（日本民畫）

第二節
吉祥圖畫

　　吉祥圖畫係指以祥物為表現對象的藝術構圖，它們或動物，或植物，或器物，或人物，或神仙，用以喚起人們的生活熱

望，鼓勵追求健康、快樂、富足的人生。吉祥圖畫通過民間藝人的手繪、版印、雕鑿等加工，成為日常禮俗中最常見的藝術圖像之一。社會禮俗的重複性與趨同性決定了吉祥圖畫題材的類型化、象徵化，於是吉祥圖案和吉祥符畫就成了它的兩個最顯著的表現領域。

一、吉祥圖案

吉祥圖案是以吉利、祥瑞為主題的類型化、譜式化的民間圖畫。它應用於建築裝飾、家具器用、服裝佩飾、年畫剪紙、玩具食品等諸多方面，形成了一些構圖法則和傳統題材。民間常見的娃娃圖、生肖圖、八寶圖、採菊圖（圖10-12）、二十四孝圖等，也都經歷了譜式化的過程，同平安富貴、一路連科、麒麟送子等圖畫一樣，構成了吉祥圖案的屬種。

圖 10-12　採菊圖

娃娃圖

娃娃圖是近代民間年畫中最受歡迎的一類題材，由於娃娃圖像一般都繪得胖墩可愛，被人們視作得子、富貴的象徵。娃娃圖上除以男童作主題圖外，多配有各類吉祥動物、吉祥植物、吉祥器物和吉祥文字，使全圖成為新的吉祥圖畫。由於魚、龍、鹿、蝙蝠、蟾蜍、喜鵲、獅子、荷花、牡丹、桃子、佛手、錢幣、戟、磬、扇子、花燈等都已圖案化，而娃娃也按「短胳臂短腿大腦顱，小鼻子大眼沒有脖」的畫規繪製，因此，娃娃圖實際上就是一類吉祥圖案。我們從娃娃圖「喜報三元」（圖10-13）和「玉堂富貴」（圖10-14）上，不難看出吉祥的主題與圖案化的手法。

娃娃圖舊有百餘式，以取「百子圖」之瑞。每幅均有吉祥題名，多兩幅並貼，形成上下相貫的吉祥語句。王樹村先生曾介紹過百幅娃娃圖的目錄，它們是：1.天地長春，子孫萬代。2.年年吉慶，富貴有餘。3.加冠進祿，冠帶流傳。4.耄耋富貴，

圖 10-13　喜報三元

圖 10-14　玉堂富貴

福壽雙全。 5.蓮有餘利，樂有餘榮。 6.二甲傳臚，連中三元。 7.龍鯡進寶，金魚呈祥。8.二八登科，福壽三多。9.金榜題名，喜自天來。 10.月月進寶，年年發財。 11.堆金積玉，寶聚財豐。12.紅梅結子，綠竹生孫。13.百世流芳，萬代居官。14.金魚現蓮，龍鯡富貴。15.樂子得金，歡喜生銀。 16.貴子臥蓮，喜得呈龍。17.金魚貴子，富貴榮華。18.吉慶有餘，富貴滿堂。19.連科登第，欽加太師。 20.龍門躍鯉，魚龍變化。 21.榴開百子，桃獻千年。22.三多九如，八百千秋。23.簪纓繼世，詩書傳家。24.官居一位，祿位高升。 25.一品當朝，鳳凰來儀。26.四時如意，八寶慶壽。27.連生貴子，福壽綿長。28.一元復始，萬象更新。29.年年如意，月月平安。30.福緣善慶，鶴鹿同春。31.青蚨飛入，寶馬錢龍。32.居家歡樂，教子成名。33.太師少保，帶子上朝。34.金蟾同樂，高登一品。35.琴棋書畫，芝蘭芙蓉。 36.魚獻珍寶，海屋添籌。37.受天百祿，麟吐玉書。38.蘭孫貴子，指日高升。39.花開四季，富貴長春。40.駕福望喜，燕鵲呈祥。41.長命富貴，瓜瓞綿延。 42.金銀滿堆，元寶成山。43.鳳舞文明，龍飛武昌。44.讀書封侯，祿位加官。45.歡天喜地，竹報平安。 46.和合獻瑞，海市蜃樓。47.文韜武略，利祿功名。48.安居樂業，天下太平。49.梅呈五福，竹報三多。 50.麟遊獻瑞，鳳舞呈祥。 ❹

娃娃圖除見於木版年畫，還用作瓷器圖案，在當代木雕掛件、火柴商標、新年賀卡等領域亦見應用，成為最有生命力的一類吉祥圖案。

生肖圖

生肖圖，即有關十二生肖的圖案（圖10-15），是以稱作「十二屬」的動物計年論歲的一類祥圖。

生肖動物總是與地支相配，它們是：子鼠、丑牛、寅虎、卯兔、辰龍、巳蛇、午馬、未羊、申猴、酉雞、戌犬、亥豬。它們的定型有一個歷史過程。十二生肖與地支相配的載錄最早見於在湖北雲夢發現的秦簡《日書》，其中有「鹿」無「犬」，且一些動物與地支的相配與漢後的定說不一。❺不過，它比《法苑珠林》所引的《大集經》要早得多，推翻了漢地十二辰來自佛經的說法。

圖 10-15　生肖剪紙

❹ 引自王樹村：《中國民間畫訣》，上海人民美術出版社，1982年版，頁95～96。

❺ 秦簡《日書》載：「子，鼠也；丑，牛也；寅，虎也；卯，兔也；辰，（原簡缺漏）；巳，蟲也；午，鹿也，未，馬也；申，環（猿）也；酉，水（雉）也；戌，老羊也；亥，豕也。」

十二生肖大約產生於中國的戰國時代，作為紀年的符號，它建築在以十二年為周始的歲時認識和天象觀察上。木星古稱「歲星」，它以十二地球年為一周天，因此，十二生肖是「歲星紀年法」的一種形象表述。

古人對十二生肖與地支的對應有種種論斷，諸如陰陽說、性情說、缺限說、文字會意說等。❻其中，以陰陽說較佔上風。古人以單數為陽，雙數為陰。於是，一、三、五、七、九、十一為陽，二、四、六、八、十、十二為陰，作為月份，它們對應的地支中子、寅、辰、午、申、戌為陽，丑、卯、巳、未、酉、亥為陰。明郎瑛《七修類稿》云：「地支在下，各取物之足爪，於陰陽上分之。」根據這一邏輯，鼠、虎、龍、猴、狗皆五指，而馬為單蹄，其數皆為「陽」，而牛、羊、雞、豬皆四爪，兔兩唇，蛇兩舌，都是雙數，故為「陰」。陽陰的交替決定著時序、年歲的更迭。

作為紀年符號的生肖圖具有多重的應用，它分別出現在飾品、年畫、門箋、商標、剪紙、花錢、建築木雕等領域，早已超出紀年的單一功用，成為納吉迎祥的又一象徵。

八寶圖

八寶是明清以來中國民間習見的對某些物類的美稱，如食物有八寶飯、八寶鴨、八寶蓮子粥，佩飾有金八寶，此外，建築裝飾、雲錦、刺繡中則有八寶圖。八寶是對中古七寶——金、銀、琉璃、硨磲、瑪瑙、琥珀、珊瑚之說的增刪和套用。除了以「八」言其多，還以「八」為莊重、穩當、周全。《白虎通·嫁娶》云：「八者，綱維也。」「八」有總領的性質。

民間所謂的八寶，又稱「雜寶」，它從各種寶物中選取八件而合成。這些雜寶包括：珊瑚枝、珊瑚珠、金錠、銀錠、犀角、書卷、方勝、雙勝、古錢、火珠、筆錠、如意、秋葉、磬、法螺、靈芝、松、鶴、和盒、鼓板、雙魚等。

就建築上的「八寶圖」而言，多指和盒、玉魚、鼓板、磬、龍門、靈芝、松、鶴八物，❼它們各有特定的意義。

和盒，是一種六角形的盒子，既為財富豐厚、取之不竭的象徵，又有夫妻恩愛、好和合一之意。

玉魚，即雙魚，原表豐稔、昌盛，又作夫婦好合、子孫興旺和富足長樂的象徵。

鼓板，亦名「拍板」，由檀木製成，係用作打拍子的樂器。唐杜牧有「畫堂檀板秋拍碎，一引有時聯十觥」的詩句，其「檀板」就是「鼓板」。它使樂曲有節拍，有板眼，故比喻為生活有節奏、有規律，無舛亂、無災禍之意。

磬，係玉石製成的打擊樂器。《詩經》中有「既和且平，依我磬聲」之句，它選入八寶，以喻男女老幼相依相安，合家和睦，共享天倫。

龍門，是魚龍幻化的靈物，用以寄託超升騰達、化卑為尊的仕途進取之願。

靈芝，被人們視作仙藥、神草。《抱朴子》曰：「山芝者，韓終所食也。與天地相

圖 10-16　八吉祥組合圖

極，延年壽，通神明矣。」靈芝進入八寶，反映出古人對年壽和康泰的追求。

松，作為長青之樹，亦是長壽之徵。《史記》有「松柏為百木之長也，而守宮闕」之載，因此，松為八寶之一除取長壽之功外，還寓有烘托居室莊嚴肅穆之意。

鶴，為高雅、純潔、長壽、通仙的象徵。《相鶴經》曰：「鶴，陽鳥也，而遊於陰，蓋族之宗長，仙人之驥驥也。」[8] 鶴既

作為「仙人之驥驥」，故有雅且不死之性。

可見，建築八寶圖與家庭人倫、功名生死相關，成為一組意義明確的吉祥圖案。

受佛教影響，又有八寶吉祥或八吉祥的圖案，藏民稱之為「扎西扎杰」。八吉祥包括：海螺、法輪、寶傘、天蓋、蓮花、寶壺、雙魚、盤長。此八寶或單個應用，或組合變化（圖 10-16），成為器物、雲錦等的裝飾圖案。八寶吉祥雖被說成與佛陀的生平和布道息息相關，[9] 但早已走出宗教，進入民俗，成為又一組昭示吉祥的藝術圖案。

二十四孝圖

「二十四孝圖」是一組標榜孝道的吉祥圖畫，現有《二十四孝圖詩》、《女二十四孝圖》、《二十四孝圖說》、《圖解二十四孝》等書傳世。這些書不著撰人，大約產生於元代。元張憲《玉笥集》卷5有《題王克孝二十四孝圖詩》，可見二十四孝圖在元代已經成形。有說，二十四孝圖書為元郭守敬的弟弟郭守正所編。[10]

❻　詳見楊蔭深：《事物掌故叢談》，「歲時令節」，附錄二「十二生肖考」，世界書局，1945 年。

❼　此說見德齡：《御香飄渺錄》。

❽　引自《藝文類聚》，卷90。

❾　詳見〔印〕G. N. 梅赫拉：《不丹——靜龍之國》，西藏社會科學院內部資料本，頁39～40。

❿　見《辭源》，商務印書館，1987 年版，頁69。

二十四孝圖取虞舜、漢文帝、曾參、閔損、仲由、董永、郯子、江革、陸績、唐夫人、吳猛、王祥、郭巨、楊香、朱壽昌、庾黔婁、老萊子、蔡順、黃香、姜詩、王褒、丁蘭、孟宗、黃庭堅二十四人的孝行傳說而繪成，其圖在長期傳承與應用中也已經程式化、圖案化了。這二十四幅孝圖分別題名為：孝聞天下、親嘗湯藥、嚙指痛心、單衣順母（圖10-17）、為親負米、賣身葬父、鹿乳奉親、行傭供母（圖10-18）、

圖10-17　二十四孝圖・單衣順母

圖10-18　二十四孝圖・行傭供母

懷橘遺親、乳姑不怠、恣蚊飽血、臥冰求鯉、為母埋兒、扼虎救親、棄官尋母、嘗糞憂心、戲彩娛親、黑椹供親、扇枕溫衾、踴泉躍鯉、聞雷泣墓、刻木為親、哭竹生筍、滌親溺器。

二十四孝圖不僅見之於書，作為吉祥圖案也有多種應用：在河南少林寺地藏殿西牆壁，繪有二十四孝圖；在江蘇華西村農民公園內建有「二十四孝亭」，每亭中有一組孝行故事人物塑像，其形體與真人相仿，生動傳神。此外，在舊時的香煙洋畫上、年畫上，亦見有二十四孝圖。二十四孝圖以圖案方式在民間廣為流傳，以取教化之功。由於其構圖方式基本相類，又以倡導孝道為主旨，故可視作又一組吉祥圖案。

二、吉祥符畫

吉祥符畫是吉祥圖畫中筆劃簡潔而意義幽深的類型，它比吉祥圖案更其符號化，在宗教與民間信仰中多有所用。常見的吉祥符畫有十字紋、卐字紋、星宿紋、日月紋、雲雷紋、盤長紋、古錢紋、齒牙紋等，它們在單獨出現或組合表意中均傳導吉祥的意義。

卐字紋

卐字紋在中國是一個文字化了的吉祥符畫，其讀音為「萬」，它作為一個漢字被確定下來，據說是在武則天的大周長壽二年，即西元693年。《翻譯名義集》卷6引《華嚴音義》曰：

卐字本非是字。大周長壽二年，主上權制此文，著於天樞，音之為「萬」，謂吉祥萬德之所集也。

卐字作為吉祥的象徵，是一世界文化現象。中國在遼寧省敖漢旗小河沿文化層中出土的陶器上發現有六個卐形紋飾（圖10-19），其年代大約在西元前 2500 年左右，另在青海樂都縣柳灣墓地發現馬廠類菱形卐紋罐，其年代大約在西元前 2300～2000 年之間。古印度的卐字紋稱作 swastika，在梵語中有「幸福、愉快、好運」之意。它後被佛教所利用，繪於佛陀的胸前和足上，成為吉祥的標相。有趣的是，在古希臘的壺畫上阿波羅神像的胸部也有卐

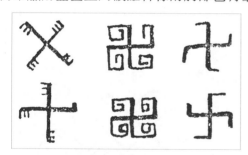

圖10-19　小河沿文化陶器上的卐字紋

圖10-20　古希臘壺畫上的阿波羅神

形紋飾（圖10-20）。此外，在古代埃及、小亞細亞、西亞及歐洲其他地方也見有這種紋飾。

卐字紋的吉祥意義來自它的象徵。它或作為太陽的象徵，或作為火焰的象徵，或作為女性生殖器的標誌（圖10-21），即生育與繁殖力的象徵。卐字紋又有左旋（逆時針方向）和右旋（順時針方向）兩種不同的紋飾，在古印度分別稱作 swastika 和 sauwastika。二者的涵義分別表示太陽自春至夏的正向運動和太陽自秋至冬的逆向運動。❶在中國吉祥符畫卐字錦上，正是以左旋與右旋並在，表現出春秋無限的景象（圖10-22）。

圖10-21　出土於特洛伊的女神像

❶　參見芮傳明、余太山：《中西紋飾比較》，上海古籍出版社，1995 年版，頁 43。

圖 10-22　卐字錦

卐字紋作為吉祥符紋在中國民間廣為流傳，在建築、家具、錦緞、繡品、器物上多有所見，並常與壽字、蝙蝠等相組合，形成「萬壽」或「萬福」一類的祥圖。從應用看，卐字紋主要不是作為文字，而是作為一種寓意吉祥的符畫在世代傳用。

盤長紋

所謂盤長紋，係佛家八寶之一，但也單獨為用。

盤長紋以線條的延綿不斷和左拐右折，往往構成一個又一個的結，人稱「百結」，以表「百吉」。由於它無頭無尾，無始無終，無休無止，且有規律、有韻律地盤曲連接，人們把它視作世代延綿、壽康永續、生命不絕、幸福無邊的吉祥象徵。

盤長紋有多種樣式，有與方勝相類的方勝盤長和套方勝盤長（圖10-23），也有以繩結模擬葫蘆的萬代盤長和四個盤長紋連體的四合盤長（圖10-24），另有造形如花的梅花盤長和雙盤長（圖10-25），當然，所見最多的是單體盤長（圖10-26）。

盤長紋作為吉祥符畫常用在建築木

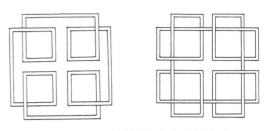

圖 10-23　方勝盤長和套方勝盤長

圖 10-24　萬代盤長和四合盤長

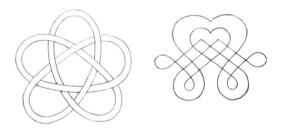

圖 10-25　梅花盤長和雙盤長

圖 10-26　盤長紋

雕、衣飾佩物、荷包刺繡、石橋欄板等上面，以當作迎祥納吉的瑞應之物。

古錢紋

古錢，邊圓孔方，是天地抱合、陰陽相就的象徵。古錢具有祥物與鎮物的雙重身分，在民間習用的符畫中頗為易見。諸

如，民宅屋脊瓦飾、建築磚雕與木刻、氣窗與漏窗的紋飾、家具上的刻紋、新春貼於門楣的紅錢、錦緞上的圖案、剪紙與年畫等，特別是搖錢樹以及劉海戲金蟾之類的題材，均有古錢的紋飾，成為具有求吉功能的一種主題符畫。

古錢紋的符畫意義來自陰陽相合，實際上它是太極圖的一種化用形式。《周易‧繫辭上》曰：

> 易有太極，是生兩儀，兩儀生四象，四象生八卦。

古錢呈兩儀之象，係太極所生，有生化象、卦之功。周敦頤《太極圖說》釋云：

> 無極而太極，太極動而生陽，動極而靜，靜而生陰。靜極復動。一動一靜，互為其根。分陰分陽，兩儀立焉。陽變陰合，而生水火木金土，五氣順布，四時行焉。五行一陰陽也，陰陽一太極也，太極本無極也。

古錢以方、圓的不同幾何圖形展現出陰陽之分和動靜之態，演示著「太極本無極」的哲學內涵。

古錢在俗用中有財富的象徵意義，又有調和陰陽，驅凶納吉的取義，同時，也是對太極的哲學內涵作出的藝術式表達。

古錢紋除單個出現外，常成雙並用，並與蝙蝠同圖，以討「福在眼前」之吉（圖10-27）。作為吉祥符畫，古錢紋深為民間所喜愛，至今仍藉刻紙、木雕、砌築等形式而存留。

圖 10-27　福在眼前

結語

祥物作為福善、嘉慶的象徵，是人類生活中不可或缺的充滿意志力量的文化符號。它與鎮物相反相成，均遵循物物、物事、物人交感的生成邏輯，追求祈福或禳禍的功利目標。

祥物是人類認識自然、把握生活的強烈願望的物化，是人類藝術與審美情感的自然表達，也是人類智慧與創造的文化結晶。祥物以其樂觀的基調、坦蕩的品質、執著的理念、和諧的風格成為中國民俗藝術中最具魅力的物類。

祥物取材多樣，生成複雜，構圖豐富，應用廣泛，具有長效的生命和不衰的功能，至今廣為傳習，並深為大眾所喜愛。祥物不僅能作歷史的傳承，還不斷有體現時代特色的新創，「新吉祥物」已成為當今國際性的文化現象。

新吉祥物多以動物、植物、文化物品、人物或精靈構成，用於盛大的運動會、重要的文化節和一些商業活動中。例如，1986年墨西哥世界盃足球大賽以名為「比基」的青辣椒為吉祥物，1990年義大利世界盃足球賽的吉祥物為綠、白、紅的三色小人，2000 年雪梨奧運會吉祥物為笑翠鳥「奧利」、針鼴「米利」和鴨嘴獸「悉德」。2002年世界盃足球賽選用一大（黃色）二小（紫色和藍色）三個精靈為吉祥物，據介紹，它們來自熱愛足球的宇宙王國 "ATMO"，大精靈是天國的王子，又是王國兒童的足球教練，他受國王的特別使命，率領 "AT-MO" 足球隊來到地球，負責渲染 2002年世界盃賽的節日氣氛。❶ 1999 年在江蘇南京舉辦的第六屆中國藝術節,選定「歡歡」、「喜喜」為吉祥物。他們頭戴龍冠鳳帽，頸掛金鎖，身著肚兜，手持撥浪鼓，作行走狀（圖 11-1）。「歡歡」、「喜喜」借鑒了無錫惠山泥人和蘇州桃花塢年畫的藝術造形與色彩，獲得了好評。此外，有 66 個國家和地區參展的「中國 1999 世界郵展」，則以當年的生肖圖案為吉祥物（圖 11-2）。

新吉祥物的興盛反映了人類對幸福與美滿的追求，對成功與歡樂的期盼和對和平與發展的呼喚。作為傳統祥物的延續與補充，新吉祥物的風行是一個值得探索的文化現象，它同樣具有生活認識、藝術審美和學術研究的特殊價值。

我們剛剛跨入了 21 世紀,在這新的世紀裡，祥物在人類文化中是否還有一席之地？著者可以樂觀地作出肯定的回答。只要人類在未來的發展中還受到自然力（來自客觀世界）、生產力（來自科學技術）、

第 6 屆中國藝術節吉祥物歡歡、喜喜

中國 1999 世界郵展吉祥物

道德力（來自社會倫理）和信仰力（來自精神意識和宗教情感）的制約與驅動，只要人類還有生理需要、安全需要、社交需要、尊敬的需要和自我價值實現的需要，❷只要人類還保有永不枯竭的藝術創造激情，傳統祥物就能伴隨著文化變遷而發展，新的吉祥物類就會不斷湧現。

天下大福善，世代長嘉慶，永遠是人類心底裡最質樸、最虔誠的祈盼，祥物寄託著人類的這一生活熱望，催化著藝術創造的激情，成為文化天地中最富情趣與內涵的無價瑰寶。

❶　見《揚子晚報》，1999 年 12 月 2 日，A7 版。

❷　由美國心理學家馬斯洛提出的人類需求的五個層次，參見《民俗研究》，1997 年第 1 期，頁38。

後　記

　　早在我構思《中國鎮物》的時侯，便有了日後寫作《中國祥物》的計劃。鎮物、祥物相反相成、互聯互補，構成民間物承文化體系中最能體現精神追求與藝術情趣的兩個重要環節。

　　如果說鎮物略顯滯重、嚴肅的話，那麼，祥物則相對地顯得輕鬆而活潑。不過，它們同作為人類的文化符號和特殊工具，服務於生活的目的。不論從風俗的角度，還是從藝術的角度看，祥物與鎮物雖有價值取向與功能追求的差異，但在本質上卻顯露出趨同的特徵。

　　感謝東大圖書公司董事長劉振強先生的厚愛，在《中國鎮物》出版之後，我又領受了完成其姊妹篇 ——《中國祥物》的任務。經過一年多的筆耕，現在終於又到了可說「如釋重負」的輕鬆時刻。

　　《中國鎮物》於 1999 年 12 月曾獲得「江蘇省第六次哲學社會科學優秀成果」一等獎，但願即將問世的《中國祥物》也不會讓讀者們失望。不過，這部小作不在於窮盡中國祥物的類型與事象，而僅從「應用」與「構成」兩個主導方面入手，以揭示祥物文化的基本內涵和一般規律。讀者若能從這本小書中多少獲取一些有關中國祥物與中國民俗文化的知識，則為著者所欣慰。

　　寫書出書既是同自己的心靈交流，也是同讀者朋友們交流，為此，我誠摯地期待朋友們的批評與指教。

陶思炎

2003 年 2 月 8 日
於金陵望山樓

參考書目

《十三經註疏》（影印版），中華書局，1979 年。

《山海經》（外二十六種），上海古籍出版社，1991 年。

漢劉向：《列仙傳》（叢書集成本）。

晉干寶：《搜神記》，中華書局，1979 年。

晉葛洪：《西京雜記》，中華書局，1985 年。

唐徐堅：《初學記》，中華書局，1962 年。

唐歐陽詢：《藝文類聚》，上海古籍出版社，1982 年。

五代丘光庭：《兼明書》，遼寧教育出版社，1998 年。

宋祝穆：《古今事文類聚》，上海古籍出版社，1992 年。

宋吳自牧：《夢粱錄》，浙江人民出版社，1984 年。

明李翊：《戒庵老人漫筆》，中華書局，1982 年。

清段玉裁：《說文解字注》，上海古籍出版社，1981 年。

清陳夢雷：《古今圖書集成》，中華書局，1963 年。

清阮元：《經籍纂詁》，成都古籍出版社，1982 年。

清袁景瀾：《吳郡歲華紀麗》，江蘇古籍出版社，1998 年。

清汪灝：《廣群芳譜》（影印本），上海書店，1985 年。

清李斗：《揚州畫舫錄》，江蘇廣陵古籍刻印社，1984 年。

清陸壽名：《續太平廣記》，北京出版社，1996 年。

清顧鐵卿：《清嘉錄》（影印本），上海文藝出版社，1985 年。

潘宗鼎：《金陵歲時記》，南京市秦淮區地方史志編纂委員會印，1993 年。

鄭傳寅等：《中國民俗辭典》，湖北辭書出版社，1987 年。

葉大兵等：《中國風俗辭典》，上海辭書出版社，1990 年。

胡樸安：《中華全國風俗志》，河北人民出版社，1986 年。

丁世良等：《中國地方誌民俗資料彙編》，書目文獻出版社，1989 年。

王景琳等：《中國民間信仰風俗辭典》，中國文聯出版公司，1992 年。

楊蔭深：《事物掌故叢談》，世界書局，1945 年。

張道一等：《美在民間》，北京工藝美術出版社，1987 年。

《中國歌謠集成·江蘇卷》，中國 ISBN 中心，1998 年。

芮傳明等：《中西紋飾比較》，上海古籍出版社，1995 年。

宋兆麟：《中國民間神像》，學苑出版社，1994 年。

馬書田：《中國民間諸神》，團結出版社，1997 年。

王樹村：《中國民間畫訣》，上海人民美術出版社，1982 年。

《吉祥圖案》，北京市中國書店，1986 年。

李蒼彥：《中國民俗吉祥圖案》，中國文聯出版公司，1991 年。

王樹村：《中國民間年畫史圖錄》，上海人民美術出版社，1991 年。

呂勝中：《中國民間木刻版畫》，湖南美術出版社，1990 年。

左漢中：《中國民間美術造型》，湖南美術出版社，1992 年。

《繡像二十四孝圖說》，李光明莊梓行（張道一裝訂）。

張省：《工藝圖案設計》，南京出版社，1989 年。

張志中：《花錢》，天津古籍出版社，1998 年。

郭若愚：《古代吉祥錢圖像賞析》，上海教育出版社，1998 年。

朱開益：《江南民間木雕藝術圖集》，上海書店出版社，1995 年。

濮安國等：《龍圖 400 例》，輕工業出版社，1988 年。

故宮博物院陳列設計組編：《明代雕漆圖案選》，人民美術出版社，1984 年。

高金龍編：《雲南紙馬》，黑龍江美術出版社，1999 年。

鄭軍等：《中國神仙圖案集》，上海書店出版社，1996 年。

徐仲傑：《南京雲錦史》，江蘇科學技術出版社，1985 年。

蘇州絲綢工學院工藝美術系編繪：《雲岡石窟裝飾》，天津人民美術出版社，1986 年。

劉慶孝等編繪：《中國吉祥動物圖案集》，上海書店出版社，1996 年。

陶思炎：《中國紙馬》，臺北東大圖書公司，1996 年。

陶思炎：《中國鎮物》，臺北東大圖書公司，1998 年。

李玉川：《中國風土趣話》，世界知識出版社，1988 年。

郭伯南：《華夏風物探源》，上海三聯書店，1991 年。

崔錦：《俗藝集》，天津楊柳青畫社，1993 年。

沈之瑜：《剪紙研究》，上海人民美術出版社，1961 年。

《園林木雕圖案》，重慶出版社，1984 年。

《馬駘畫寶》，榮寶齋，1983 年。

延安地區群眾藝術館編：《延安地區剪紙藝術》，陝西人民美術出版社，1986 年。

朱海容：《古吳春秋》，新疆青少年出版社，1994 年。

楊問春等：《江海風情》，大眾文藝出版社，1999 年。

劉兆元：《海州民俗志》，江蘇文藝出版社，1991 年。

蔣中健：《民間禮俗》，北方文藝出版社，1993 年。

孟燕等：《金龜・蟠桃・靈芝》，四川人民出版社，1993 年。

蘇克明：《壽・壽禮・壽星》，四川人民出版社，1994 年。

劉克宗等：《江南風俗》，江蘇人民出版社，1991 年。

金維新：《器物文化紀趣》，上海古籍出版社，1990 年。

中國紙馬
陶思炎　著

　　《中國紙馬》圖冊以著者十數年的搜集與研究，將讀者引入一個撲朔迷離的神祇世界和萬紫嫣紅的藝術天地。書中許多圖幅世所罕見，不僅是民俗與宗教研究的難得資料，對於美術的研究與創作也可提供有益的參考。

中國鎮物
陶思炎　著

　　鎮物以文化象徵和風俗符號體現為人的心智與情感的凝聚、藝術與生活的創造。本書對鎮物的起源、性質、特徵、體系、功能、演進、價值等加以系統的理論概括，並對歲時鎮物、護身鎮物、家室鎮物、路道鎮物、婚喪鎮物、除災鎮物等類型進行了具體的研討。書中引證了大量的有趣實例，同時還選配了一批精彩的插圖，堪稱圖文並茂的民俗研究佳作，可成為廣大讀者的良朋益友。

民間珍品圖說紅樓夢
王樹村　著

　　本圖冊所收集的木版年畫、彩印詩箋、五色刺繡、燈屏絹畫、玻璃窗畫及繡像、畫譜、連環圖畫等，大都是罕見的清代《紅樓夢》題材的孤本珍品，堪稱文化國寶。各圖版所附的說明文字，不僅可供讀者欣賞參考，也為美術、民俗、紅學等社會科學研究提供了形象資料。

傳統中的現代 —— 中國畫選新語
曾佑和　著

　　1963年英文版《中國畫選新語》，率先以現代的眼光，重新瞭解中國傳統藝術，找出其中與現代精神相契合或相巧合的作品，為中西傳統與現代搭起藝術的橋梁，立論精闢，至今仍然擲地有聲。現重印出版，並另撰下卷，同時在續編中編次作者的創作歷程，圖文並茂，極具欣賞價值。

儺　史——中國儺文化概論

林　河　著

　　在這本書裡，你將可看到一個光怪陸離的野性世界，接觸到包羅萬象的野性文化，修正自己過去所學的馴性文化（正統文化）主宰歷史的神話，認識到野性文化在過去、今天及將來舉足輕重的地位，聞所未聞，見所未見，大開眼界，大長知識。是全世界黃色人種夢繞魂縈的「根」，是海內外華裔子孫不可不讀的一本奇書。

亞洲藝術

高木森　著　　潘耀昌等譯

　　本書以印度、中國、日本三國為研究重點，旁及東南亞、西藏、朝鮮等地。藉歷史背景之介紹、藝術品之分析比較、美學之探討、宗教之解說，條分縷析亞洲六千多年來錯綜複雜的藝術發展歷程。願讀者以好奇之心，親臨觀賞古人的藝術大演出。

五月與東方——中國美術現代化運動在戰後臺灣之發展

蕭瓊瑞　著
（1945 −1970）

　　本書以史實重建的方式，運用大量的史料和作品，對「五月」、「東方」的成立背景、歷屆畫展實際作為，以及當時社會對其藝術理念的迎拒過程，和個別的藝術言論與表現，作一全面考察；企圖對此二頗具爭議性的前衛畫會，作一公允定位。全書包括畫家早期、近期作品一百餘幀，是瞭解戰後臺灣美術發展的重要史料。

島嶼色彩——臺灣美術史論

蕭瓊瑞　著

　　本書是長期從事臺灣美術研究學者蕭瓊瑞對臺灣文化本質的思考、美術作品深層意義的發掘，他以豐富的論證、宏觀的視野，提出了許多犀利中肯、發人省思的獨特觀點，在建構臺灣文化主體性思考的努力中，提供了一個更可長可久的紮實架構。

中國南方民族文化之美
陳 野 著

本書將美術史記述與民族文化研究相聯繫，嘗試將讀者欣賞的眼光，從傳統視野引領到民族文化領域裡。作者以各富特色的壯、怒、佤、彝、傣、景頗、納西等民族的美術為研究個例，從文化人類學、民族學研究的角度，記述分析南方民族文化中的一些獨特現象，並試圖從中探討人類最初的生存意識、文明成長的歷史進程、宗教藝術與人類情感、民族個性的形成和特質等在人類文化發展史中具有普遍性意義的文化主題。

島民‧風俗‧畫 —— 十八世紀臺灣原住民生活圖像
蕭瓊瑞 著

本書搜集了輾轉摹繪自六十七〔番社采風圖〕的版本五種結合文獻史料，探討十八世紀中葉臺灣原住民生活的風情美貌。全書探討原住民生產活動的捕鹿、捉牛、射魚、農耕、猱採，以及社會活動的乘屋、渡溪、遊社、鬥捷、會飲、賽戲，乃至生命禮儀的牽手、浴兒、布床、織布、文身等等，圖版一百五十餘幀，幅幅精彩，是喜好人類學、風俗學、美術研究，和臺灣文獻收集者，不可不擁有的一本好書。

民俗畫集
吳廷標 著

吳廷標先生的作品猶如他的為人，天真、樸實又純摯，看他的作品，總使人嗅到一股濃郁的鄉土芬芳氣息。劉其偉先生稱他是繪畫鄉愁的作家，蔣勳先生也認為他以溫暖的筆，重新畫下逐漸消失的人情。本書冊以一系列的民間生活為題材，用水墨作畫，主題意識包含在豐裕的技巧中，是一本值得您珍藏的畫冊。

國家圖書館出版品預行編目資料

中國祥物 / 陶思炎著.－－初版一刷.－－臺北市；東
大，2003
　　　面；　　公分－－(滄海美術.藝術特輯6)
　　ISBN 957－19－2726－0　（精裝）
　　ISBN 957－19－2727－9　（平裝）

　　1.風俗習慣－中國

538.82　　　　　　　　　　　　　　　92007757

網路書店位址　　http：// www. sanmin. com. tw

© 中 國 祥 物

著作人　陶思炎
發行人　劉仲文
著作財　東大圖書股份有限公司
產權人　臺北市復興北路386號
發行所　東大圖書股份有限公司
　　　　地址／臺北市復興北路386號
　　　　電話／(02)25006600
　　　　郵撥／0107175－0
印刷所　東大圖書股份有限公司
門市部　復北店／臺北市復興北路386號
　　　　重南店／臺北市重慶南路一段61號
初版一刷　2003年5月
　編　號　E 53014－0
　基本定價　玖元肆角
行政院新聞局登記證局版臺業字第○一九七號

有著作權　不准侵害

ISBN　957－19－2727－9　　（平裝）